LA BARONNIE DE MIGLOS

ÉTUDE HISTORIQUE

SUR

UNE SEIGNEURIE DU HAUT COMTÉ DE FOIX

PAR

C. BARRIÈRE-FLAVY

CORRESPONDANT DE LA SOCIÉTÉ DES ANTIQUAIRES DE FRANCE
SECRÉTAIRE ADJOINT DE LA SOCIÉTÉ ARCHÉOLOGIQUE DU MIDI DE LA FRANCE

AVEC PIÈCES JUSTIFICATIVES, PLANCHES ET FIGURES DANS LE TEXTE

TOULOUSE
IMPRIMERIE A. CHAUVIN ET FILS
28, RUE DES SALENQUES, 28

1894

LA

BARONNIE DE MIGLOS

LA
BARONNIE DE MIGLOS

ÉTUDE HISTORIQUE

SUR

UNE SEIGNEURIE DU HAUT COMTÉ DE FOIX

PAR

C. BARRIÈRE-FLAVY

CORRESPONDANT DE LA SOCIÉTÉ DES ANTIQUAIRES DE FRANCE
SECRÉTAIRE ADJOINT DE LA SOCIÉTÉ ARCHÉOLOGIQUE DU MIDI DE LA FRANCE

AVEC PIÈCES JUSTIFICATIVES, PLANCHES ET FIGURES DANS LE TEXTE

TOULOUSE
IMPRIMERIE A. CHAUVIN ET FILS
28, RUE DES SALENQUES, 28

1894

PRÉFACE

Quel panorama plus grandiose, quel spectacle plus sublime que celui de nos belles vallées pyrénéennes? Je n'entends pas faire allusion ici à ces coins de montagnes parcourus en tous sens par les touristes de tous les pays, décrits et reproduits dans les guides et dans la plupart des géographies; mais plutôt à ces parties inconnues des Pyrénées centrales qui offrent à chaque pas des sites pittoresques et sauvages d'une variété étonnante, rappelant assez le merveilleux pays d'Ecosse, les *Highlands* chantés par le célèbre romancier Walter Scott.

Le Français du Nord pas plus que celui du Midi ne soupçonne les beautés incomparables que recèlent ces gorges profondes où les torrents impétueux précipitent leurs eaux écumantes au milieu des chaos de rochers.

Les points de vue les plus divers se découvrent à chaque instant d'une façon parfois inattendue, augmentant ainsi le charme séduisant des multiples aspects sous lesquels la nature capricieuse a voulu se montrer aux yeux du voyageur qui s'aventure dans ces parages peu fréquentés.

Chaque saison donne aux montagnes une parure nouvelle qui accroît encore leur gracieux et saisissant effet. L'été, qui brûle et dessèche les plaines, parvient à peine au fond des fraîches et verdoyantes vallées, et l'automne, arrachant aux forêts leur verte frondaison, laisse sur le flanc des montagnes de longues traînées de rouille qui rompent agréablement l'uniforme coloris du paysage.

Parcourez donc les Pyrénées à pied, le bâton à la main, en tout temps, et vous serez certainement saisi d'admiration à la vue de ces spectacles surprenants, variés à l'infini.

La vallée du Vic-de-Sos est incontestablement la plus remarquable, la plus pittoresque des vallées ariégeoises. Dominée par la masse imposante du Mont Calm, à la cime éternellement neigeuse, elle offre de tous côtés des villages, des ruines pleines de souvenirs historiques qui émergent des pentes boisées ou se dressent fièrement sur des sommets presque inaccessibles. Ces merveilleux paysages devaient nécessairement inspirer la plupart de nos poètes ariégeois de toutes les époques. M. l'abbé H. Duclos, dans son remarquable ouvrage, n'a eu garde de les oublier; mais il en est un, doublé d'un compositeur, que nous devons mentionner (au risque d'effaroucher sa trop grande modestie), dont l'hymne à l'Ariège est vibrant d'harmonie et d'enthousiasme patriotique. Mon excellent ami l'abbé S. Maury ne m'en voudra pas, je pense, de l'avoir nommé ici, puisqu'il est presque originaire de Miglos, qu'il en est aujourd'hui le zélé pasteur, et que naturellement il doit trouver sa place, quelque petite qu'il la veuille, dans cette étude sur la vallée de Miglos.

A mi-chemin environ de Tarascon à Vic-de-Sos, dans le petit village de Capoulet, où s'élevait jadis une maison des hospitaliers de Saint-Jean de Jérusalem, on trouve, à gauche, une route étroite, ardue; presque un sentier, conduisant au village d'Arquizat et dans la vallée de Miglos. Nul ne se douterait que derrière ce rocher abrupt, d'où le château de Miglos commande toute la gorge du Vic-de-Sos, s'ouvre un frais et gracieux vallon, semé de fermes et de hameaux, et qui constituait au moyen âge une des plus importantes seigneuries du haut comté de Foix.

L'appellation de Miglos ou Miklos, dans la langue vulgaire, ne s'applique pas à un lieu déterminé, mais à tout le territoire s'étendant de la vallée du Vic-de-Sos jusqu'à l'Andorre et limité à l'est et à l'ouest par les montagnes de Château-Verdun et le val de Siguer.

L'étendue de la commune actuelle de Miglos correspond à peu près exactement à celle de l'ancienne baronnie. Les bornes, partout naturelles, tantôt zigzaguant suivant le cours d'un ruissseau, tantôt suivant la crête des montagnes, ne pouvaient en être sensiblement modifiées.

Par sa situation géographique, cette seigneurie se trouvait dans une sorte d'indépendance relative qui faisait de ses seigneurs de petits souverains. Les relations de ce domaine étaient nécessairement restreintes aux quelques localités voisines, et par là n'apportent que peu de faits contributifs à l'histoire de la province de Foix. Mais l'existence particulière de ce fief, son autonomie, ne laissent pas d'être extrêmement intéressantes pour l'étude de la vie intime, des mœurs de ces populations pastorales à travers les siècles du moyen âge.

Contrairement à ce que l'on déplore pour les autres seigneuries du comté de Foix, la majeure partie des titres relatifs à cette terre nous ont été conservés ; quelques-uns sont originaux, les autres ont été transcrits au dix-septième siècle et réunis en un registre qui porte aux archives de l'Ariège série E, le titre de Cartulaire de Miglos. Des erreurs, des omissions émaillent les documents dus à la plume d'un copiste négligent ou inhabile ; cependant ils abondent en renseignements curieux, ayant trait principalement aux droits de dépaissance dans les montagnes de Miglos, Siguer et Château-Verdun.

Aux archives de la Haute-Garonne et du Parlement de Toulouse ; aux Archives et à la Bibliothèque Nationales, nous avons recueilli des données assez nombreuses, suffisamment intéressantes, pour nous permettre de présenter un ensemble aussi complet que possible sur la seigneurie de Miglos.

Comme jadis, le territoire de cette commune comprend cinq hameaux qui comptent aujourd'hui une population de 859 habitants. Arquizat, où se trouvent l'église et la maison commune, a 65 feux et 234 âmes ; Norrat, 28 feux et 138 âmes ; Norgeat, 84 feux et 367 âmes ; Axiat, 17 feux et 79 âmes ; enfin Baychon, avec la maison isolée, dite le Vingt-Neuf, qui ne renferme que 9 feux et 41 âmes.

La commune ne possède qu'un desservant, mais, en revanche, elle est dotée de cinq instituteurs ou institutrices et de plusieurs belles maisons d'école. De nos jours, les palais communaux, s'élevant insolents et orgueilleux au milieu des pauvres chaumières d'alentour, construits avec l'épargne, les deniers des citoyens contribuables, diffèrent peu du château féodal d'antan, qui était bâti avec le concours manuel des vassaux corvéables.

Mais n'insistons pas sur les abus de notre temps qui reproduisent par bien des côtés ceux de l'ancien régime, quoique de nombreuses révolutions aient été faites pour les effacer de notre civilisation.

Chacun croit faire mieux que son prédécesseur ; ses efforts sont évidemment louables, mais les résultats sont le plus souvent insuffisants ; et, dans tous les cas, c'est toujours les petits qui pâtissent des sottises des grands.

L'altitude moyenne de la vallée de Miglos est de 800^m. On y cultive le blé noir, le seigle, le maïs, la pomme de terre et quelque peu la vigne ; les récoltes de pommes, noix et cerises y sont abondantes.

Deux petits ruisseaux, l'un dit de Norgeat, l'autre d'Axiat, qui est alimenté par les grandes sources du Quié, sillonnent la haute vallée pour se réunir non loin et en amont d'Arquizat et précipiter leurs eaux torrentueuses dans le Vic-de-Sos, au pied du majestueux château.

Le climat de Miglos est tempéré, ce qui s'explique par la situation même de la vallée, resserrée dans de hautes montagnes qui la protègent des grands vents. Mais un danger bien autrement grave menace sans cesse cette belle vallée : les avalanches et les inondations. Nous signalerons, à maintes reprises, des trombes épouvantables qui ruinèrent la commune et faillirent même amener une destruction complète des villages.

L'étendue de la commune est considérable, puisqu'elle renferme 2,095 hectares, qui se répartissent ainsi : terres labourables et ensemencées, 497 hect. ; jardins, 4 hect. ; sol bâti, 25 hect. ; prairies naturelles, 190 hect. ; bois et forêts, 229 hect. à la commune, 300 hect. aux particuliers ; enfin, 850 hect. en montagnes.

Miglos offre un exemple assez rare de la commune telle que nos mœurs et nos idées modernes la comprennent. Le sol y est extrêmement morcelé, et, comme conséquence, tout habitant y est propriétaire et vit des produits de la terre qu'il cultive lui-même. Il s'ensuit donc que l'indigence est à Miglos à peu près inconnue. *O fortunatos nimium !*

J'ajouterai encore que l'indigène de cette bienheureuse vallée est le type du beau montagnard, à la taille élevée, joignant à une force peu commune une aménité de caractère et une obligeance auxquelles je me plais à rendre ici hommage.

Je ne saurais clore cette courte préface sans adresser mes bien vifs remerciements à tous ceux qui m'ont aidé à retrouver, à mettre en œuvre les documents de cette étude ; particulièrement à M. Teulière, maire de Miglos, et à M. Hilaire Teulière, notre aimable et intrépide guide dans les périlleuses explorations des montagnes.

Si la dégénérescence a pénétré, grâce aux avantages de notre civilisation moderne, jusque dans les campagnes les plus reculées, c'est peut-être uniquement dans les vallées de Vic-de-Sos et de Miglos que l'on peut retrouver encore le descendant de cette puissante race montagnarde qui arrêta les légions victorieuses de César et donna à la brillante époque de nos grandes gloires militaires ces hommes invincibles qui promenaient nos couleurs nationales à travers l'Europe.

Il faut reconnaître que notre Ariège produit encore *des Hommes et du Fer*.

Juillet 1894.

LA

BARONNIE DE MIGLOS

CHAPITRE PREMIER.

LES ANTIQUITÉS DE LA COMMUNE DE MIGLOS.

LA UNARDE.

Il y a près d'un demi-siècle, feu Adolphe Garrigou, le doyen des archéologues ariégeois (1), attirait l'attention sur divers lieux de la haute Ariège qui avaient été le théâtre de combats livrés par les Francs de Charlemagne aux armées sarrasines. On lit les lignes suivantes dans une de ses savantes publications (2) : « Les Francs s'étant ren-
» dus maîtres des positions de Foix, Saint-Paul, Amplaing,
» Ker, Genat, Tarascon et Sabar (3), le cours de leurs vic-
» toires ne fut point interrompu dans cette partie des
» Pyrénées. Après avoir chassé les Arabes du centre du
» Sabartès, l'armée alliée dut les poursuivre à travers les
» trois ports de Siguer, Auzat et Puymaurin (4), et les re-

---

(1) Adolphe Garrigou, mort en avril 1893, à l'âge de quatre-vingt-douze ans, à Tarascon (Ariège).
(2) A. Garrigou, *Etudes historiques sur l'ancien pays de Foix*, 1846, p. 6. — *Notice sur l'église de Sabar*, 1849, p. 37.
(3) Saint-Paul, com. du canton de Foix; — Amplaing, Ker (aujourd'hui Quié), Genat, com. du canton de Tarascon.
(4) La viguerie de Sabartès instituée, dit A. Garrigou, sous Charlemagne, comprenait toute la haute vallée de l'Ariège, ayant Sabar pour chef-lieu,

» pousser d'un côté jusque dans l'Andorre, de l'autre jus-
» qu'à la vallée de Carol, où se livra, d'après la tradition,
» un dernier combat... C'est enfin à quelque lutte déses-
» pérée que ces étrangers eurent à soutenir dans leur re-
» traite qu'il faut attribuer les découvertes journalières que
» l'on fait sur une de nos montagnes les plus élevées, la
» Gunarde ou Unarde. Là, à chaque pas, se montrent à
» travers les touffes glissantes du *gispet* et du rhododen-
» dron pyrénéen (les *aberdails* en patois du pays), à moitié
» enfouis dans la terre, des débris rouillés de flèches et
» d'épées dont la forme nous démontre l'origine arabe. »

Ces renseignements, quoique vagues dans le détail, nous paraissaient présenter, dans l'ensemble, des données qu'il serait utile de vérifier. A. Garrigou, avec lequel nous avions eu l'occasion d'en parler, affirmait avoir eu en sa possession des armes de fer recueillies par les bergers sur cette montagne. Ces objets, donnés par lui au musée départemental de l'Ariège, alors à peine formé, ont depuis longtemps disparu.

Dans le courant de l'été 1893, nous mîmes à exécution le projet d'explorer nous-même ce lieu perdu dans la haute montagne, sur les confins de l'Andorre.

Une distance de huit heures de marche environ sépare ce lieu de la Unarde du village le plus rapproché, celui de Miglos, où l'hospitalité montagnarde nous était offerte par le curé, notre aimable et érudit ami l'abbé Maury.

Qu'on nous permette de rapporter ici quelques impressions d'une simple excursion en montagne, promenade même, si on la compare à une émouvante ascension telle que celle de Ramond au Mont Perdu, ou de Franqueville au Néthou.

Un passage encaissé, zigzaguant sur le flanc de la montagne, et que la mauvaise saison doit transformer en tor-

aujourd'hui hameau avec antique sanctuaire et pèlerinage de la Vierge dans la commune de Tarascon. — Siguer et Auzat, communes du canton de Vic-de-Sos.

rent, amène à l'entrée des mines de Miglos, abandonnées actuellement. Après Rancié, elles offraient l'exploitation la plus active ; en 1883, le nombre des ouvriers s'élevait à trente et un environ. La production, qui était de 3,420 tonnes en 1882, arrivait à 4,448 en 1883. — « Les recherches, y sont poussées avec activité, » disait le *Moniteur de l'Ariège*, en 1884, « et quelques-unes ont déjà donné des résultats importants ; néanmoins il est indispensable de les continuer, si on veut voir l'extraction se maintenir au taux actuel, les gisements reconnus étant assez restreints. Le minerai de Miglos est consommé exclusivement par les hauts-fourneaux de la Société métallurgique de l'Ariège. »

Laissant à gauche l'orifice béant de cette mine, on parvient bientôt au *Col de Larnat*, d'où l'on domine quelque peu la vallée de l'Ariège. Le chemin suit à peu près partout la crête de la montagne, tantôt serpentant au milieu de vastes pelouses, tantôt s'enfonçant dans de sombres bois de hêtres, ou se perdant encore dans un chaos de roches éparses ou amoncelées.

Du *Col de Larcat* on découvre une vue magnifique s'étendant des bains d'Ussat à Garanou. Au loin, à vos pieds, s'échelonnent, au milieu des bouquets d'arbres et des sinuosités argentées de l'Ariège, les villages de Sinsat, Aulos, Verdun, les Cabannes, Château-Verdun, Aston, Albiès, Vèbre, Garanou, et comme horizon à l'est se dresse le pic couvert des ruines imposantes du château de Lordat. Après avoir un instant contemplé ce saisissant panorama, on reprend la marche ascendante au milieu de cette solitude immense que troublent à peine, de loin en loin, les sons argentins des clochettes des troupeaux (*las esqueillos*) et quelques cris prolongés de bergers se hélant d'une vallée à l'autre.

Au centre d'un petit plateau aux pentes recouvertes d'un tapis de plantes aromatiques surgit une lourde masse de roches superposées par suite de quelque cataclysme ; c'est le Roc de Miglos.

On contourne au sud ce singulier amoncellement qui abrite des vents du nord une misérable cabane de berger, et l'on jette un regard, à droite du sentier, sur une excavation presque comblée, cachée en partie par des ronces et des genevriers, et qui devait être jadis l'entrée d'une mine. Le versant de la montagne qui lui fait face présente de ci de là des débris de minerai, des scories de toute sorte, et la tradition, sans être affirmative sur ce point, suppose seulement qu'il a existé en ce lieu une mine.

Après avoir franchi le *Pas de l'Escalié*, passage ardu, où la nature s'est plu à disposer d'énormes blocs de roche en marches d'escalier d'une architecture peut-être originale, mais à coup sûr d'une solidité incontestable, on traverse une courte vallée (*Fountcendrasso*) que sillonne une infinité de ruisselets. Les genevriers, les rhododendrons disparaissent ici pour faire place à une herbe épaisse, fine et glissante, appelée *gispet*, semée par touffes au milieu des rochers. Bientôt les derniers tintements des clochettes s'éteignent dans le lointain, et le silence le plus impénétrable règne en ces lieux rarement fréquentés des bergers et sur ces sommets où l'isard et le vautour ont établi leur souveraineté.

Avant d'arriver au *Pic de Balgèse* (2,288 mètres), on entrevoit, à gauche, à des profondeurs vertigineuses, la *jasse* et l'étang de *Larnoum* qui apparaît comme une minuscule flaque d'eau verdâtre au centre d'un immense cirque de montagnes inaccessibles dont la cime se noie dans les nues et aux flancs desquelles s'accrochent quelques sapins d'une prodigieuse venue.

Du pic de Balgèse, la vue s'étend sur une partie de la chaîne des Pyrénées ariégeoises; le coup d'œil est imposant. De tous côtés, à vos pieds, se distinguent des vallées, des plateaux, des sommets qui se détachent parfois à peine et donnent l'illusion d'une plaine immense accidentée d'innombrables taupinières. De ce point, le guide vous montre, à perte de vue, sur la plupart des pics et des crêtes, presque toujours inaccessibles, tantôt des monolithes debout semblables à des menhirs, crevant les nuages de leur tête aiguë, et appelés *tussals*, tantôt des pyramides faites de quartiers de rocs étagés par la main de l'homme et désignés sous le nom de *tartiès* (1). Ces points de repère servaient au moyen âge, ainsi que nous le montrent des actes des treizième et quatorzième siècles, à délimiter les pâturages seigneuriaux et communaux, comme ils sont aujourd'hui encore utilisés à diviser les vacants et les territoires des communes elles-mêmes. Mais à quelle époque et pour quels besoins ces sortes de signaux ont-ils été établis par l'homme ? On peut bien admettre que ces amas plus ou moins considérables aient été originairement disposés en vue de fixer les bornes des propriétés de nature diverse, ainsi que cela se pratique de nos jours en certains pays ; mais les *tussals*, hauts de plus de six pieds, plantés sur des points où le chasseur d'isard hésiterait à s'aventurer ; quelle main a donc osé élever dans les airs, de distance en distance, ces sortes de monuments d'un usage mystérieux qui rappellent les temps préhistoriques ?

Après le *Pas de las Aigues*, une dernière ascension conduit à *Beysé*, point trigonométrique, d'où s'étend une vaste pelouse qui va s'inclinant jusqu'aux limites de l'horizon.

La Unarde, où l'on parvient enfin, est une petite plaine à 2,258 mètres d'altitude, de 1 kilomètre environ de longueur sur 500 mètres de large ; exposée, par son orientation, aux intempéries de ces régions élevées, elle est à peine habitable durant une quinzaine de jours au cœur de l'été. Au nord-ouest, la montagne de Beysé, dont nous avons suivi le penchant oriental, la sépare de l'étroit val de Siguer, où mugit le torrent de ce nom. Le *Pic de Mille Roques*, avec ses contreforts escarpés, limite, au sud-est,

---

(1) *Tartiè*, de *tarterium*, que Du Cange donne comme synonyme de *quarterium*, quartier de rocher.

ce vaste pâturage qui va s'abaissant en pente douce vers le nord-est se perdre dans les bas-fonds, suivant la direction du ruisseau de *Calvière*, affluent rive gauche de la rivière d'Aston.

Au sud-ouest, la plaine de la Unarde est brusquement coupée par la haute vallée du ruisseau de Siguer. De ce point, qui domine l'abîme, on jouit d'un splendide coup d'œil. Les vapeurs qui se dégagent des bas-fonds, chassées par un vent violent, montent et passent rapidement devant les yeux du spectateur, semblables à ces voiles de gaze légère que le machiniste déroule successivement dans une pièce féerique. Tout à coup, le soleil apparaît radieux, éclairant de sa chaude lumière le fond de cette vaste scène : les crêtes des montagnes, d'où s'échappent d'innombrables cascades aux scintillements argentés, se colorent de mille teintes, de mille reflets violets, pourpres ou bleuâtres, et les pics aux neiges éternelles se montrent au milieu d'une irradiation que le regard peut à peine soutenir.

Les pics de la Sabine (2,258^m), du Bouc (2,601^m), de l'Etang blanc, de Bourbonne (2,683^m), de Pélat (2,482^m), de Neych (2,422^m), de l'Aspre et de Peyrot se distinguent aisément ; au second plan, les cimes de Serrère (2,911^m), de Siguer (2,594^m), de Tristagne (2,879^m), de Cabayrou (2,837^m) se détachent encore nettement ; enfin, un peu à droite, le sommet qui domine ce tableau, le Mont Calm (3,080^m).

Ce spectacle nous remet en mémoire le passage où Ramond, *le peintre des Pyrénées*, décrit son ascension au Mont Perdu : « En vain j'essayerais de peindre la magique apparence de ce tableau ; le dessin et la teinte sont également étrangers à tout ce qui frappe habituellement nos regards. En vain je tenterais de décrire ce que son apparition a d'inopiné, d'étonnant, de fantastique, au moment où le rideau s'abaisse, où la porte s'ouvre, où l'on touche enfin le seuil de ce gigantesque édifice ; un monde finit, un autre commence, un monde régi par les lois d'une autre existence. »

La vallée de la Unarde est semée de quartiers de rocs de toute dimension et couverte de cette herbe épaisse appelée *gispet*, qui ne constitue pour les troupeaux qu'une nourriture de qualité assez inférieure.

Le centre est occupé par un étang d'une superficie d'un demi-hectare environ, à l'eau limpide et glacée, dont les bords sont hérissés de roches.

Non loin de là s'élève la cabane du berger, de forme semi-elliptique, construite de rochers entassés, à une seule ouverture, basse, étroite, où l'on ne peut s'engager qu'en se baissant jusqu'à terre. L'intérieur ne permet pas de se tenir debout et quelques rocs à peu près plats, recouverts d'herbe sèche, servent de couche.

Si les verdoyants pâturages chantés par Virgile avaient offert des demeures aussi riantes, des couches aussi moelleuses, il est douteux que le berger Corydon y eût appelé le doux Alexis.

Puisque le grand poète latin a été invoqué, qu'on nous permette de compléter la description de cette plaine monotone par une réminiscence qui dépeint assez heureusement et le lieu et son unique habitant passager :

> Quid tibi pastores Lybiæ, quid pascua versu
> Prosequar, et raris habitata mapalia tectis?
> Sæpe diem noctemque, et totum ex ordine mensem
> Pascitur, itque pecus longa in deserta sine ullis
> Hospitiis : tantum campi jacet! Omnia secum
> Armentarius Afer agit, tectumque Laremque,
> Armaque, Amyclœumque canem, Cressamque pharetram.
> (Virgile, *Géorgiques*, liv. III, v. 339.)

Le pâtre dont nous avons partagé le misérable abri porte avec lui, ainsi que l'Africain de Libye, pour le temps plus ou moins long qu'il doit séjourner dans cette contrée, un petit chaudron de fer où il fait cuire alternativement soit des haricots, soit une sorte de bouillie fade, composée de farine de maïs et de lait de brebis ; mais il lui manque le chien d'Amyclée et n'a pour toute défense qu'un fort gourdin noueux.

Ces champs de la Unarde auraient été, suivant une tradition des plus accréditées, le théâtre d'un dernier combat entre les Sarrasins en fuite et les soldats de Charlemagne.

Sur les premiers escarpements à l'est de la vallée se montrent deux grands quadrilatères limités par des quartiers de rochers entassés : l'un, d'une contenance approximative d'un are, est désigné sous le nom de cimetière des Maures ; l'autre, d'une superficie moitié moindre, passe pour le champ de sépulture des Franks.

Au premier aspect, ces espaces entourés de rocs semblent être de préférence une enceinte préhistorique ; ce qui n'est peut-être pas invraisemblable.

Nos premières fouilles furent dirigées naturellement vers les parties de ces prétendus cimetières qui pouvaient présenter quelque intérêt. En quelques heures, des tranchées se croisaient dans tous les sens dans l'intérieur de ces enceintes ; mais partout, à une profondeur de $0^m,15$, $0^m,25$, $0^m,30$ et même $0^m,40$, le fer de la pioche ne rencontrait plus que la roche. Nulle trace de sépulture, nuls débris d'ossements, aucun fragment de fer, de poterie ou autres n'apparaissaient.

Après une nuit passée dans l'antre du berger et durant laquelle une tourmente de neige se déchaîna sur la vallée (le thermomètre marquait à l'aube — 12° à la canicule), nous reprîmes nos fouilles sans résultat.

Cependant, la précision d'un berger, dans la trouvaille déjà ancienne d'objets en fer, nous fit porter sur un autre point nos investigations. Il est d'abord certain que, depuis plus de dix siècles, la terre qui recouvrait alors le flanc de la montagne a dû glisser naturellement vers le fond de la vallée, entraînant avec elle les dépouilles qui lui avaient été confiées. C'est une circonstance dont nous avions à tenir compte.

L'exploration de la partie inférieure de cette petite plaine, au-dessous des cimetières en question, nous fit découvrir, à moitié enfouies, les deux pièces de fer dont nous donnerons une description et une reproduction aussi exacte que possible.

Les deux objets recueillis sont un *scramasaxe* et un *grand couteau* ou *poignard* (voir pl. II).

Le premier mesure 0^m,425 de longueur, soie comprise, et 0^m,04 dans sa plus grande largeur. La lame seule atteint 0^m,35 et va, s'amincissant d'une façon à peine sensible, jusqu'à 0^m,06 environ de l'extrémité. Là, elle se rétrécit brusquement des deux bords et se termine en pointe de flèche.

La soie n'est pas mince et effilée comme celle des armes des Franks de la première époque, et elle n'a pas été emmanchée dans le bois ou l'os d'un seul morceau perforé à cet effet. Large de près de 0^m,02, la soie a conservé ici trois rivets qui servaient à la fixer à deux plaques de bois ou d'os posées horizontalement de chaque côté du fer ; c'est la même disposition que pour nos gros couteaux de cuisine (voir pl. II, fig. 1).

C'est là un caractère qui distingue cette arme du *scramasaxe* ou sabre franc mérovingien et la fait attribuer à l'époque carlovingienne (1).

Y avait-il sur cette lame la rainure propre à recevoir le poison que signalent les archéologues dans la description de pièces analogues ? Cela est possible ; mais l'oxydation en a fait aujourd'hui disparaître toute trace.

A observer encore le brusque amincissement des deux bords de la lame, qui se rencontre assez rarement. En outre, la pointe présente les bords tranchants sur une longueur de 0^m,08 à 0^m,10 environ.

Des armes à peu près semblables ont été recueillies à Herpes (Charente) et figurent dans la collection de M. Ph. Delamain (2). Les albums des fouilles de Caranda (Aisne), de M. Fr. Moreau, renferment bien quelques types

---

(1) J. Pilloy, *Etudes sur d'anciens lieux de sépultures de l'Aisne*. t. I, p. 231.

(2) Ph. Delamain, *Le cimetière d'Herpes*, pl. II, fig. 10.

approchants (1); mais, à l'examen attentif des objets, on saisit bientôt une différence notable, aussi bien dans la forme générale que dans le détail. Les mêmes réserves sont à présenter pour les scramasaxes trouvés à Charnay (Côte-d'Or) (2), pour ceux que l'abbé Cochet a rencontrés en Normandie (3), ceux que M. le baron de Baye a décrits dans ses travaux (4)...

L'arme que nous étudions n'a pas, en effet, ce caractère de force qui distingue le coutelas ou gros couteau mesurant, en longueur, $0^m,40$ et $0^m,45$. Deux éléments essentiels l'en éloignent : d'abord le dos, loin d'être accentué comme dans les grands couteaux, est fort peu distinct; et, quoique amincie par l'oxydation, la lame ne devait être guère plus épaisse dans la main du guerrier franc; en second lieu, tandis qu'on remarque partout ailleurs une courbure prononcée du tranchant qui va rejoindre, à la pointe, le côté du dos à peine incliné, ici, ainsi que nous l'avons dit, les deux bords s'inclinent également vers l'extrémité et d'une manière relativement brusque. A vrai dire, ce scramasaxe se rapproche dans un sens, il est vrai, d'une épée courte, à un seul tranchant, mais dont la configuration rappelle quelque peu les épées de Selzen (5), de Bel-Air (6), de Civezzano (7), etc., ainsi qu'un coutelas trouvé à Ursins (Suisse) (8). On peut dire que cette arme, qui trouve jusqu'ici peu de points de comparaison exacte, tient du sabre droit plutôt que du scramasaxe ou gros cou-

---

(1) Album Caranda, pl. XI, fig. 1 ; pl. XXII.
(2) H. Baudot, *Mémoire sur les sépultures de l'époque mérovingienne en Bourgogne*, pl. I-II.
(3) Abbé Cochet, *La Normandie souterraine*, passim.
(4) Baron J. de Baye, *Industrie longobarde*, p. 14.
(5) L. Lindenschmit, *Das germanische Todtenlager bei Selzen*, taf. XXII, f. 7, 12.
(6) Fr. Troyon, *Description des tombeaux de Bel-Air, près Cheseaux-sur-Lausanne*, pl. V, fig. 11.
(7) F. von Wieser, *Das Langobardische Fürstengrab... von Civezzano*, taf. II, f. 4.
(8) Baron de Bonstetten, *Recueil d'antiquités suisses*, 1855, pl. XXIV, fig. 5.

teau et de l'épée. Cette configuration particulière n'est pas, croyons-nous, commune ; il serait utile, dans les fouilles et découvertes qui se produiront ultérieurement, de rapprocher les armes offensives que l'on pourra découvrir de ce type vraiment intéressant.

La seconde pièce donne 0^m,30 dans son entière longueur, la soie comprise pour 0^m,06. Celle-ci offre les signes caractéristiques du poignard franc-mérovingien, avec quelques particularités que nous allons indiquer. (Voir pl. II, fig. 2.)

Au point de vue d'ensemble, on trouve ici la soie étroite, effilée et apte à être emmanchée dans un morceau de bois ou d'os arrondi et troué. La lame forte, massive, présente, d'une part, le dos presque droit jusqu'à l'extrémité ; de l'autre, le tranchant décrivant une longue courbe vers le point où il se confond avec le bord opposé.

Cette arme est quadrangulaire à la base ; puis, par deux ressauts successifs, l'un à 0^m,03, l'autre à 0^m,06 de la poignée, elle s'amincit sur chacun de ses bords, de manière à présenter, vers le milieu de sa longueur, deux tranchants inégaux séparés par une arête douce ; en outre, la lame est sensiblement plus large au milieu qu'à la base.

Ces circonstances nous paraissent de nature à faire ranger cette arme dans la catégorie des poignards plutôt que des couteaux. Sa forme générale la fait rapprocher de nombreuses pièces de ce genre, sans toutefois rencontrer un type absolument identique. Ainsi, M. Pilloy en a recueilli dans l'Aisne (1), de même que M. Fr. Moreau (2). Charnay en a donné à M. H. Baudot (3), et le musée de Namur en renferme de curieux spécimens. Il est inutile d'énumérer les nombreux ouvrages où sont représentés de semblables objets, ni les collections publiques ou privées

---

(1) J. Pilloy, *Etudes sur d'anciens lieux de sépultures de l'Aisne*, t. I, p. 225.
(2) Voir les remarquables Albums publiés par M. Frédéric Moreau.
(3) Voir les planches du *Mémoire* de M. H. Baudot, cité plus haut.

qui en conservent des exemplaires plus ou moins remarquables. Toutefois, il convient de mentionner plus particulièrement le poignard, bien que de dimension presque double, que l'abbé Cochet trouva à Envermeu en 1853 (1).

Néanmoins, nulle part, à notre connaissance, on n'a jusqu'ici signalé une arme présentant cette particularité de détail qui réside dans les deux ressauts et l'amincissement d'une grande partie du dos de la lame. Il y aurait là quelque chose du couteau espagnol d'une époque plus moderne.

A coup sûr, si d'un côté la soie et quelques autres points de détail pouvaient autoriser à faire remonter cette pièce à l'ère franco-mérovingienne, d'autre part la confection singulière de la lame semblerait lui assigner une date fort postérieure.

Pour le précédent scramasaxe, il ne peut s'élever, je crois, de doute sur son origine. En ce qui concerne ce poignard, nous estimons qu'il y a lieu de faire des réserves ; une conclusion dans un sens quelconque me paraît prématurée. Est-ce là une arme que A. Garrigou qualifiait d'arabe ? Je l'ignore ; dans tous les cas, il serait difficile d'établir une comparaison dans une telle hypothèse, car l'équipement d'un guerrier maure de cette époque est, à notre avis, encore bien mal connu.

Il est incontestable que ce lieu de la Unarde a été, à une époque reculée, le théâtre d'une action plus ou moins importante, puisque des bergers ont de tout temps recueilli dans cette plaine des armes éparses, ainsi que nous l'avons constaté. L'un de ces pâtres qui séjournent à tour de rôle sur cette haute montagne, nous a assuré avoir trouvé à la Unarde une sorte d'épée de fer, oxydée, longue de $0^m,80$ environ. Malgré ses recherches, il lui a été impossible de retrouver l'objet dans sa maison. Il eût été extrêmement intéressant d'étudier cette arme si précieuse par sa forme,

---

(1) Abbé Cochet, *La Normandie souterraine*, p. 277, pl. XVI, fig. 7.

son développement et son excessive rareté dans les milieux francs du midi de la France. Or, s'il est exact que le scramasaxe tout au moins puisse être attribué à des guerriers francs-carlovingiens, nous devons admettre la thèse de A. Garrigou et reporter à la fin du huitième siècle, de 778 à 780, la date de ce combat livré par les soldats de Charlemagne ou de son lieutenant aux troupes arabes fuyant vers l'Espagne.

Après la bataille décisive qui eut lieu aux portes de Tarascon, dans la plaine de Sabar, dont le sanctuaire, dédié à Notre-Dame de la Victoire, a transmis d'âge en âge le souvenir de cette journée, les Arabes, poursuivis l'épée dans les reins, ne pouvaient, dans leur précipitation, choisir la route la plus praticable pour passer en Espagne. Une troupe de ces fuyards dut prendre par la vallée de Siguer. Parvenue à la plaine de la Unarde, il ne lui fut pas possible de pousser plus loin sa retraite; des montagnes à peu près inaccessibles, des abimes sans fond s'offraient désormais à eux. Acculés à ces roches, les Maures vaincus livrèrent à leurs ennemis un suprême combat, terrible, désespéré, où ils tombèrent vraisemblablement jusqu'au dernier sous le fer des guerriers francs.

Bien que la tradition et les légendes aient considérablement grossi les faits de cette époque, jusqu'à conduire Charlemagne en personne à la tête d'une formidable armée dans les défilés ariégeois; quoique les conséquences de l'expulsion des Arabes des vallées pyrénéennes aient été étendues de telle sorte qu'on a voulu voir dans l'organisation de la République d'Andorre une création propre au grand empereur d'Occident (1), il n'en est pas moins certain que l'influence carlovingienne pénétra profondément

---

(1) L'organisation du pays d'Andorre, qui avait été longtemps considérée comme un phénomène historique, pour ainsi parler, mieux connue aujourd'hui, rentre simplement dans la catégorie des paréages, nombreux comme on sait dans le Midi. Il paraît fort probable, toutefois, que les lieux de Montgauzy, près Foix, et Sabar, près Tarascon, sont d'origine carlovingienne.

jusque dans les endroits les plus reculés de la province de Foix.

Les armes de fer que nous venons de décrire n'ont en elles rien d'absolument remarquable. Mais ce qui doit les faire considérer comme précieuses, c'est leur extrême rareté dans la région méridionale de la France, où il n'en existe que fort peu d'exemplaires. Ces pièces très oxydées ne résistent pas, surtout lorsqu'elles atteignent une certaine dimension, au bouleversement des champs de sépultures où on a pu les rencontrer.

Si quelques musées régionaux offrent de modestes couteaux de fer plus ou moins mutilés, les épées y sont inconnues et les scramasaxes ou grands couteaux ne fournissent qu'un ou deux spécimens peut-être, au musée de Périgueux, par exemple (1).

Nous avons pensé qu'une courte note sur de semblables armes pouvait présenter quelque intérêt pour les études archéologiques en général, et en particulier pour l'industrie de l'époque carlovingienne dans le Midi. En outre, les faits que nous venons d'exposer témoignent d'une manière incontestable de la présence de troupes franc-carlovingiennes dans ces régions élevées de la Gaule méridionale.

---

(1) Grand couteau provenant de Tocâne-Saint-Apre (Dordogne). Cf. Barrière-Flavy, *Etude sur les sépultures barbares du midi et de l'ouest de la France*, 1893, p. 188.

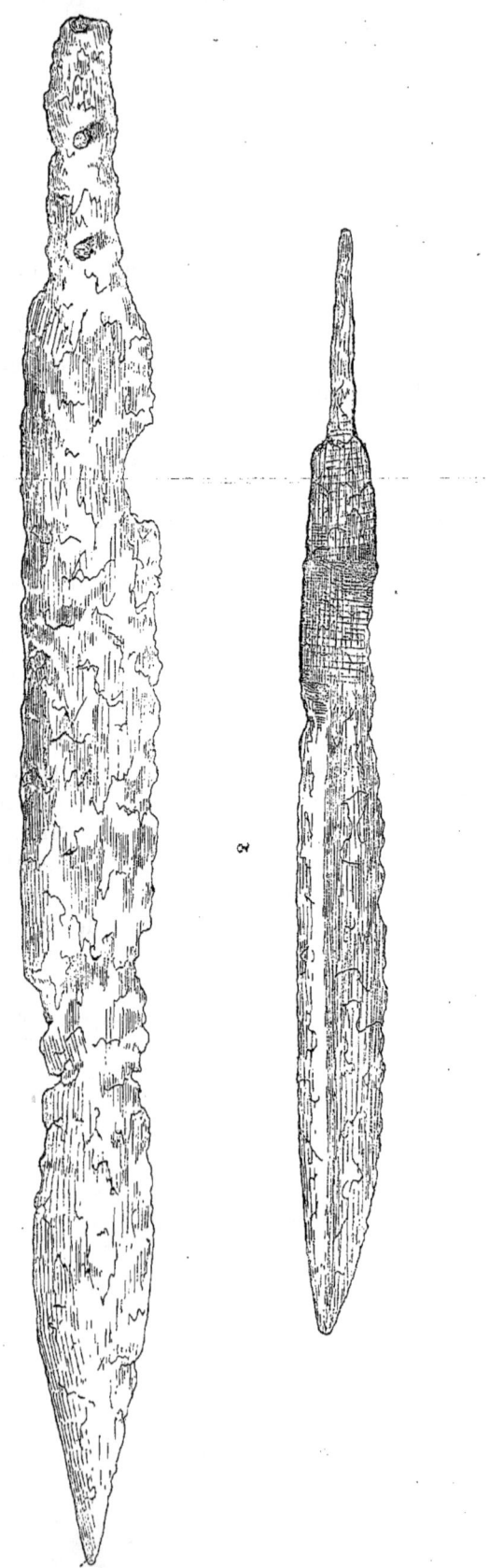

Planche II.

ARMES FRANQUES

Trouvées au lieu de LA UNARDE (2,258 mètres d'altitude), dans les Pyrénées Ariégeoises.

CHAPITRE II.

LA PAROISSE DE MIGLOS.

Les empiétements des seigneurs laïques sur les biens de l'Eglise étaient devenus, en quelque sorte, une chose commune et généralement pratiquée, au lendemain de l'organisation de cette puissante féodalité qui couvrait le sol de la France comme d'un vaste réseau. Favorisés, du reste, par les désordres et la confusion des pouvoirs politiques et religieux qui se produisirent après le règne de Charlemagne, et aussi par l'impopularité que le clergé s'était attiré par son inconduite et ses débordements, les seigneurs faisaient impunément main basse sur tous les bénéfices.

Cet état de choses, que l'appréhension effrayante de l'an 1000 modifia quelque peu, entraînant avec elle grand nombre de fondations pieuses faites par des chevaliers sur le point de se rendre en pèlerinage à Rome ou en Palestine, reparut bientôt après avec tous ses excès. Les terreurs superstitieuses disparues, chassées par un siècle nouveau, les seigneurs laïques se montrèrent aussi soucieux de leurs intérêts matériels qu'ils l'avaient été peu avant du salut de leur âme. Ils s'appropriaient les édifices que la foi de leurs pères avait élevés à la gloire de Dieu; ils s'emparaient des modestes oratoires auxquels étaient attachées quelques redevances, ainsi que des importants bénéfices et des vastes dépendances des monastères.

De grands vassaux de la Couronne s'érigèrent même en dispensateurs de bénéfices ecclésiastiques depuis la plus modeste rectorie jusqu'à l'archevêché (1), exigeant de leurs créatures l'hommage et les devoirs féodaux qu'ils rendaient eux-mêmes à leur suzerain.

L'influence de l'Eglise sur les peuples devait nécessairement subir une crise grave dont la papauté ne tarda pas à s'émouvoir. La réaction s'opéra avec Grégoire VII, dont le *Dictatus*, réunissant en quelque sorte tout ce qui constitue la grandeur de l'autorité pontificale, donna un clair et complet exposé de son système. La pensée de ce pape ne s'éteignit pas avec sa vie, son œuvre fut poursuivie avec persévérance par ses successeurs.

En 1095, nous voyons le concile de Clermont, réuni par ordre d'Urbain II, se prononcer énergiquement contre l'hommage rendu aux princes et seigneurs par l'Eglise. Cet hommage fut déclaré dangereux à la liberté de l'Eglise, par cela qu'il obligeait l'évêque à être, sous tous les rapports, au service et sous la dépendance absolue de son suzerain, et qu'une opposition, née même de causes toutes religieuses, pouvait être considérée comme une violation de l'hommage et une félonie. On voulait que désormais, en place du lien de vasselage entre les princes et les évêques, il n'y eut que l'obligation générale qui lie les sujets au souverain.

Aussi, comme sanction aux propositions émises par les Conciles et aux menaces proférées contre les usurpateurs, vit-on l'Eglise lancer ses plus fortes censures sur un grand nombre de seigneurs détenteurs de biens ecclésiastiques.

La majeure partie des chartes des onzième et douzième siècles, renfermant des donations au profit d'églises et d'établissements religieux, ne sont en réalité que des restitutions faites sous le coup d'une excommunication ou dans la crainte d'une semblable peine.

Le texte même de ces libéralités consenties aussi bien

---

(1) Le comte de Vermandois ne faisait-il pas élire, vers 925, son fils âgé de cinq ans, au siège archiépiscopal de Reims ?

par de grands seigneurs que par de simples chevaliers, quoique fort laconique, nous donne les premières et les plus anciennes mentions de la plupart des églises qui subsistent en grande partie de nos jours. Ces actes de restitution des onzième et douzième siècles, véritables titres de propriété en faveur de l'Eglise, témoignent d'une concession première, faite à une époque reculée par de puissants seigneurs.

Les églises, les abbayes, tout en adressant à Rome leurs doléances, s'efforçaient de favoriser ce mouvement par toutes sortes de moyens. La prédication de la première croisade fut pour elles un puissant auxiliaire, et entraîna des restitutions et des donations innombrables. Certains monastères, dont les possessions s'étendaient dans des régions éloignées, en dehors de leur surveillance immédiate, eurent plus particulièrement à souffrir des spoliations de la part de leurs voisins laïques. Saint-Sernin de Toulouse, par exemple, eut recours au Souverain Pontife pour la revendication de ses biens usurpés.

C'est ainsi qu'en l'an 1097 le pape Urbain II lançait une bulle d'excommunication contre les détenteurs des possessions de l'abbaye toulousaine et énumérait les églises avec leurs dîmaires soumis à une restitution. Nous y voyons figurer l'église de Miglos (1).

Selon toute vraisemblance, c'est dans le courant du dixième siècle que l'abbé de Saint-Sernin, à la suite d'une donation de terres dans le Sabartès (2), éleva en l'honneur de saint Hilaire, docteur, évêque de Poitiers (3), une église dans la vallée de Miglos.

Les menaces d'Urbain II ne tardèrent pas à produire leur effet, car peu de temps après, vers 1105, sous le règne de Philippe Ier (1052-1108), nous voyons Pons Adémar, agis-

---

(1) Archives de la Haute-Garonne, fonds de Saint-Sernin, *Cartulaire* n° 282.
(2) A. Garrigou, *Etudes historiques sur l'ancien pays de Foix* (Notice sur Sabar).
(3) Hilaire, évêque de Poitiers, mort en 367.

sant avec le consentement de ses frères Olivier et Bertrand, remettre à Pierre, prévôt de Saint-Sernin, les églises de Sainte-Marie d'Esnac (Arignac), d'Enost, de Mercus et de *Miglos*, dans la viguerie du Sabartès. Il déclare faire cette restitution comme pénitence à lui imposée par l'évêque Isarn et pour être relevé de son excommunication (1).

Vers 1108, Willem Aton, de Miglos, abandonnait au chapitre de Saint-Sernin tous ses droits sur l'église de Miglos qu'il avait usurpés (2).

Deux chevaliers voisins s'étaient encore appropriés une partie des revenus de l'église de Miglos. Le premier, Willem Pierre, de Roque Maure (3), rendit, en 1117, à Saint-Sernin ce qu'il détenait injustement (4); le second, Azémar, de Mal Pas (aujourd'hui Bompas), avec ses frères Raymond, Pierre et Bernard, restitua, après 1117, tout ce qu'il avait pris sur le dimaire de Miglos (5).

Dans le courant du douzième siècle, le chapitre de Saint-Sernin obtint, à plusieurs reprises, confirmation de ses possessions et privilèges du Souverain Pontife : le 2 janvier 1119, sous le pontificat de Gélase II (6); le 21 mars 1141, sous celui d'Innocent II (7); le 11 mai 1169 et le 30 mars 1175, sous celui d'Alexandre III (8). On relève

---

(1) Abbé Douais, *Cartulaire de Saint-Sernin*, n° 278. — Isarn occupa le siège épiscopal de Toulouse, de 1078 à 1105. — *Arignac*, commune du canton de Tarascon. — L'église d'*Enost* ou *Onost* est devenue la chapelle du cimetière d'Auzat. Saint-Vincent, puis Saint-Anne d'Onost, désignait primitivement le prieuré de Saint-Sernin qui a fait place aujourd'hui à la paroisse d'Auzat, canton de Vic-de-Sos; — *Mercus*, commune du canton de Tarascon.

(2) Abbé Douais, *Cartulaire de Saint-Sernin*, n° 279.

(3) *Roquemaure*, château que A. Garrigou donne comme étant de fondation sarrasine, et qui s'élevait au sommet de la roche de Genat, dominant Tarascon. (A. Garrigou, *Notice sur Sabar*, p. 31 ; *Etudes historiques sur le pays de Foix*, p. 137.) On voit encore quelques substructions appelées dans le pays *Roco-Marlo*. Le château de Roquemaure apparaît dans les chartes dès le commencement du onzième siècle.

(4) Abbé Douais, *Cartulaire de Saint-Sernin*, n° 276.

(5) *Ibid.*, n° 277.

(6) *Ibid.*, Appendice I, n° 5.

(7) *Ibid.*, Appendice I, n° 6.

(8) *Ibid.*, Appendice I, n°s 7 et 9.

dans ces différentes bulles le nom de l'église de Miglos.

Les donations et restitutions en faveur de cette église prennent fin au milieu du treizième siècle, époque à laquelle Pierre, seigneur de Miglos, donne, en 1250, à l'abbaye de Saint-Sernin tous ses droits sur l'église du lieu (1).

Miglos était, au treizième siècle, compris dans le prieuré de Vic-de-Sos, qui renfermait les églises de Saint-Vincent d'Onost, de Saint-Maurice de Suc, de Saint-Jacques de Saleix, de Saint-Blaise de Goulier, de Saint-Pierre d'Olbier, de Sainte-Croix de Sem, de Saint-Baudile de Siguer, et, plus tard, de Saint-Orent d'Illier et de Saint-Germain d'Orus (2).

En 1246 fut dressé un inventaire des biens meubles et immeubles des prieurés dépendants de l'abbaye de Saint-Sernin (3). A cette date, l'église de Miglos possédait déjà trois autels, et, par conséquent, les trois absides que l'on y voit encore. Indépendamment d'ornements de soie et d'une dalmatique, il y avait, entre autre chose, un calice d'argent, trois missels, un livre des épîtres et un des psaumes; trois croix, six candélabres, deux encensoirs. Enfin, les biens fonds consistaient en une pièce de terre, un jardin et une vigne (4).

Le 10 des kalendes de mai (22 avril) 1299, l'abbé de Saint-Sernin, Sanche de Aissada et son chapitre, suppri-

---

(1) Archives de la Haute-Garonne, fonds de Saint-Sernin, n° IV, liasse XIII, n° 3.

(2) Toutes ces paroisses font actuellement partie du canton de Vic-de-Sos. — J. de Labondès, *Les prieurés de Saint-Sernin de Toulouse dans le pays de Foix*, 1883.

(3) Abbé Douais, *Inventaire des églises de l'abbaye de Saint-Sernin*, in *Mémoires de la Société archéologique du Midi*, t. XIV.

(4) « ... In ecclesia de Merglosio sunt tria altaria parata de pannis, et duo pallia de serico, et unum vestimentum festivale, et aliud feriale, et una dalmatica, et calix argenti et alius et canete de stagno et anetum, et tria missalia breviarium dominicale et sanctorale, et aliud breviarium feriale, et liber sanctorum et officiarium, et liber epistolarum et psalterium, et tres cruces et sexta candelabra et pelvis et duo turibula, et due pecio terre, et unus ortus et una vinea. »

mèrent et réunirent à leur manse le prieuré de Saint-Martin de Grisolles. En compensation, ils créèrent deux prieurés nouveaux qui devaient être régis comme les autres, par un chanoine à la nomination, mutation et révocation de l'abbé. L'un de ces bénéfices était celui de Miglos, avec les églises de Mercus et d'Arignac; l'autre, celui de Lavelanet, avec les églises de Sainte-Marie de Pierre Pertuse, et les chapelles de Saint-Sernin de Bensa et de Saint-Quircq d'Olmes (1).

Le premier prieur de Miglos fut le chanoine Bérenguier de Montvieux (*de Monte-Veteri*). Les premières années du quatorzième siècle sont marquées par des règlements, des accords de toute sorte entre les habitants de la vallée et le prieur à l'occasion de la nouvelle organisation de la paroisse.

En 1301, le prieur signe une transaction avec les fabriciens (*operarii*) de l'église, Pierre de Fonte, Raymond Gozini et Arnaud Salamon, au sujet de la perception des dîmes sur quatre terres ou *casals* de la vallée. Il fut convenu que le prieur aurait les entiers revenus des *casals* de Guilhem et Raymond Arnaud, des frères Negres et de Pierre Rosset d'Arquizat, pour en disposer à sa fantaisie. La fabrique prélèverait les dîmes et prémices des *casals dels Guilhems* de Negres et *dels Auriols* d'Arquizat, de Pierre, Jean et Guilhem Calvet d'Arquizat, mais avec cette condition expresse qu'elles seraient uniquement affectées à l'œuvre de l'église (2).

Nous trouvons, quelques années plus tard, un acte important pour l'histoire de l'église. Il porte la date de 1309.

Nous avons vu précédemment qu'il y avait déjà trois absides dans l'église de Miglos au treizième siècle. La nef était alors fort exiguë et dans un bien mauvais état; les

---

(1) Archives de la Haute-Garonne, fonds de Saint-Sernin, n° VI, liasse XXI, titre 4.
(2) F. Pasquier, *Agrandissement d'une église rurale dans le comté de Foix au quatorzième siècle*. Voir aux pièces justificatives, n° VIII.

fabriciens durent se préoccuper d'y apporter des restaurations et des améliorations considérables.

Le 3 août 1309, les fabriciens Raymond de Tressen et Pierre de Na Milglosio, passèrent à Arquizat, avec un maçon de Tarascon, Arnaud de Savignac, les accords suivants, en présence de Guilhem Mercier de Tarascon, Pierre de Corvis d'Ussat, Raymond Pujol et Arnaud Gabarre de Miglos.

Arnaud de Savignac s'engageait à élever deux arcs de trois palmes au-dessus du sol; à démolir un autre arc situé près de l'autel, autant qu'il serait nécessaire pour la voûte, et à le refaire en pierre et en ciment; à couvrir la nef d'une voûte en pierre et en ciment et à la raccorder avec celle de l'abside; à garantir cette voûte par une toiture en ardoise; enfin, à construire cinq piliers, *antenas*, en pierre et en ciment, ayant cinq palmes au-dessous de terre et quatre au-dessus.

La fabrique promettait de transporter jusqu'à l'église la chaux, le bois et l'ardoise.

En payement, et comme le numéraire était rare à cette époque et en pays de montagne, l'entrepreneur devait avoir pendant trente-deux ans la jouissance de deux prairies arrosables, *natas*, représentant un revenu annuel de 50 sous toulousains.

Arnaud de Savignac prenait de son côté l'engagement de se conformer scrupuleusement aux clauses de l'accord et donnait comme caution, Pierre de Miglos, damoiseau, et Raymond Babini de Miglos.

Cet acte assurément curieux, qui fait connaître dans ses moindres détails un contrat pour l'entreprise de travaux publics au moyen âge, fournit encore des données précieuses pour l'étude de notre église.

M. F. Pasquier qui, en quelques pages, a analysé le document, fait judicieusement remarquer que cette pièce permet de fixer la date de travaux exécutés à un édifice du moyen âge, ce qui est rare, surtout pour une église rurale. En outre, les trois nefs ajoutées à l'église et raccordées aux absides, quoique construites au quatorzième siècle, ne diffèrent en rien de celles qui avaient été élevées dans d'autres édifices de la contrée à l'époque romane. « C'est un nouvel exemple servant à établir que, dans les provinces méridionales, un style ne disparaissait pas brusquement et continuait d'être employé longtemps après qu'un nouveau genre avait été adopté dans le pays. Aussi faut-il tenir compte de ce fait quand on veut fixer la date d'un édifice d'après les caractères architectoniques (1). »

Ce document fait partie du cartulaire de la seigneurie de Miglos que nous transcrivons aux pièces justificatives.

L'entente faite avec les fabriciens, la construction de l'église achevée, une difficulté nouvelle surgit pour le prieur de Miglos, relativement à la perception de la dîme qui ne reposait vraisemblablement alors sur aucune base. Les consuls de la vallée étaient loin de s'accorder sur ce point avec le chapitre de Saint-Sernin. Des pourparlers, comme on devait s'y attendre, n'aboutirent à aucun résultat. On eut recours à une action judiciaire, moyen encore moins efficace, plus irritant, qui menaça naturellement bientôt de devenir interminable. Alors les parties prirent la résolution de mettre fin au différend par une transaction qui fut passée à Miglos, le mercredi après la fête de Saint-Barthélemy d'avril 1321 (2).

Le prieur était représenté par Guilhem de Serras, et les habitants de la vallée par leurs syndics et les notables d'entre eux, au nombre desquels nous citerons Pierre et

(1) F. Pasquier, *Agrandissement d'une église rurale dans le comté de Foix au quatorzième siècle.* — M. Pasquier fait observer avec raison que cette charte renferme des termes techniques dont le glossaire de Du Cange ne fournit pas une explication complètement acceptable. Ainsi, les mots *arca* et *antena* doivent se traduire évidemment par « arcs doubleaux » et « piliers. » Voir Pièces justificatives, n° XIV.

(2) De quelle fête de Saint-Barthélemy est-il fait ici mention ? Un saint Barthélemy seul se trouve en avril : saint Barthélemy Cervior de Savigliano, dominicain. Mais il ne fut martyrisé qu'en 1466, bien postérieurement à notre document. Est-ce ici une erreur du copiste ?

Arnaud de Miglos, damoiseaux; Arnaud Babini, Arnaud Gozini, Arnaud Jolem, Pierre de Fontana, Arnaud de La Scala, Pierre Vascon, Pierre Carolh, Jean Malifart, Raymond de Tressent, Bernard Adoant, Vital Auriol, Guilhem Amiel, Arnaud Bernard, Raymond Perat, Raymond Monier, Pierre Gilabert, Raymond Gavarra, Jean Auger, Arnaud Bavile, Raymond de Prat, Pierre de Camp, Gaillard den Bonet, Jean Hélie, Pierre Salamon, Raymond Gasch, etc...

M° Pierre de Saint-Martial, notaire, rédigea et retint l'acte en présence de noble Germain de Castelnau, chanoine et archidiacre de l'église de Pamiers, de frère Gaillard de Pamiers, prieur du couvent des frères Prêcheurs de Pamiers, de frère Arnaud de Caslar du même ordre; de frère David, de l'ordre de Cîteaux, de noble Raymond de Anstuerio, recteur de l'église de Vals, près Varilhes.

Voici quelles furent les principales dispositions de cet accord que nous ne donnons pas aux pièces justificatives, à cause du mauvais état dans lequel se trouve le titre.

Tous les habitants, nobles ou manants (*tam nobiles quam innobiles*) ou ceux qui se diront nobles (*seu qui pro nobilibus se gerunt*), devaient être tenus de payer ou remettre annuellement au prieur et à ses successeurs :

I. — De chaque veau (*vitulo*).... (déchirure).

II. — De chaque poulain (*polino seu pullo*) qui naîtra : 4 deniers tolsa.

III. — La dîme de la toison des bestiaux (*velleribus seu dorsiis lanœ*) qui paissent sans interruption dans la vallée, ainsi fixée : jusqu'à cinq toisons, 1 denier tolsa de chaque; pour cinq toisons et au-dessus jusqu'à dix, la dîme entière, une peau (*unum dorsium seu pello*).

IV. — Les dîmes et prémices des gros grains, lins (*linorum*) et chanvre (*canaporum*), à raison de la huitième partie, prise en gerbe par les fermiers de la dîme sur le sol même, en présence de deux *honnêtes hommes voisins*.

V. — Les dîmes et prémices des légumes et menus

grains, à raison de la huitième partie du millet et d'une sorte d'avoine (*eyschena*) en gerbe.

VI. — Les dîmes et prémices des agneaux et chevreaux (*edulorum*) payables à la réquisition du prieur depuis la Saint-Barnabé d'avril jusqu'à la Nativité de saint Jean-Baptiste, ainsi établi : de un à cinq agneaux ou...... 1 denier tournois de chaque ; pour cinq agneaux, moitié de la dîme, et la dîme entière au-dessus de cinq jusqu'à dix.

VII. — Les dîme et prémices des vendanges, au dixième.

VIII. — Pour la dîme du foin et de l'herbe, un faix de foin, autant qu'un homme en peut porter, prélevé dans les prés de la vallée et des montagnes.

IX. — Pour les corbeilles de navets (*gorbellos napporum vel napparum*) au nombre de dix, un......; au-dessous de ce nombre, rien.

X. — Pour le menu bétail et le jardinage (*ortaliciis*), pourceaux, oies (*ancerulis*), poulets, etc..., 1 denier tournois pour l'ensemble.

Enfin, les droits prélevés par le chapitre de Saint-Sernin sur les fromages des troupeaux furent ainsi réglés. Cette dîme, payable annuellement au mois d'août, devait comprendre deux fromages par berger et vacher que tout habitant aurait sur la montagne. Dans le cas où plusieurs habitants se réuniraient au nombre de sept pour avoir un berger ou vacher, ils ne donneraient pour le tout que deux fromages, alors qu'un seul particulier ayant plusieurs troupeaux distincts gardés par des bergers différents serait tenu de remettre deux fromages par troupeau.

Quant aux étrangers qui feraient paître leurs bestiaux sur les terres du prieuré dans la vallée, il ne serait perçu sur eux que deux fromages pour les moutons et autant pour les vaches (1).

---

(1) Archives de la Haute-Garonne, fonds de Malte, Gabre et Capoulet, liasse 8. Ce titre, qui devrait être compris dans le fonds de Saint-Sernin, est venu échouer, nous ignorons pourquoi, dans les archives de l'ordre de Malte.

Cet acte est intéressant; il nous montre, dès les premières années du quatorzième siècle, les redevances déjà élevées que le chapitre de Saint-Sernin prélevait dans la vallée de Miglos.

Quelque critique qu'on ait pu porter sur cet impôt en faveur de l'Eglise et bien qu'à des époques plus rapprochées de nous des redevances exorbitantes aient été trop souvent exigées des propriétaires du sol, on est bien forcé de reconnaître, à l'origine de cet impôt, son équité d'une part et les bienfaits d'autre part qu'il a procurés à l'humanité. La dîme frappait indistinctement les nobles comme les manants, ainsi que la charte analysée plus haut le prouve une fois de plus; elle constituait donc l'impôt le plus juste et le plus égalitaire de l'ancien régime. En second lieu, à cette époque grossière de barbarie et lorsqu'elle fut rendue obligatoire par le concile de Mâcon (585), la dîme fournit à l'Eglise des ressources considérables qui lui permirent de soulager les grandes misères de ces temps en fondant des établissements de secours pour les malades, les voyageurs, les pauvres, les orphelins, tous les déshérités de ce monde, en rachetant les esclaves, en prenant résolument sous sa protection les faibles et les opprimés.

En 1328, le 18 juin, le vicaire perpétuel de Miglos, Bertrand Martin, déclara au chapitre de Saint-Sernin avoir trouvé dans la maison du prieuré les objets mobiliers suivants : trois ornements, une serviette, une courte-pointe à raies avec son oreiller; une *lodice* avec deux draps de lit, une autre courte-pointe avec son oreiller.

Parmi les ustensiles de ménage nous remarquons : une mesure neuve pour le blé et trois demi-mesures, un grand et un petit récipient, deux auges en bois de noyer avec leur couvercle et une troisième plus petite, deux vases à vin dits *pipoti*, une longue table sans pieds et une plus petite avec pieds, trois bancs ou escabeaux, une hache à deux tranchants, un petit chaudron, un trépied, une petite écuelle de fer, un tamis de soie, une auge en bois pour pétrir, un récipient pour porter l'eau, six écuelles, six tranchoirs, deux sortes de flacons dits *canete* pour l'eau et trois sacs pour le blé. En outre, quelques objets dont l'attribution ne nous est pas connue (1).

Pierre de Maserato était alors prieur de Miglos.

Nous n'avons pu retrouver aucun document du quinzième siècle et nous ignorons, pendant deux siècles environ, les faits relatifs à l'histoire de la paroisse.

Après la sécularisation de l'abbaye de Saint-Sernin au dix-septième siècle, Miglos devint, comme les autres prieurés, une dépendance du chapitre. Ce fut le 21 octobre 1528 que Jean Despujassa, chanoine de Saint-Sernin, prit officiellement possession du prieuré. Le recteur ou vicaire perpétuel était M° Antoine Géomain (2).

En 1551, le 7 octobre, l'official du diocèse de Pamiers, M° Jean de Regert, docteur ès droits et chanoine des églises cathédrale de Pamiers et abbatiale de Saint-Volusien de Foix, procéda à la visite de l'église de Miglos, au nom de l'évêque Jean de Barbanson. Aucun détail intéressant n'est relevé dans ce procès-verbal, pas plus, du reste, que dans la majeure partie de ceux que contient le registre des archives de la Haute-Garonne (3). Le but des visites faites à cette date ne tendait, en effet, qu'à s'informer s'il y avait ou non des hérétiques ou protestants dans les paroisses du diocèse.

Une remarque à formuler est que, dans ce procès-verbal de visite, le patron de l'église est appelé sainte Suzanne et non saint Hilaire. Pourquoi relève-t-on ici un nom qui ne se rapproche en rien de celui qui, de tout temps, a désigné le saint auquel l'église était dédiée? Est-ce par suite d'une erreur du copiste ou bien sainte Suzanne a-t-elle été

---

(1) Archives de la Haute-Garonne, fonds de Saint-Sernin, n° IV, liasse XIII, titre 7. Voir Pièces justificatives, n° XXII.
(2) *Ibid.*, fonds de Saint-Sernin, n° IV, liasse XIII, titre 15.
(3) C. Barrière-Flavy, *Le diocèse de Pamiers au seizième siècle, d'après les procès-verbaux de visites, de 1551*, p. 21.

réellement substituée, durant quelque temps, au saint évêque de Poitiers? C'est ce que nous ne pouvons savoir.

En 1630, en vertu d'un accord conclu à la suite de difficultés survenues entre les recteurs des églises qui faisaient jadis partie du prieuré de Vic-de-Sos et le vicaire perpétuel de Miglos ; ce dernier reçut 15 setiers de blé, 20 bottes de foin et quelque peu de paille (1).

Au commencement du dix-huitième siècle, un différent s'éleva entre le recteur ou curé et les habitants de la paroisse de Miglos au sujet de la dîme du foin. La perception de ce droit avait été réglée en 1603 d'une façon uniforme dans tout le diocèse de Pamiers.

Le curé ou son fermier devait envoyer un homme sur le pré de chaque bientenant pour y prendre un seul faix, quels que fussent le nombre et l'étendue des prés des habitants de la vallée. Cependant, malgré les précisions de ce règlement, le vicaire perpétuel de Miglos faisait lever la dîme du foin par deux femmes aidées d'un homme.

Les habitants portèrent leurs réclamations au chapitre de Saint-Sernin, mais l'entente fut longue à se faire. Enfin, en 1769 seulement, un accord vint fixer définitivement la perception de la dîme. Tout particulier possédant une journée de pré, c'est-à-dire deux mesurées d'arpent, devait donner un faix de foin du poids de 250 livres. Cette quantité resterait la même quelle que fût la contenance du champ, au-dessus de la mesure susdite ; d'autre part, il ne pourrait être prélevé qu'un faix de 125 livres sur les prés d'une demi-journée ou une mesurée d'arpent (2).

En 1711, le vicaire perpétuel de Miglos reçut du chapitre de Saint-Sernin plusieurs ornements et un tableau représentant le Christ, la Vierge et saint Hilaire, patron de la paroisse, destiné au maître-autel.

A partir du milieu du siècle dernier, les registres parois-

(1) Archives de la Haute-Garonne, fonds de Saint-Sernin, n° IV, sac N, liasse I, titre 6.
(2) *Ibid.*, fonds de Saint-Sernin, n° IV, sac N, liasse I, titre 21.

siaux conservés à l'église sont régulièrement tenus ; aussi nous est-il permis de suivre, pour ainsi dire pas à pas, les moindres faits de l'histoire de la paroisse.

L'assistance publique fut instituée vers cette époque à Miglos grâce à la libéralité d'un de ses curés, Jean Mottes, qui demeura, de 1713 à 1750 environ, à la tête de la paroisse. Possédant un certaine fortune composée en totalité de capitaux, il en disposa entièrement en faveur des pauvres. Elle s'élevait à 15,375 livres. L'inventaire de la succession de J. Mottes nous montre en quoi elle consistait. Nous relevons les indications suivantes : I. Cession (12 janvier 1724) par M° Jean-Pierre Pratviel, notaire de Toulouse, d'une créance de 1,400 livres sur *Messieurs les officiers du Parlement de Toulouse;* — II. Créance (11 septembre 1737) de 3,000 livres sur la communauté et le chapitre de l'abbaye Saint-Pierre de Lézat; — III. Créance de 1,000 livres établie sur l'équivalent de Languedoc, cédée à dame Jeanne Mottes, épouse du sieur Paul Vergé, habitant de Miglos (12 juin 1728); — IV. Créance de 1,000 livres sur la demoiselle Jeanne de Faudry, de Toulouse (12 août 1726); — V. Créance de 1,000 livres sur l'équivalent de la province de Languedoc (9 décembre 1723) ; — VI. Créance de 1,200 livres sur l'équivalent de la province de Languedoc, cédée par le comte de Prat (5 août 1723) ; — VII. Deux créances, l'une, de 4,575 livres, placée sur la sénéchaussée de Toulouse ; l'autre, de 1,800 livres, établie sur l'équivalent de la province de Languedoc, cédées par le président de Catellan (22 mai 1713) ; — VIII. Créance de 400 livres sur dame Claire de Subra-Fabas, veuve du sieur Lacoume-Pagès de Mercus, cédée par Paul Boullier, marchand, de Tarascon (13 juillet 1722) (1).

Le testateur institua son successeur administrateur des biens laissés aux pauvres, à charge non de rendre compte de la distribution des revenus, mais de prévenir annuel-

(1) Archives paroissiales.

lement les marguilliers de l'emploi qui en avait été fait (1). Nous verrons, plus loin, en nous occupant de l'administration communale, quelles difficultés naquirent de cette disposition testamentaire.

A la mort de Jean Mottes, deux prêtres se disputèrent la cure. L'un, dont nous ignorons le nom, était le candidat du baron de Miglos ; l'autre, M° Vergnies, était présenté par le chapitre de Saint-Sernin. Ce dernier l'emporta, malgré l'influence du seigneur, et fut agréé par l'évêque de Pamiers.

A cette époque, c'est-à-dire vers 1750, la paroisse de Miglos fut visitée par les chanoines de Bousquet et de Terraube de Saint-Sernin, qui inscrivirent les renseignements suivants dans leurs procès-verbaux :

Le curé prenait le tiers des fruits et 110 livres d'argent ; il avait un vicaire.

Les revenus directs de la cure étaient fort minimes, car ils ne consistaient qu'en un champ donnant 4 mesures de seigle ou millet et une pièce en pré d'un rendement de 3 livres à peine.

Ce bénéfice était affermé par le chapitre de Saint-Sernin 900 livres.

Les récoltes étaient prélevées dans les proportions suivantes : 8 $1/2$ pour les blé, seigle, orge, paumelle, avoine ; 10 pour le lin et le chanvre, le blé noir et le millet ; 12 pour les légumes ; 10 pour la laine des agneaux et les chevreaux, et un liard par tête s'il y avait moins de dix bêtes.

La paroisse de Miglos comprenait alors 500 communiants (2).

Enfin, nous voyons que le chapitre de Saint-Sernin faisait remettre annuellement une somme de vingt-quatre

---

(1) Archives communales.
(2) Archives de la Haute-Garonne, fonds de Saint-Sernin, n° IV, sac N, liasse I, titre 20.

livres aux consuls pour être distribuée aux pauvres en présence du curé et du vicaire (1).

Au moment où éclata la Révolution, un différend existait entre le curé Dominique Vergnies et le vicaire Lacaze, nous ignorons à quel propos. La chose alla même jusqu'à provoquer un scandale, attendu qu'un jour, tandis que le vicaire s'apprêtait à dire la messe, il se vit refuser par le curé le vin nécessaire, et cela sans autre explication.

Le vicaire se déshabilla, et prenant aussitôt la parole au milieu de l'église, expliqua aux fidèles assemblés les motifs de cet acte injurieux de la part de son curé qui désirait amener ainsi la suppression du vicaire. La population s'émut de cette querelle et demanda au conseil politique de s'occuper de la question. Celui-ci se réunit peu après, prit et envoya à l'évêque de Pamiers une délibération sollicitant le maintien du vicaire dont on n'avait qu'à se louer, et attendu surtout qu'il était manifestement impossible au curé seul de faire le service de la vallée. Le vœu du conseil fut en partie écouté, car les fonctions du vicaire ne furent pas supprimées ; mais M° Lacaze dût être appelé à un autre poste, car peu de temps après nous voyons figurer M° Bouillé en qualité de vicaire de la paroisse (2).

Le curé Dominique Vergnies prêta serment à la Constitution le 13 mars 1791. A l'issue de la messe de paroisse, et en présence du conseil politique et de la majeure partie des habitants, le curé, levant la main sur l'autel, jura de veiller avec soin sur ses paroissiens, d'être fidèle à la Nation, à la Loi, au Roi, et de maintenir de tout son pouvoir la Constitution décrétée par l'Assemblée nationale et acceptée par le roi, conformément au décret sur la constitution civile du clergé (3).

(1) Archives communales.
(2) Archives communales et paroissiales.
(3) Archives communales.

Son successeur, Jean-Baptiste Dégeilh, fut aussi assermenté.

En 1794, le 30 ventôse, il dut présenter tous les vases sacrés de son église au maire, aux officiers municipaux et à l'agent national de la commune chargés d'en dresser l'inventaire. Nous y voyons figurer deux calices avec leur patène, un encensoir *turibore* pesant 6 livres 8 onces ; les galons d'or, du poids de 1 livre 4 onces, et les galons d'argent, de 1 livre (1).

Antérieurement à la Révolution, la paroisse de Miglos eut un vicaire dont le concours était certainement indispensable pour desservir convenablement les hameaux éloignés qu'elle renferme. Nous relevons les noms de douze vicaires, de 1754 à 1791. Peut-être y en avait-il avant 1750.

Le cimetière de la paroisse entourait autrefois l'église, ainsi que l'usage l'avait établi depuis des siècles. Les chrétiens aimaient, en effet, être inhumés tout auprès de ce sanctuaire où ils avaient prié durant leur vie, et qui devait encore, dans leur repos éternel, les protéger contre l'esprit du mal. Peut-être aussi la grande vénération pour les morts, que professaient nos pères, leur avait-elle fait choisir ce lieu de préférence à tout autre plus éloigné, parce qu'il était ainsi moins exposé à la profanation qu'entraînaient avec elles les révolutions incessantes du moyen âge.

« Les anciens n'ont point eu de lieux de sépulture plus
» agréables que nos cimetières de campagne, » a dit Châteaubriand ; « des prairies, des champs, des eaux, des bois,
» une riante perspective mariaient leurs simples images
» avec les tombeaux des laboureurs. On aimait à voir le
» gros if qui ne végétait plus que par son écorce, les pom-
» miers du presbytère, le haut gazon, les peupliers, l'or-
» nement des morts et les buis et les petites croix de con-
» solation et de grâce. Au milieu des paisibles monuments,

---

(1) Archives communales.

» le temple villageois élevait sa tour surmontée de l'em-
» blème rustique de la vigilance. On n'entendait dans ces
» lieux que le chant du rouge-gorge et le bruit des
» brebis qui broutaient l'herbe de la tombe de leur ancien
» pasteur (1). »

En 1854, alors que le terrible fléau qui sévissait en France vint décimer la commune de Miglos (2), le cimetière, insuffisant, fut transféré au nord d'Arquizat, chef-lieu de la paroisse, sur la route du château et du hameau de Baychon.

Vers 1840, l'important hameau de Norgeat songea à s'ériger en paroisse, car ses habitants trouvaient trop éloignée la primitive église qui, de temps immémorial, avait contenu la foule des fidèles de toute la vallée. En 1846 fut posée la première pierre d'une église dont la consécration eut lieu en 1850. L'année suivante elle devint succursale et prit pour patron saint Hilaire, celui de l'église mère.

Supprimée depuis le 1er décembre 1892, cette petite paroisse n'a eu que deux desservants : MM. Théodore Bédel, de 1851 à 1870 et Louis Rouzaud, de 1870 à 1892.

Terminons ces notes sur la paroisse de Miglos par la mention d'un usage qui a traversé les révolutions et les régimes et s'est perpétué presque dans son intégralité jusqu'à nos jours.

Tous les paroissiens font en effet à tour de rôle le service de l'église en qualité de marguilliers. Il est d'usage annuellement, au 1er janvier, de procéder à la nomination de sept marguilliers dont un fabricien, tous renouvelables ; nomination faite par le curé, du haut de la chaire. Avant la Révolution, ceux-ci devaient prêter serment de *fidélité et de zèle*. Ils sont chargés de la police de l'église, de la quête du seigle, de l'avoine, du blé noir et de la laine, et

---

(1) Chateaubriand, *Génie du christianisme*, IVe partie, livre II.
(2) La commune de Miglos perdit en quelques jours, en 1854, 190 habitants.

de tous autres soins concernant l'entretien du culte. Généralement on choisit parmi les jeunes gens devant tirer au sort l'année suivante, celui qui distribue le pain bénit.

LISTE DES VICAIRES PERPÉTUELS ET CURÉS

1301. — Bérenguier.
1309. — Roger de Alzona.
1325. — Bernard Munier.
1328-1331. — Bertrand Martin.
1385. — Vital Brunet.
1528. — Antoine Géomain.
1678. — François Saleys.
1713-1750. — Jean Mottes, curé.
1750-1791. — Dominique Vergnies.
1791-1794. — Jean-Baptiste Dégeilh.
1794-1798. — Jean-Baptiste Delpy.
1798-1803. — M. Déga.
1804-1816. — M. Blanc.
1816-1819. — Barthier, chanoine de l'église métropolitaine de Toulouse.
1819-1821. — (Vacance.)
1821-1826. — Jean-Antoine Rougé (nommé ensuite à Auzat).
1826-1828. — M. Soulié.
1828-1830. — J.-A. Rougé (seconde fois).
1830-1850. — Jean-Paul Augé (mort à Gabre).
1851-1863. — Pierre-Maurice Maury (devenu doyen de Quérigut, de Vic-de-Sos, mort chanoine de la cathédrale de Pamiers).
1863-1869. — Jacques-Célestin Daran.
1869-1872. — Alexandre Marcailhou (puis aumônier du Saint-Nom de Jésus à Ax).

1872-1889. — Adolphe Nigoul (curé d'Arignac).
1890. — Sabas Maury.

Liste des vicaires.

1678. — Bortièses.
1754. — Bouillié.
1755-1757. — Sicre.
1769-1770. — Gasc.
1770-1772. — Fontanier.
1773-1774. — Teulière.
1775-1776. — Font.
1776-1778. — Fondère.
1781. — Rouzaud.
1786. — Ville.
1787-1789. Lacaze.
1789-1790. Laville.
1790-1791. — Pagès.

CHAPITRE III.

L'ÉGLISE DE MIGLOS.

Au onzième siècle, ainsi que nous l'avons dit plus haut, une église s'élevait déjà dans la pittoresque vallée de Miglos. Peut-être même n'était-elle pas la seule dans la contrée; mais son importance, sa fréquentation due à sa situation relativement plus accessible, lui permirent-elles de traverser victorieusement les siècles.

Des vestiges plus ou moins considérables d'oratoires se rencontrent fréquemment dans les campagnes, principalement dans les pays montagneux et dans les coteaux. Tous ces modestes sanctuaires trouvent leur origine aux dixième, onzième et douzième siècles. A l'examen attentif des substructions que le temps a épargnées, on reconnaît aisément la massive construction de pierre de petit appareil, distinctive de l'époque romane primordiale, avec cette réserve que ce style s'est perpétué plus longtemps chez nous que dans le Nord. C'est ainsi qu'au premier aspect, des pans de murs, paraissant faire remonter un édifice aux septième, huitième et neuvième siècles, ne peuvent, en réalité, être attribués qu'au onzième et même au douzième siècle.

A l'origine, et pour des oratoires de campagne, les constructions étaient faites de matériaux peu durables; probablement, la base en pierre, ainsi que le fait observer

Pl. III. — Vue de l'église de Miglos au moyen âge.

A. de Caumont (1), était surmontée de murs en clayonnage, comme la plupart des constructions romaines de la Gaule. C'est ce qui explique la facilité avec laquelle elles furent détruites à l'époque des invasions barbares et durant les révolutions qui agitèrent la société aux premiers temps du moyen âge.

La tradition, les appellations topographiques nous transmettent seules, en général, le souvenir de ces très anciennes chapelles.

Il en est d'autres, au contraire, que les fidèles relevèrent peu après de leurs ruines, qu'ils réédifièrent et agrandirent selon leurs moyens et leurs besoins. Celles-là, plus solides, nous ont été transmises plus ou moins remaniées, d'âge en âge, et constituent, pour la plupart, des modèles remarquables d'églises rurales.

Tel est le cas des curieuses églises romanes qu'on rencontre à chaque pas dans la vallée de l'Ariège : Unac, Mercus, Miglos (2)...

Nous avons fait connaître, au chapitre précédent, les principaux faits de l'histoire de l'église de Miglos; il importe maintenant d'étudier l'édifice au point de vue archéologique.

L'église présente trois absides voûtées en quart de cercle, telles que nous les avons déjà signalées au milieu du treizième siècle. Elles correspondent à trois nefs, qui ne furent pourvues de voûtes avec arcs doubleaux saillants qu'au commencement du quatorzième siècle, ainsi que nous l'avons expliqué précédemment (3).

Le porche n'est pas compris dans le bâtiment principal ; il semble n'avoir été ajouté que postérieurement aux réparations de 1309.

---

(1) A. de Caumont, *Abécédaire d'archéologie* (Architecture religieuse).
(2) J. de Lahondès, *Les églises anciennes du diocèse de Pamiers*.
(3) J. de Lahondès, *Les prieurés de Saint-Sernin de Toulouse dans le pays de Foix* in *Bulletin monumental*, 1886. — *Les églises anciennes du diocèse de Pamiers*, in *Semaine catholique*, 1884.

Au premier abord, l'intérieur de l'église paraît dépourvu d'intérêt; mais si, d'un coup d'œil superficiel, on veut bien entrer dans l'examen de détail, on sera frappé des particularités que nous allons signaler.

En premier lieu, la chapelle de gauche est plus petite, plus étroite que celle de droite, et le mur septentrional auquel elle se rattache forme, aux deux tiers de son développement, une inflexion fort sensible vers l'abside centrale. (Voir le plan. Lettre A). C'est ce qui explique l'exiguïté de cette absidiole. Est-ce la nature du sol qui a obligé l'ouvrier à faire ainsi dévier la construction du mur et à rompre l'harmonie de l'édifice? Il est à remarquer que le pilier de transept qui lui fait face suit également cette inclinaison. Le fait, quelque explication hypothétique qu'on en puisse donner, n'en est pas moins intéressant à mentionner.

D'autre part, l'abside principale est sensiblement penchée à gauche, de sorte que son axe ne coïncide point avec celui de la nef, et vient, au contraire, aboutir au pilier qui forme l'angle nord-ouest du clocher (Voir le plan. Lettres B,B'). Si l'on se place, en effet, dans l'axe de la nef, et si l'on regarde attentivement le chœur, la face de droite apparaîtra entière, tandis que la face opposée, se présentant de profil, restera cachée à l'œil.

Les deux singularités que nous venons d'indiquer se retrouvent, bien qu'avec des caractères un peu différents, dans l'église de Saint-Lizier. L'inégalité en profondeur et en largeur des absides latérales, la brisure du mur septentrional, la déviation de l'axe du chevet sont autant de détails qui rappellent par leur irrégularité la curieuse et vieille cathédrale du Couserans.

Nous avons insisté à dessein sur ces anomalies dans le plan et la construction de l'église, anomalies qui n'avaient point été relevées jusqu'ici.

Enfin, il est opportun de faire observer que le bas côté septentrional n'était pas autrefois ouvert comme il l'est aujourd'hui. Un mur épais reliait chaque pilier (C et D du plan) à la paroi extérieure (C' et D'), et formait ainsi une chapelle dont l'accès s'offrait seul dans la nef médiane. En 1808, ces deux murailles furent abattues.

En entrant à droite, se trouve la chapelle de la Vierge. L'autel de la modeste absidiole septentrionale est consacré à saint Roch; celui de l'absidiole méridionale à saint

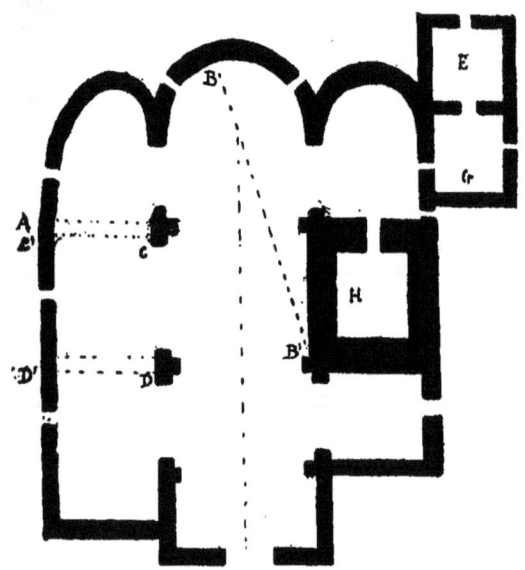

PLAN DE L'ÉGLISE DE MIGLOS.

Blaise. C'était autrefois la chapelle seigneuriale : on y voit aujourd'hui, indépendamment d'un élégant rétable Louis XVI, le tableau représentant le Christ, la Vierge et saint Hilaire, que le chapitre de Saint-Sernin donna à l'église en 1711.

En 1892, le curé actuel fit élever la seconde sacristie (lettre E du plan), a côté de celle qui existait déjà au midi de l'église (lettre G du plan).

Les piliers et les murs sont dépourvus de sculptures et de moulures. L'église mesure, dans sa longueur, 19^m,40 du portail au pied de l'autel central; dans le sens de la largeur, 12^m,10 à la partie rétrécie du transept, et 14^m,30 dans la partie la plus large de la nef.

La voûte atteint 8^m,50 de hauteur.

L'épaisseur des murs de l'édifice, partout égale, est de 1^m,20.

Le clocher, haut de 23 mètres, non compris la flèche, qui en mesure 7, est carré de la base au sommet, sans ressauts ni ornementations. Il s'élève au-dessus de la travée centrale de la petite nef méridionale (lettre H du plan). On y accède de l'intérieur de l'église par un escalier nouvellement construit. La construction massive du clocher le destinait évidemment à la défense. Ses murs mesurent 1^m,70 d'épaisseur, de la base jusqu'à 7 mètres au-dessus du sol ; de là au sommet, ils ne sont que de un mètre. Les anciennes cloches qu'il devait renfermer ont disparu vraisemblablement à l'époque révolutionnaire, et ont été remplacées par deux pièces modernes sans intérêt et ne remontant qu'à une cinquantaine d'années.

A. de Caumont s'exprime ainsi au sujet des tours romanes et de l'époque probable de leur apparition en France.

« ... Ce ne fut guère qu'au huitième ou au neuvième siè-
» cle que le volume des cloches, devenu plus considérable,
» rendit les tours indispensables. Anastase le Bibliothé-
» caire rapporte qu'en 770 le pape Etienne III en fit bâtir
» une sur l'église Saint-Pierre de Rome, dans laquelle il
» plaça trois cloches pour appeler les fidèles aux offices.
» Or, si la première basilique du monde chrétien ne fut
» pourvue d'une tour que dans la deuxième moitié du hui-
» tième siècle, nous pouvons admettre hardiment qu'on
» n'en éleva guère avant cette époque en France, et en-
» core y furent-elles rares jusqu'à la fin du dixième.

» L'association des tours avec le corps des édifices reli-
» gieux présenta pendant longtemps de grandes difficultés ;
» tantôt on les plaça près du portail de l'ouest, quelque-
» fois aux extrémités des transepts ; mais bien souvent, les
» architectes moins hardis établirent leurs tours à côté des

» églises et en firent ainsi des constructions accessoires,
» presque sans liaison avec le reste. — Quelle que fut
» d'ailleurs la place que les tours occupassent, elles étaient
» assez ordinairement carrées, terminées par une pyramide
» obtuse à quatre pans et percées sur leurs faces d'un cer-
» tain nombre de fenêtres semi-circulaires. — Les tours
» qui furent construites au commencement du onzième siè-
» cle durent être peu élevées. Dans le cours du douzième
» on les exhaussa de plusieurs étages; on orna les murs
» d'arcades bouchées et de fenêtres (1)... »

Le clocher de Miglos remonte à cette époque qui nous a laissé des tours aussi majestueuses et élégantes à la fois. De l'extérieur, on ne peut se rendre compte de ce qu'était jadis le clocher, les nombreuses ouvertures n'étant plus apparentes, cachées aujourd'hui par un ignoble crépi blanchâtre; mais c'est durant l'ascension intérieure qu'apparaissent un à un tous les détails de cette architecture dont les églises d'Unac, d'Axiat, par exemple dans le pays de Foix, nous offrent de précieux spécimens.

Le clocher était ajouré au-dessus du toit de l'église de cinq fenêtres simples ou géminées sur chacune de ses faces, ce qui portait à vingt le nombre de ses grandes ouvertures (voir pl. III). En outre, pour éclairer les étages inférieurs, s'ouvraient au sud deux fenêtres rectangulaires superposées.

La plateforme prenait jour par quatre fenêtres triples dont les archivoltes simples reposaient sur deux colonnes en tuf. Cette disposition se remarque fort bien au sommet de la face septentrionale. Au-dessous s'étageaient des fenêtres simples et géminées avec colonnes, placées ainsi que nous avons essayé de le reproduire à la Planche III.

Il ne serait point difficile de remanier le clocher roman de Miglos, de manière à lui redonner cet aspect imposant des siècles passés. Mais pour arriver à ce résultat, il serait

---

(1) A. de Caumont, *Abécédaire d'archéologie* (Archéologie religieuse).

à souhaiter qu'un plus grand nombre d'édifices fussent classés parmi les monuments historiques; le haut pays de Foix compterait une belle église romane de plus.

Pl. IV. — Vue de l'église actuelle de Miglos.

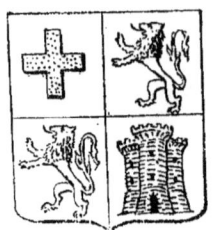

ARMOIRIES DE MIGLOS.

CHAPITRE IV.

LA SEIGNEURIE DE MIGLOS ; LES SEIGNEURS BARONS DE MIGLOS.

Le territoire de la seigneurie de Miglos, au dire d'Adolphe Garrigou, aurait été originairement compris dans le Couseran, qui renfermait dans ses limites une partie du haut comté de Foix.

« Marca nous apprend, » dit-il dans ses *Etudes sur l'ancien pays de Foix* (1), « que le Couseran comprenait une
» partie du haut comté de Foix. Il s'appuie sur l'indication
» fournie par Ptolémée. Celui-ci place la barrière occiden-
» tale de la Narbonnaise au point de section formé par
» le 19° de longitude et le 43°, 10′ de latitude ; cette déli-
» mitation embrasserait dans la tribu des *Consorani*, en
» suivant la courbe décrite par les montagnes auxquelles
» s'adossent vers l'ouest et le sud les bassins de Foix et
» de Tarascon jusqu'à la rivière d'Aston, les vallées rétré-
» cies de Vic-de-Sos, Miglos et Siguer. Cette opinion me
» paraît fondée, — ajoute le savant Ariégeois, — car d'un
» côté, au moment de la conquête romaine, je crois pou-
» voir fournir la preuve que les Sotiates, tribu aquitanique,
» habitaient Vic-de-Sos ; de l'autre, j'ai déjà prouvé par

___
(1) A. Garrigou, *Etudes sur l'ancien pays de Foix et le Couseran*, p. 207.

» la charte d'Alaon et par un acte de l'année 867, que la
» famille qui gouvernait le Couseran étendait également
» sa domination dans le haut pays de Foix. »

Quoi qu'il en soit, à l'époque où remontent les premiers documents connus sur cette seigneurie, la vallée de Miglos relevait du comté de Foix.

L'étymologie de ce nom qui a provoqué quelques dissertations singulières est difficile à établir. On lit dans les chartes, *Melglos, Milglos, vallis de Milglosio*, et, dans le langage vulgaire, on prononce *Miklos*, le nom de cette vallée.

Castillon d'Aspet (1), auquel nous laissons toute responsabilité sur une semblable version, dit, dans un de ses ouvrages :

« Dans Miglos, on retrouve la divinité mixte dont Lucien
» a traduit en grec le nom par *Og-Mios*. En renversant le
» mot Miglos, moins la lettre *l*, qui est une introduction
» d'origine barbare, et lui donnant pour terminaison la
» désinence *Os* par euphonie, on voit que ce nom est le
» même que le *Og-Mios* de Lucien. Cet auteur, dans un
» chapitre tout spécial, traite au long du culte que les
» Gaulois rendaient à leur *Og-Mi*, divinité mixte qui repré-
» sentait les attributs réunis de la force et de l'éloquence,
» c'est-à-dire d'Hercule et de Mercure. Le nom de Miglos
» présenterait ainsi les vestiges onomatiques de cet ancien
» culte institué en l'honneur de ces dieux celtiques consi-
» dérés soit comme divinités distinctes, soit comme deux
» divinités identifiées en une seule et qu'on nommait
» Herm'eracle, auquel le lieu de Miglos aurait été con-
» sacré. »

L'étymologie, comme on le voit, est extrêmement hasardée ; il nous paraît prudent de ne point nous prononcer à ce sujet. Il est opportun toutefois de faire remarquer que dans plusieurs chartes du moyen âge, un certain nombre d'habitants de cette vallée sont mentionnés avec le prénom

---

(1) Castillon d'Aspet, *Histoire du comté de Foix*, t. I, p. 79.

de *Melglos ;* ce qui évidemment peut paraître étrange, attendu qu'on ne relève aucun saint de ce nom. Serait-ce, dans le pays, une dégénérescence du mot *Melchior ?*

Miglos ne désigne point un lieu déterminé, restreint, un village ou un château par exemple; il s'applique à tout un territoire, à une vallée pittoresque s'ouvrant dans la gorge du Vic-de-Sos et dont les confins touchent à l'Andorre. Les titres les plus anciens donnent invariablement la même indication : *vallis de Milglosio,* et plus tard, *vallis et castrum de Milglosio.*

I

Dans le haut moyen âge, les comtes de Foix avaient inféodé cette vallée à la végétation luxuriante, à une famille noble dont ils avaient probablement à récompenser les services, sous l'hommage, et tout en se réservant, comme cela était habituel, la faculté de se la faire restituer à toute réquisition et dans toute circonstance, *iratus sive pacatus.* Ces chevaliers furent connus sous la dénomination de *Miglos* qui devint le nom patronymique des premiers possesseurs de ce fief jusqu'au quatorzième siècle.

Réservé aux enfants mâles, par ordre de primogéniture, cet alleu, dans la suite, peut-être par déshérence et plus probablement par confiscation, revint à son suzerain naturel, le comte de Foix, qui en disposa en faveur de tel autre chevalier qu'il lui plut.

Cela est d'autant plus admissible, qu'à côté des nouvelles maisons nobles en possession de cette terre, nous relevons plusieurs chevaliers, damoiseaux, occupant des fonctions élevées soit à la cour du comte, soit dans l'administration de la province, portant seulement le nom de Miglos et qui semblent être issus ou d'une branche collatérale non admise à recueillir l'héritage de la branche directe, ou encore de la souche même déchue, par suite de forfaiture, de ses droits sur la seigneurie.

Au commencement du douzième siècle, WILHEM ATON, qui restitua à Saint-Sernin de Toulouse l'église et le dîmaire de Miglos qu'il avait usurpé, était-il seigneur de la vallée en raison de l'inféodation reçue par lui ou son père du comte de Foix? Dans le même acte (1), il faisait encore abandon de sa personne à l'abbaye toulousaine.

BRUNET DE MIGLOS, fils ou frère du précédent, recueillit ses droits sur la vallée. Plus tard, pour obtenir la rémission de ses péchés, il se donna, un jeudi de mai 1165 (2), à l'ordre de Saint-Jean de Jérusalem et céda à l'hôpital de Capoulet, récemment fondé (3), tout l'honneur qu'il avait au lieu de Dessen (4).

Ses fils PIERRE et RAYMOND DE MIGLOS confirmaient, en 1177, les libéralités que leur père avait précédemment faites à l'ordre de Saint-Jean (5). Pierre avait été témoin, en 1162, au pacte de mariage de Guilhem Arnaud de Marquefave avec la fille du comte de Foix, Roger Bernard (6).

ARNAUD DE MIGLOS, probablement fils de Pierre, vivait

---

(1) Abbé Douais, *Cartulaire de Saint-Sernin*, n° 279.

(2) Archives de la Haute-Garonne, fonds de Malte, Gabre et Capoulet, liasse 8.

(3) La commanderie de Capoulet paraît remonter aux dernières années du douzième siècle. Bien avant cette époque, différentes donations avaient été faites à l'hôpital de Saint-Jean de Jérusalem dans la contrée, et tout porte à croire, — dit M. A. du Bourg (*Histoire du grand prieuré de Toulouse*, p. 167-171), — qu'il existait déjà une commanderie dite *des Olmes*, qui ne serait autre que Villeneuve-des-Olmes, lieu situé dans le voisinage. Vers le commencement du seizième siècle, Capoulet fut réuni à la Commanderie de Gabre. Nous voyons, par les procès-verbaux de visite, que les guerres religieuses ruinèrent complètement cette maison de Capoulet un instant si prospère. On voit encore, à droite de la route de Tarascon à Vic-de-Sos, un édifice aux épaisses murailles qui passe pour avoir été la maison de l'hôpital de Capoulet. Du côté opposé de la route, l'immeuble de M. Fondère offre, incrustée dans la façade, une pierre représentant une belle croix de Malte qui provient des ruines de l'ancienne Commanderie.

(4) *Dessen*. Il s'agit vraisemblablement ici du lieu de Sem, actuellement petite commune du canton de Vic-de-Sos.

(5) Archives de la Haute-Garonne, fonds de Malte, inventaire Gabre et Capoulet.

(6) A. Garrigou, *Etudes sur l'ancien pays de Foix et le Couseran*, p. 146.

dans les premières années du treizième siècle (1). Il figure comme témoin dans un acte de 1220, par lequel le comte Raymond de Toulouse confirme les donations faites par son père au comte Roger-Bernard de Foix (2).

Relevons en passant ce fait que le comte de Foix possédait la suzeraineté du fief de Miglos, ainsi que nous l'avons dit plus haut, attendu qu'au concile de Lavaur, tenu en janvier 1213, il s'engageait à remettre le château de Miglos avec d'autres places, comme garantie de ses bonnes intentions à l'égard de l'Eglise, entre les mains du roi d'Aragon qui s'était, à cet effet, porté caution pour les comtes de Toulouse et de Foix (3).

En 1243, le XV des kalendes de juin (18 mai), Arnaud de Miglos était témoin de la donation du lieu d'Ascou, dans le Sabartès, faite par le comte Roger IV à Loup de Foix (4), et, l'année suivante, à l'hommage rendu au même prince par Guilhem d'Arnave, chevalier (5).

PIERRE DE MIGLOS succéda à son père Arnaud. Le *II die exitus mensis novembris* (29 novembre 1250), il fit abandon à l'abbé de Saint-Sernin des dîmes et prémices et de tous les droits auxquels il pouvait prétendre sur l'église Saint-Hilaire de Miglos (6).

Pierre laissa vraisemblablement plusieurs enfants dont Pierre, qui paraît avoir été l'aîné, Raymond et Arnaud, damoiseaux, qui figurent comme témoins, en 1301, dans un accord passé entre le prieur de Miglos et la fabrique, relativement à la nomination et aux attributions des fabriciens (7). Pierre joue un rôle important dans deux cir-

---

(1) Archives de la Haute-Garonne, fonds de Saint-Sernin, n° IV, liasse XIII, titre 3.
(2) *Histoire de Languedoc*, édit. Privat, t. VIII, *Preuves*, col. 735.
(3) *Ibid.*, t. VI, p. 402 et suiv.
(4) *Ibid.*, t. VIII, *Preuves*, col. 1132.
(5) A. Garrigou, *Etudes historiques sur l'ancien pays de Foix et le Couseran*, p. 194.
(6) Archives de la Haute-Garonne, fonds de Saint-Sernin, n° IV, liasse XIII, titre 3. — Voir Pièces justificatives, n° VI.
(7) Archives de l'Ariège, B. 1, cartulaire de Miglos.

constances différentes intéressant les habitants de la vallée et l'église de Miglos. En 1298-99, il prend la défense des intérêts de ses vassaux devant le juge ordinaire du comté, dans le différend qu'ils soutenaient contre les gens de Gestiès au sujet de pâturages (1); en 1309, il est désigné comme fidéjusseur par Arnaud de Savignac, maçon, dans le contrat concernant l'agrandissement de l'église (2).

C'est vers 1310-1312 que disparaît, en quelque sorte, la descendance des premiers seigneurs de Miglos, pour faire place à une famille nouvelle, puissante et en faveur auprès du comte de Foix. Nous relevons bien encore postérieurement à cette date des chevaliers portant le nom de Miglos, mais ils ne sont plus seigneurs de la vallée de ce nom. Les enfants de Pierre participèrent-ils à ce mouvement, à ce réveil de l'hérésie albigeoise qui se produisit dans le comté de Foix vers 1312 et virent-ils pour ce motif, à l'exemple de leur voisin Philippe de Larnat, leurs biens confisqués par le tribunal de l'Inquisition ? Il y a tout lieu de le supposer ; surtout si l'on rapproche de cette hypothèse un document de 1312, par lequel nous voyons B. Guilhem de Miglos se donner lui et tous ses biens au monastère cistercien de Boulbonne, pour la rémission de ses péchés et l'expiation de ses fautes, ne se réservant la libre disposition que de 50 sous toulousains (3).

Les titres plus nombreux et surtout plus précis des époques qui suivent nous permettront de rétablir, d'une manière aussi complète que possible, la série des seigneurs barons de Miglos.

II

En 1311, la seigneurie de Miglos entra dans la puissante

---

(1) *Ibid.* Voir Pièces justificatives, n° VII.
(2) *Ibid.* Voir Pièces justificatives, n° XIV.
(3) Bibliothèque nationale, fonds Doat, vol. 85, f° 319. Voir Pièces justificatives, n° XV.

famille des d'Alion, ou de Son, ou d'Usson. Le premier connu de ce nom est Bernard I, vicomte d'Evol, qui vivait au commencement du douzième siècle et s'intitulait prince souverain de Donnezan. Dans le comté de Foix, il possédait les seigneuries de Prades et Montaillou. Son nom était originairement d'Alion du lieu *de Monte Alionis.* A la suite de son refus de rendre hommage au roi d'Aragon pour les terres qu'il possédait en Cerdagne, il se vit confisquer les seigneuries pour lesquelles il prétendait ne relever que de Dieu seul. Le comte de Foix, Roger-Bernard, auquel le roi d'Aragon avait abandonné les domaines saisis sur son vassal, les restitua ensuite à Bernard et accorda même sa sœur, Esclarmonde de Foix, à son fils Bernard II (1). Ce fut vraisemblablement le successeur de celui-ci, Guillaume d'Alion, qui changea le nom d'Alion pour celui de Son, du château de Son dans le Donnezan, et écartela aussi ses armes de celles de Foix.

La famille de Son ou d'Usson, éteinte depuis le commencement du dix-neuvième siècle, a donné des personnages qui ont marqué dans l'histoire de leur temps; notamment la branche des d'Usson, marquis de Bonnac, dont plusieurs membres ont été ambassadeurs de Hollande, de Turquie, d'Espagne. Elle portait de gueules au lion rampant d'argent.

Il paraît qu'en 1310, la bonne harmonie avait cessé de régner entre les deux maisons de Foix et de Son, puisque le comte Gaston I réclamait impérieusement la restitution des châteaux et terres de Son, Prades et Montaillou à son vassal Bernard de Son, fils de Guillaume.

Un accord mit fin au différend, et le IX des Kalendes de mars 1310 (21 février 1311) à Fanjeaux, en présence des chevaliers Pierre Arnaud de Château-Verdun et Bertrand de Acsato, il fut convenu que Bernard de Son remettrait entre les mains de son suzerain les seigneuries qu'il re-

---

(1) Abbé Duclos, *Histoire des Ariégeois*, t. VII, p. 10.

vendiquait ; mais que, pour reconnaître les services signalés qu'il avait rendus au comte, il recevrait de lui 100 livres tournois de rente annuelle spécialement affectée sur la vallée de Miglos, et dont il pourrait disposer à sa guise (1).

Immédiatement après, et comme confirmation de l'accord qu'il venait de signer, le comte de Foix, par acte distinct, fit donation à Bernard de Son, chevalier, — ...*considerantes... plura, grata et innumerabilia servicia que vos... nobis impendistis, tam in armis quam in pluribus aliis actionibus urgentibus et necessariis*, — de la vallée et du château de Miglos, avec haute et basse justice, droits de quête, taille, tasque, cens et autres qu'il avait sur les habitants, moyennant l'hommage à chaque mutation de vassal ou de suzerain. En outre, dans le cas où cette terre ne donnerait pas au bénéficiaire un revenu annuel de 100 livres tournois, le comte prenait l'engagement de parfaire la somme sur les redevances des localités voisines. Jeanne d'Artois, femme de Gaston I, intervint dans l'acte pour donner son approbation (2).

Il n'y a pas uniformité de date dans les diverses copies de cette charte qui présente un grand intérêt pour l'histoire de la seigneurie de Miglos. Cela provient évidemment d'une erreur commise par le copiste qui a mal transcrit ou a omis une partie de la date. Tantôt on lit 1301 (*Cartulaire du XVII° siècle*), tantôt 1310 (*Carrés de d'Hozier* et A. *Garrigou*), tantôt 1312 (*Copie des Arch. du Parlement de Toulouse*). Il n'y a pas à discuter ces dates qui sont manifestement erronées, et il demeure acquis que l'acte de

---

(1) Bibliothèque nationale, fonds Doat, vol. 179, f° 284. — *Hist. de Languedoc*, édit. Privat, t. X, *Preuves*, col. 519-520. — Bibliothèque nationale, carrés de d'Hozier, vol. 234, f° 364. — A. Garrigou, *Etudes historiques sur le pays de Foix*, p. 229.

(2) Archives de l'Ariège, B. 1, cartulaire de Miglos. — Archives du Parlement de Toulouse, Maîtrise de Pamiers, G. 12. — Archives de l'Ariège, B. 143. — Mention dans les carrés de d'Hozier, vol. 234, f° 363 (Bibl. nat.), et A. Garrigou, *Etudes historiques sur le pays de Foix*. Voir Pièces justificatives, n°ˢ XVI et XVII.

donation fut fait le 21 février 1311 (IX des kalendes de mars 1310).

Les habitants de la vallée de Miglos rendirent hommage au nouveau seigneur, le 2 des ides de décembre 1311 (12 décembre), en présence de Guilhem d'Urgel, Guilhem-Arnaud de Château-Verdun, et de Pierre et Brunet de Miglos frères, damoiseaux (1).

Des difficultés ne tardèrent pas à s'élever entre Bernard de Son et ses sujets relativement à la perception des droits seigneuriaux qui, à cette époque, ne paraît pas parfaitement établie. Bernard de Son leur réclamait, entre autres choses, la quête volontaire que ceux-ci refusaient absolument de payer (2). L'entente ne pouvant avoir lieu, le seigneur et le syndic des habitants, Raymond de Pujol, s'en remirent à la justice du comte de Foix. Celui-ci fit connaître son avis le vendredi après la fête de saint Jacques, apôtre, 1312 (29 juillet), à Vic-de-Sos, en présence de Sicard de Lordat, chevalier, de M° Guilhem-Bernard de Luzenac, habile en droit, de Brun de Miglos, de Bernard de Biarino, damoiseau, et de M° Raymond de Saint-Michel, habile en droit, habitant de Saint-Michel-de-Lanès.

Les hommes de la vallée de Miglos durent se reconnaître quêtables à volonté, comme ceux de Saurat et de Mérens à l'égard du comte. En outre, ils furent condamnés à payer au seigneur, pour les frais du procès, 55 petites livres, à la Saint-Michel de septembre (3).

Cette charte, mentionnée avec des erreurs dans un ouvrage de Castillon d'Aspet (4), porte, dans le *Cartulaire* de la seigneurie, une date qui est évidemment fausse, celle de 1300. Le copiste du dix-septième siècle a omis un

---

(1) Bibliothèque nationale, carrés de d'Hozier, vol. 234, f° 365.
(2) La quête était un droit perçu par le seigneur sur chaque chef de famille tenant feu, annuellement. Elle était dite « volontaire, » lorsque le *quantum* était fixé arbitrairement par le seigneur.
(3) Archives de l'Ariège, B. 1, cartulaire de Miglos. — Voir Pièces justificatives, n° XVIII.
(4) Castillon d'Aspet, *Histoire d'Ax et de la vallée d'Andorre*, p. 93.

chiffre, car il ne peut être question de Bernard de Son comme seigneur de Miglos antérieurement à 1311. C'est donc vers 1312, qu'il convient de placer ce différend.

Quelques mois plus tard, le II des ides de septembre (12 septembre), les habitants de la vallée furent l'objet d'une faveur toute particulière de la part de leur seigneur. Sur la requête de ses vassaux, Bernard de Son les exempta d'un droit de leude et de péage qu'ils étaient tenus de lui payer à raison des bestiaux, des bois et autres marchandises dont ils se rendaient acquéreurs soit dans l'étendue, soit en dehors de la vallée. Cette lourde imposition, est-il dit dans le titre, était très préjudiciable à ses gens. L'acte renfermant cette franchise fut passé devant Guilhem de Argulho, Guilhem de Château-Verdun et *Pierre de Miglos*, damoiseaux, et retenu par M° Etienne de Calderiis de Ruppe, notaire du comté (1).

Nous retrouvons encore ici Pierre de Miglos, damoiseau, dont la présence semble en quelque sorte indispensable pour l'accomplissement des actes importants de la seigneurie. Pierre, ainsi que Brunet son frère cadet ou peut-être son fils, sont encore mentionnés dans des actes postérieurs. Ce qui prouve bien, ainsi que nous le faisions observer plus haut, que les redevances féodales ne reposaient alors que sur le bon plaisir du seigneur, ce sont précisément les difficultés se renouvelant sans cesse entre celui-ci et ses gens, probablement aux époques de la perception de ces droits. Le nouveau feudataire du comté de Foix s'efforçait d'obtenir de ses vassaux le plus de revenus possible, favorisé en cela par l'absence de tout titre fixant d'une manière précise la nature et la quotité des charges féodales. Mais il se heurtait toujours contre une énergique revendication des usages et libertés de la seigneurie que les habitants n'entendaient point abdiquer. Nous en avons

---

(1) Archives de l'Ariège, B. 1, cartulaire de Miglos. Voir pièces justificatives, n° XIX.

vu un exemple au lendemain même de la prise de possession de la terre de Miglos par Bernard de Son, en 1311.

A défaut de titres, les vassaux opposaient la prescription immémoriale de ces coutumes, de ces franchises qu'ils établissaient à l'aide de nombreux témoins pris parmi les notables de la vallée et des communautés voisines. Cette situation vague, indécise entre les devoirs des uns et les droits auxquels les autres pouvaient prétendre devait entraîner nécessairement des différends, des procès, des froissements, jusqu'à des querelles et des soulèvements de la part des vassaux lorsqu'ils estimaient que leurs immunités avaient été violées. C'est ce que nous aurons l'occasion de constater à mainte reprise jusqu'au milieu du quinzième siècle, époque à laquelle furent rédigés les principaux privilèges de la communauté de Miglos.

La remise de la leude et du péage à ses gens par le seigneur ne fut pas assurément spontanée et volontaire, ainsi que le titre le mentionne; car ce n'est là qu'une formule invariablement insérée dans tout acte de ce genre; mais elle dut lui être arrachée par les supplices ou peut-être d'habiles menaces. Cela n'est pas douteux, si l'on considère surtout avec quelle ténacité le seigneur de Miglos produit et soutient, dans la suite, ses réclamations au sujet d'autres droits.

En 1320, les parties étaient en procès relativement au droit de déshérence et autres causes qui les divisaient depuis longtemps déjà. Indépendamment de délits et manquements de diverses natures dont les gens de la vallée s'étaient rendus coupables envers le seigneur, qui leur avait infligé de ce chef des peines pécuniaires aussi bien que corporelles, les hommes corvéables avaient obstinément refusé de faire au château de Miglos le charroi nécessaire à sa restauration. Mais la question intéressant plus particulièrement le seigneur de Miglos était de savoir s'il avait ou non la faculté de s'emparer de la succession d'un de ses vassaux décédé sans postérité légitime, et quoique le défunt laissât un ou plusieurs frères avec lesquels les biens fussent indivis. Bernard de Son affirmait avoir ce droit, ses sujets le niaient absolument. Ceux-ci étaient représentés par les notables suivants, que le titre du Cartulaire nous fait connaître : Bernard de Pujol, Jean Denguilhem, Pierre de Na Melgloza, Raymond Gavarra, Pierre de Campo, Guilhem Descalera, Pierre Dupont, Bernard Auriol, Vital Dominici, Melglos Gouzi, Sernin Gouzi, Raymond de Namoreto, Raymond Perat, Melglos de Maljoas, Raymond Arnaud de Négurs, Raymond Baschon, Raymond Minhoti, Raymond Vascon, Pierre Demolis, Arnaud Auriol, Jean Vaschon, Raymond Jolem, Guilhem Bernard, Bernard Denguilhem, Guilhem Arnaud, Pierre Amiel.

Non seulement, disaient-ils, le seigneur n'est pas recevable à recueillir une succession en pareil cas, mais encore il est obligé de laisser ses gens succéder paisiblement à leurs frères morts sans postérité légitime, soit en vertu d'un testament, soit *ab intestat*.

Après de nombreux pourparlers, on convint d'un commun accord de remettre la querelle entre les mains d'arbitres qui furent noble Guilhem Arnaud de Château-Verdun, damoiseau, MM^{es} Guilhem Thron et Guilhem Galtier, habiles en droit, de Tarascon.

Enfin, le 4 des ides de novembre 1320 (10 novembre), à Tarascon, en présence de nobles Raymond de Celles, chevalier, Bernard de Orsato, chevalier, *Pierre de Miglos*, damoiseau, Bernard Mercier de Tarascon, et de M° Guilhem Bernard de Luzenac, habile en droit, la sentence des arbitres fut prononcée. Désormais, tout habitant de la vallée décédant sans postérité légitime pourra, ainsi qu'il en avait précédemment le droit, transmettre aussi bien *ab intestat* que par testament, tous ses biens à ses frères, oncles ou neveux, sans opposition de la part du seigneur.

Bernard de Son fut contraint à faire remise à ses vassaux de toutes les peines qu'ils pouvaient avoir jusque-là encourues pour des causes diverses.

Enfin, pour ne point préjudicier aux droits du seigneur, et afin de jouir paisiblement de cette liberté, les hommes de la vallée se virent condamnés à payer dans le mois, à leur seigneur, la somme de 250 livres de petits tournois (1).

Remarquons que si les manants de la seigneurie de Miglos obtinrent gain de cause devant les arbitres, ils n'en furent pas moins tenus envers le seigneur d'une somme relativement importante. En réalité, ils rachetaient, à un prix élevé, une liberté dont ils avaient probablement joui jusqu'alors sans conteste. C'était, pour la plupart des seigneurs de cette époque, une façon indirecte de battre monnaie et d'augmenter d'autant le produit de leurs redevances. Il est vrai qu'aux premiers temps du moyen âge, les chevaliers, seigneurs de vastes domaines, ne possédaient qu'un bien mince pécule, et ils devaient souvent avoir recours aux riches maisons religieuses, plus tard à la bourgeoisie, pour se procurer les deniers nécessaires, soit à leurs entreprises, soit à l'entretien de leurs maisons. Sans doute, les seigneurs *baillaient en emphytéose* les terres de leurs domaines qu'ils ne pouvaient directement cultiver; mais la redevance à laquelle était tenu le preneur ne consistait, le plus souvent, qu'en rentes en nature et en quelques deniers.

Dès lors, si un besoin d'argent venait à se faire sentir, le seigneur proposait à ses vassaux de leur octroyer une franchise nouvelle moyennant un prix à débattre; ou bien, il leur contestait, ainsi que nous l'avons vu plus haut, un droit parfaitement acquis. L'affaire se vidait généralement alors par l'intermédiaire d'arbitres qui reconnaissaient assurément la juste réclamation des uns, mais ne manquaient jamais d'accorder au seigneur une somme d'une plus ou. moins grande importance.

C'est ainsi que les seigneurs aliénaient peu à peu leurs

---

(1) Archives de l'Ariège, cartulaire de Miglos. — Voir Pièces justificatives, n° XX.

droits selon les circonstances et pour faire face aux besoins du moment, et arrivaient le plus souvent, comme on peut le constater à la fin de l'ancien régime, à n'avoir plus qu'une suzeraineté purement nominale sur leurs domaines. Leurs anciens vassaux jouissant d'un grand nombre de libertés rachetées par leurs pères, possèdent en réalité le sol sous des titres divers, qu'ils exploitent et dont ils payent une sorte de fermage à leur seigneur.

Bernard de Son avait en somme trouvé son profit dans l'issue des querelles qu'il avait suscitées à ses vassaux, aussi chercha-t-il, peu de temps après, à soulever une nouvelle difficulté, en exigeant de ses sujets le payement du fouage. Sur leur refus, Bernard en appela aux procureurs du comte, Jean Cicredi et Guilhem Curtete; mais ceux-ci donnèrent simplement raison aux habitants de la vallée.

Peu satisfait, le seigneur s'adressa au comte Gaston lui-même. Par lettres datées de Varilhes, le jeudi après la Toussaint 1323 (3 novembre), le comte déclara formellement que lui ni ses prédécesseurs, n'ayant jamais possédé le droit de fouage sur les hommes de la vallée de Miglos, son père Gaston 1er n'avait pu le transmettre à Bernard de Son en lui faisant donation de cette seigneurie.

Afin qu'il ne put s'élever de contestation sur la décision du comte, le juge ordinaire du comté, Aymeric Anglès, fut chargé par Gaston de se transporter à Miglos et de donner publiquement lecture de ses lettres par lesquelles il confirmait les prétentions des habitants de la vallée. Ce qui eut lieu le lundi après la Saint-Martin d'hiver 1323 (14 novembre) (1).

En 1331, Bernard de Son céda la seigneurie de Miglos à son fils Jean, en récompense des nombreux et importants services qu'il avait reçus. Bernard, baron de Miglos,

---

(1) Archives de l'Ariège, B. 1, cartulaire de Miglos. — Pièces justificatives, n° XXI.

était aussi vicomte d'Evol et seigneur de Coursan (1). C'est probablement à cause de la distance considérable qui séparait ses domaines que Bernard prit le parti de donner à son fils sa terre du comté de Foix, peut-être en vue d'une alliance projetée entre celui-ci et l'héritière d'une puissante maison du Pays.

Cette donation faite à Coursan le 7 des ides d'octobre 1331 (9 octobre) eut pour témoins Guillaume, chevalier, Raymond de Arnicon, damoiseau, Bernard de Castellet, baile de la Bastide. Elle comprenait la vallée et le château avec ses dépendances, les actions que Bernard pouvait avoir sur les habitants, les droits de quête, casalage, fouage; la justice civile et criminelle, le service militaire et autres. Le donateur stipulait en outre, que si son fils mourait sans enfants légitimes, la seigneurie reviendrait soit à lui-même, soit à ses autres héritiers, soit à toute autre personne qui serait dans ce cas désignée (2).

Quelque temps après, le mercredi de l'octave de la Vierge de mars 1332 (mercredi 1er avril 1333) (3), Bernard de Son adressa une lettre aux syndics de la vallée de Miglos pour leur notifier sa détermination et leur enjoindre, *ainsi qu'aux chevaliers de la seigneurie*, d'avoir à rendre hommage à son fils comme à lui-même, dès qu'ils en seraient requis.

Le dimanche suivant (dimanche après l'octave de l'Annonciation), 5 avril, jour de la Passion, Jean de Son convoqua dans l'église paroissiale de Miglos les principaux habitants de la vallée pour leur donner connaissance de la donation faite en sa faveur par son père Bernard. Après

---

(1) *Evol*, dans la Cerdagne française. On voit aujourd'hui les ruines du château de ce nom au nord-ouest et dans la commune d'Olette, arrondissement de Prades (Pyrénées-Orientales). — *Coursan*, canton de l'arrondissement de Narbonne (Aude).

(2) Archives de l'Ariège, B. 1, cartulaire de Miglos. — Pièces justificatives, n° XXIII.

(3) Notre-Dame de Mars, c'est-à-dire l'Annonciation, était le mercredi 25; Pâques, le 19 avril.

quoi les ayant requis d'avoir à lui prêter l'hommage qui lui était dû en qualité de seigneur de Miglos, il reçut de chacun d'eux, en la forme habituelle, à genoux et les mains jointes, le serment de se montrer toujours loyaux et fidèles, et d'être ses hommes quêtables à volonté pour les biens situés dans les limites de la vallée.

En retour, Jean de Son promettait d'être envers eux bon et juste seigneur, de respecter et maintenir leurs franchises et libertés, ainsi que le comte de Foix agissait à l'égard de ses sujets de Saurat et de Mérens.

Les témoins furent M° Bernard Martin, prêtre, recteur de l'église de Miglos, M° Raymond Pons, prêtre, *Pierre* et *Arnaud de Miglos*, damoiseaux, Pierre de Romengora et François de Uxio, damoiseau de Mazères ou Mazières (versus Perpignanum) (1).

A la suite des divers actes relatifs à la cession de la terre de Miglos se trouve transcrite une pièce intéressante, bien que ne se rapportant pas directement à la seigneurie. On peut en inférer qu'à cette époque M° Guillaume Tron, de Tarascon, était probablement le seul notaire du haut comté de Foix ou du Sabartès. Le document nous apprend qu'aux *nones de mars* 1324 (7 mars 1325), Pierre-Arnaud de Château-Verdun, chevalier, lieutenant du comte de Foix, donnait à M° Guillaume Tron l'autorisation de s'adjoindre des personnes capables pour la transcription d'actes publics; car, ajoute le texte, vu la grande confiance que les peuples du Sabartès mettent en la personne de M° G. Tron, il lui est impossible de rédiger seul tous les actes qu'on lui confie (2).

Nous devons appeler l'attention sur un passage de la donation de Bernard de Son à son fils, où il est parlé non seulement des habitants de la vallée, mais aussi des *cheva-*

---

(1) Archives de l'Ariège, B. 1, cartulaire de Miglos. — Pièces justificatives, n° XXIII.

(2) Archives de l'Ariège, B. 1, cartulaire de Miglos. — A. Garrigou, dans ses *Etudes historiques sur le pays de Foix*, mentionne l'acte en question, le faisant suivre d'observations analogues.

liers qui devaient foi et hommage au seigneur de Miglos :
« ...*volumus et mandamus omnibus militibus ac feudatariis aliis et hominibus universis ut...* » Il y avait donc dans la seigneurie des chevaliers qui relevaient directement du seigneur du lieu. C'étaient assurément les descendants des premiers seigneurs de Miglos ayant encore conservé quelques droits dans la vallée. Nous rencontrons du reste à tout instant des gentilshommes de ce nom dans les actes du moyen âge concernant le haut pays de Foix.

En 1331, Brunet de Miglos figure dans l'acte de garantie des seigneurs du comté de Foix pour le payement de la dot de 35,000 livres de Barcelone faite par Gaston II à sa sœur Jeanne, fiancée à Pierre, frère du roi d'Aragon (1). *Pierre de Miglos*, damoiseau, fils de feu Jourdain, le même qui avait assisté, en qualité de témoin avec son frère Arnaud, à l'acte d'hommage des vassaux de la seigneurie à Jean de Son, engageait en 1336, à Pierre Vascon, deux pièces de terre sises au Col del Castel, sous la redevance annuelle, à la Toussaint, d'une quartière d'avoine à la mesure de Tarascon (2).

III

Qu'advint-il à cette époque, et comment la puissante famille de Rabat possédait-elle, en 1342, la seigneurie de Miglos ? Il est impossible de le préciser.

La maison de Rabat, qui occupa au moyen âge un des premiers rangs parmi la noblesse du pays de Foix, disparut vers le milieu du quatorzième siècle. A. Garrigou suppose qu'ayant pris parti pour les Albigeois, elle se vit déposséder de ses biens qui devinrent l'apanage de Loup de Foix, bâtard de Gaston 1er (3). Les Rabat auraient à cette époque

---

(1) *Histoire de Languedoc*, édit. Privat, t. IX, p. 462.
(2) Archives de la Haute-Garonne, fonds de Malte, Gabre et Capoulet, liasse 8.
(3) A. Garrigou, *Etudes historiques sur l'ancien pays de Foix*.

quitté le pays. Cette baronnie, érigée plus tard en comté, sous Louis XIII, demeura dans les domaines des descendants de Loup jusqu'à la fin du dix-septième siècle, où elle passa, faute d'héritier, à la maison de Sabran.

Les Foix-Rabat portaient d'or à trois pals de gueules, le dernier, sur l'angle droit de l'écu, brisé de trois losanges (1).

Nous pensons que la maison de Rabat s'éteignit au milieu du quatorzième siècle, à la mort de celui dont nous allons parler.

Le samedi, veille de Pâques 1342 (3 mars 1343), Jourdain de Rabat, chevalier, seigneur de Miglos, cédait pour toujours à Roger de Salesse, commandeur de l'Hôpital de Capoulet, le droit de prendre du bois de chauffage et de construction et de faire paître ses troupeaux dans la forêt de *las Quints*, comprise dans la vallée de Miglos (2).

De même que son prédécesseur Bernard de Son, Jourdain de Rabat chercha à pressurer ses vassaux dès les premiers temps de sa prise de possession de la seigneurie. Il s'efforçait, en effet, d'obtenir d'eux le payement de la quête volontaire ainsi que plusieurs autres droits. Moins conciliant encore que Bernard de Son, il fit saisir par ses gens les biens des récalcitrants comme gage des redevances à lui dues.

Les habitants de la vallée adressèrent alors une requête au sénéchal du comté, qui était alors Raymond Saquet, chevalier, coseigneur de Calmont et de Château-Verdun (3). Celui-ci, de l'avis même du comte de Foix, enjoignit au baile de Miglos d'avoir à faire restituer sur-le-champ aux gens de la seigneurie les biens arbitrairement saisis, jusqu'à concurrence d'une modique somme, pour ne point préjudicier aux droits du seigneur. Mais Jourdain de Rabat, au mépris de la décision du comte et du sénéchal, s'empara

---

(1) P. Anselme, t. III, p. 361.
(2) Archives de la Haute-Garonne, fonds de Malte, Gabre et Capoulet, liasse 8.
(3) C. Barrière-Flavy, *La baronnie de Calmont en Languedoc.*

de nouveau des biens restitués à ses vassaux. De là, nouvelle plainte et seconde lettre formelle du sénéchal au baile (7 juin 1343). Toutefois, afin d'éviter de nouveaux obstacles à l'exécution de ses ordres, le sénéchal chargeait le châtelain de Quié de se pourvoir devant le juge-mage du comté pour l'accomplissement rigoureux du mandat dont il l'investissait. Celui-ci, par lettre datée de Pamiers le lendemain de la fête des apôtres Pierre et Paul (30 juin), ordonna au baile de Miglos, au châtelain de Quié et à tous autres officiers de justice, sous peine de 100 marcs d'argent, d'exécuter de point en point et aussi tôt les instructions contenues dans la lettre du sénéchal. Il y a tout lieu de supposer que les habitants de Miglos obtinrent enfin satisfaction ; mais le seigneur, comme nous l'avons vu, n'en retira pas moins un certain bénéfice (1).

Jourdain de Rabat mourut vers 1360, sans enfant mâle, laissant la seigneurie de Miglos à sa fille Brunissen, sous la tutelle de noble Guilhem Arnaud de Château-Verdun, chevalier. Celui-ci, en qualité de tuteur de la dame de Miglos, rendit hommage pour ce fief au comte Gaston Phébus, le 25 mai 1373 (2).

Signalons dans le même acte les hommages des chevaliers de la vallée Guilhem Ysarn et Ramon de Miglos, ce dernier comme possesseur de quelques terres et rentes à Château-Verdun (3).

IV

L'héritière de la baronnie de Miglos épousa quelques années plus tard un chevalier de la maison de *Ascnava* ou

---

(1) Archives de l'Ariège, B. 1, cartulaire de Miglos. — Pièces justificatives, n° XXV.
(2) Archives des Basses-Pyrénées, E. 302, f° xxxviii.
(3) *Ibid.*, f° xxx.

d'*Arnave*, Guilhem-Bernard, descendant du chevalier de même nom, coseigneur de la place de Saverdun, qui suscitait au milieu du treizième siècle, par son esprit remuant et son attitude insolente, des difficultés sans nombre au comte de Foix (1).

Apparentée aux maisons de Foix et de Mirepoix, cette famille était une des plus riches du haut comté, où elle possédait des domaines considérables. Elle disparut au quinzième siècle fondue dans la branche des barons d'Ornolac. On ne connaît pas ses armes.

En 1385, Guilhem-Bernard d'Arnave avait, paraît-il, exercé à l'égard des habitants de la vallée des rigueurs telles que ceux-ci se virent forcés d'avoir recours à la protection du comte de Foix. Ils envoyèrent à cet effet une députation à Pau auprès de Gaston Phébus pour lui demander justice. Ils savaient qu'on ne s'adressait jamais en vain à ce prince quand il s'agissait d'intervenir en faveur de ses sujets contre le caprice ou la mauvaise foi d'un seigneur particulier.

Gaston reçut avec bienveillance les envoyés de la seigneurie de Miglos, et comme témoignage de l'intérêt qu'il leur portait, il adressa aussitôt (le 6 septembre 1385) des lettres à son sénéchal de Foix, Corbeyran de Foix ; au juge-mage et ordinaire, Arnaud de Samorten ; au prévôt de la cité de Pamiers, Jean de Vic, et à M° Paul Baile, licencié ès lois, ses conseillers, afin qu'ils prissent immédiatement des mesures nécessaires pour placer sous la sauvegarde comtale la plupart des gens de la vallée de Miglos.

Conformément aux lettres du comte, les officiers auxquels elles étaient adressées mandèrent, le 18 septembre, aux châtelains de Quié, Tarascon et Vic-de-Sos, d'avoir à exécuter sur-le-champ les ordres du comte, et à publier la sauvegarde dans toutes les localités où il était nécessaire

---

(1) C. Barrière-Flavy, *Histoire de la ville et de la châtellenie de Saverdun*.

de la faire connaître. En même temps, les syndics de la vallée, Bertrand de Natone, Guillaume de Vila et Germain de Pujol, recevaient avis des dispositions prises en leur faveur par le comte. Sans perdre de temps, ils se transportèrent auprès du lieutenant du châtelain de Quié, Pierre de Cadarcet, qu'ils requirent, après avoir exhibé les lettres du comte, d'avoir à se conformer aux instructions qui y étaient contenues.

Le 23 septembre, Pierre de Cadarcet se rendit effectivement à Miglos ; mais comme il se disposait à placer sous la sauvegarde du comte en la forme accoutumée les habitants qui étaient désignés dans les lettres de Gaston, M° Vidal Brunet, prêtre, habitant de Miglos et procureur du seigneur, se présenta devant lui porteur d'une cédule. Il venait s'opposer à l'exécution des ordres du comte, sous prétexte que la sauvegarde lui avait été extorquée par une habile et frauduleuse manœuvre. Il ajoutait qu'avant toute chose, le seigneur désirait faire valoir ses droits devant le juge compétent.

Pierre de Cadarcet consentit à assigner le seigneur de Miglos pour le samedi suivant à Tarascon, mais il passa outre aux protestations de son procureur et fixa les panonceaux aux armes comtales aux lieux les plus apparents. Parmi les habitants qui bénéficièrent de cette sauvegarde, nous relevons les noms de Bernard Columier, Raymond Milhet, Bernard Amorti, Jean Bascon vieux et J. Bascon jeune, de Baychon ; Jean Benet, Pierre Carol, Pierre de Natone, Sernin Salamon, Raymond Pierre Andorran ; Raymond Auger, Vital et Raymond Scalera, etc... M° Guilhem de Labbé, notaire de Tarascon, retint l'acte qui eut pour témoins Raymond Maurin de Miglos, Raymond Maysella d'Andorre, François Daffis de Surmaca, et Bernard Agendi, de Foix.

Enfin, six jours plus tard, le 29 septembre, eurent lieu les derniers actes de cette délicate procédure. Jean Floraud, héraut de Tarascon, publiait dans cette ville, à cor et à cris, par ordre du sénéchal, la sauvegarde accordée par le comte aux habitants de Miglos (1).

Guilhem Bernard d'Arnave était loin, ainsi qu'on l'a vu, de se montrer soucieux du bonheur et de la tranquillité de ses vassaux. L'engagement solennel qu'il avait contracté sur les Evangiles, en prenant possession de cette seigneurie que sa femme lui apportait, ne pouvait lier un caractère aussi absolu.

L'issue, peu favorable pour lui, de sa première querelle avec les gens de la vallée, n'avait pas été d'un enseignement suffisant. C'est pourquoi, neuf ans plus tard, exerçait-il des vexations intéressées à l'égard d'un habitant de Miglos, à l'effet d'en obtenir une somme exorbitante, sous couleur de la redevance du fouage. Ses deux bailes, Pierre Auriol et Jean Amiel, adressaient en son nom de violentes menaces à un notable, Guilhem Aton Babini, afin de l'amener à leur remettre 38 francs d'or pour sa contribution au fouage, payable en quatre termes, et dont le premier seul était échu.

Il arriva que les hommes de la vallée, émus des plaintes et des justes résistances de G. A. Babini, prirent fait et cause pour lui. Cette somme énorme pour un seul s'élevait, d'après eux, à la totalité du fouage de la seigneurie; dès lors ils se considéraient, par l'acquittement de la somme exigée, comme libérés de toute redevance.

Naturellement, cette manière de voir ne pouvait satisfaire le seigneur qui avait compté prélever les 38 francs d'or, sans préjudice du droit de fouage en entier sur les autres vassaux.

L'affaire fut portée devant le juge d'appeaux du comté. Là, les habitants demandèrent que G. A. Babini, à raison du payement des 38 francs d'or, ne fut point contraint à fournir sa quote-part du fouage, non seulement pour le présent, mais encore pour l'avenir, et qu'eux-mêmes fussent

(1) Archives de l'Ariège, B. 1, cartulaire de Miglos.

exempts, de ce chef, de toute redevance. Enfin, comme garantie, ils voulaient que le seigneur de Miglos se considérât comme intégralement payé et que la somme versée fût défalquée de la totalité du fouage.

Cette réclamation fut présentée au juge d'appeaux à Pamiers, le 29 juin 1394, en présence de MM⁰ˢ Guilhem *de Omnibus bonis* et Jacques de Lascossa, notaires de Pamiers. L'acte qui renferme des incorrections et des omissions dues au copiste était retenu par M⁰ Arnaud del' Abatut, notaire du comté (1).

Nous ignorons quel fut le résultat de ce procès, mais il est à présumer qu'il se termina avantageusement pour le seigneur comme d'habitude, tout en donnant satisfaction, au point de vue du droit, aux habitants de la vallée de Miglos.

La fin du quatorzième siècle offre un certain nombre de reconnaissances consenties par les seigneurs du comté aux comtes qui recueillirent dans un court espace de temps la succession de Gaston Phébus. Le seigneur de Miglos n'y figure pas en 1391 ; faisait-il alors partie des gentilshommes de Foix et de Béarn qui ne considéraient point Mathieu de Castelbon comme l'héritier légitime de Gaston : on peut le supposer, car les hommages rendus à cette date sont peu nombreux dans le comté de Foix (2).

Mathieu, que la terre de Béarn ne reconnut à proprement parler qu'après sa prestation de serment aux Etats, le 5 juillet 1393, mourut peu de temps après, sans héritiers directs, en août 1398 (3).

Mais ici, les difficultés surgirent autrement sérieuses qu'au décès de Gaston Phébus, soulevées par la cour de France, qui ne pouvait admettre comme suzerain des do-

---

(1) Archives de l'Ariège, B. 1, cartulaire de Miglos. — Pièces justificatives, n° XXXI.
(2) Archives des Basses-Pyrénées, E. 289.
(3) L. Cadié, *Les Etats de Béarn depuis leurs origines jusqu'au commencement du seizième siècle*, p. 147.

maines de Foix-Béarn, un prince qui avait servi le parti des Anglais en Gascogne. Ce ne fut qu'en 1401 qu'Archambaud de Grailly obtint du roi Charles VI, après bien des pourparlers, la reconnaissance de ses droits sur l'héritage des comtes de Foix, vicomtes de Béarn, du chef de sa femme Isabelle, sœur de Mathieu de Castelbon.

A cette date, nous trouvons aux archives des Basses-Pyrénées un registre contenant les hommages des seigneurs du pays de Foix (1).

Le dernier jour de février 1401 (aujourd'hui 1402), au château de Foix et en présence de Ramond Roger, vicomte de Couseran, Guiraud, seigneur de Mauléon, chevalier, Olivier d'Arignac, damoiseau, et du savant et discret licencié en décrets, M° Arnaud de Gratalop : noble Guilhem Bernard d'Arnave, en son nom et comme procureur de dame Brunissen de Rabat sa femme, rendit hommage, en la forme accoutumée, à Archambaud et Isabelle, pour le château et la vallée de Miglos avec ses dépendances ; pour la part appartenant à la dame aux lieux de Rabat, Gourbit, Bédeillac, Banat-Dessus, Florac (2) ; la maison et droits qu'elle possédait à Tarascon (3).

Nous relevons dans le même registre les hommages des chevaliers de la seigneurie de Miglos : *Ramonat de Miglos*, damoiseau, pour ses rentes et droits sur le château et la terre de Château-Verdun (4) ; *Brunet de Miglos*, damoiseau, pour sa part du lieu de Miglos, du moulin de Vic-de-Sos, ce qu'il possédait à Unac et à Perles (5) ; *Esquiu de Miglos*,

---

(1) Archives des Basses-Pyrénées, E. 422.

(2) *Rabat*, commune du canton de Tarascon, ancien siège de la première baronnie du comté ; — *Gourbit* et *Bédeillac*, communes du même canton, autrefois comprises dans la baronnie de Rabat ; — *Banat*, commune du même canton ; — le fief de *Florac*, Flourac, est un hameau de la commune de Surba, canton de Tarascon. Voir Pièces justificatives, n° XXXII.

(3) A. Garrigou nous apprend, dans ses *Etudes sur le pays de Foix*, que les seigneurs de Miglos possédaient, au moyen âge, le château *Lamotte*, à Tarascon, sis sur la place du Masel-Vieil (v. p. 346-353).

(4) Cf. chap. V, § 2.

(5) Archives des Basses-Pyrénées, E. 422, f° 67. — *Unac*, commune du canton des Cabannes ; — *Perles*, commune du canton d'Ax.

damoiseau, pour ses droits sur la seigneurie de Miglos, sur les moulins d'Axiat, pour les vignes et terres labourables à Tarascon, le bois dit de Lascarrer et la moitié du moulin de Vèbre (1).

Ces derniers, frères ou cousins, conservaient toujours quelques droits sur la vallée de Miglos. Il y avait aussi à cette époque des gentilshommes de même nom sans fortune et attachés à la maison du comte de Foix en qualité d'hommes d'armes : *Monii* et *Jordi de Miglos* (2).

V

Guilhem Bernard d'Arnave disparaît dans le commencement du quinzième siècle. La baronnie de Miglos passa alors, nous ne savons par quel concours de circonstances, dans les domaines de la maison de Béon dont une branche était déjà fixée dans le pays de Foix sous le nom de Béon du Massez (3).

Cette ancienne famille du Béarn était originaire de la terre de Béon, dans la vallée d'Ossau (4). Ce fief, relevant de la vicomté de Béarn, ressortissait, en 1385, au bailliage d'Ossau et comprenait dix-huit feux (5).

On relève dans les archives de Pau des hommages rendus par les seigneurs de cette terre aux vicomtes de Béarn et comtes de Foix : en 1343, à Eléonore de Comminges, mère et tutrice de Gaston Phébus ; en 1391 et en 1398,

---

(1) « ... aquero que ha en la senhorie de Milglos, las partz que ha en los moliis de Adsiat, las binhes et terradors que ha en la juridiction de Tarascon, lo bosc aperat de Lescarrer et la micytat deu Molii de Bebre... » (Arch. des Basses-Pyrénées, E. 422, f° 68).

(2) Archives des Basses-Pyrénées, E. 303.

(3) Mossen B. de Béon, castela del castelh de Camarade (en Foix), prête serment au comte Mathieu, le 27 août 1391, de garder et défendre fidèlement le château dont la garde lui est confiée (Arch. des Basses-Pyrénées, E. 289).

(4) *Béon*, village de la commune d'Asto, canton de Laruns (Basses-Pyrén.).

(5) Il est dit *Beoo* en 1374, Béo de la bag d'Ossau en 1427, Sent-Félix de Béon en 1654 (Paul Raymond, *Dictionnaire topographique des Basses-Pyrénées*).

à Mathieu de Castelbon et Archambaud de Grailly (1).

Les armes des Béon étaient d'or à deux vaches de gueules accornées, coletées et clarinées d'azur.

Guilhem Arnaud de Béon possédait la seigneurie de Miglos dès les premières années du quinzième siècle. Conseiller de Jeanne d'Aragon, comtesse de Foix et de Bigorre, il fut chargé par elle des négociations relatives à l'aliénation du lieu et de la ville de Castillon de Farfaigne, en Catalogne, le 23 décembre 1438 (2).

Vers 1410 ou 1420, il avait épousé Marguerite, fille de Jean de Foix Ier, seigneur de Rabat, Fornets, Antusan, la Tour du Loup, la Bastide de Sérou, Saverdun..., sénéchal de Foix, et de Bergue de Rabastens (3). Il en eut une fille, Catherine, qu'il institua héritière de la seigneurie de Miglos, qui fut mariée et mourut sans enfants.

Un état des revenus du comte Jean dans le pays de Foix nous fait connaître les possessions du baron de Miglos dans le premier quart du quinzième siècle. Il possédait, en effet, le fief noble de Florac; la coseigneurie d'Arabaux, avec Peyrat de Lordat et le comte de Foix, et celle de Montlaur avec le chevalier de Miglos, où il avait la moyenne justice jusqu'à 60 sols. L'entière seigneurie de Pradières, où le comte prélevait quelque droit de bladage et d'albergue, lui appartenait encore (4).

En 1448, il assistait à la réunion des Etats de la Province, tenue le 1er avril dans l'abbaye de Foix, et où Gaston IV, après avoir prêté serment, confirma solennellement les franchises et privilèges des trois ordres (5).

Guilhem Arnaud de Béon mourut vers 1450, laissant à

---

(1) Archives des Basses-Pyrénées, E. 300, — E. 314.
(2) Archives des Basses-Pyrénées, E. 472.
(3) P. Anselme, t. III, p. 361.
(4) Archives des Basses-Pyrénées, E. 473. — Pièces justificatives, n° XXXIII. — Le seigneur de Miglos est écrit dans ce document, G. Arn. del Leo, certainement par suite d'erreur de copie. On remarque aussi qu'à cette époque (1413-1436), le lieu de Montlaur était déjà abandonné.
(5) Histoire de Languedoc, édit. Privat, t. X, col. 2221.

sa fille la baronnie de Miglos, qu'elle fit passer par alliance dans une autre famille de Béarn, où nous la retrouvons pendant plus d'un demi-siècle.

VI

Catherine de Béon, dame de Miglos, était alors mariée à noble *Manaud de Lupperio*, dont le nom a donné lieu à des interprétations diverses et contradictoires. Sans s'arrêter à la traduction littérale du mot latin, on a voulu voir dans ce seigneur devenu baron de Miglos, tantôt un membre de la famille Séré, qui posséda la seigneurie de *Loubières* en Foix; tantôt un gentilhomme de la vieille maison de *Luppé* d'Armagnac.

Examinons la seconde hypothèse, qui paraît tout d'abord la plus admissible. Laissant de côté l'origine et la généalogie de cette famille, qui prétend descendre du duc Loup, nous avons surtout à envisager les diverses formes du nom de Luppé au moyen âge et à les rapprocher de celui qui nous intéresse. Du dixième au treizième siècle, on rencontre le mot *Lupi* pour désigner des personnages de cette maison (1); au treizième siècle apparaît celui de *Lupati* (2); au quinzième, le nom est devenu absolument méconnaissable, et le P. Anselme (3), d'accord en cela avec des chartes du temps, le mentionne *Leopodio* (4). Après avoir subi un grand nombre d'altérations et de modifications : Leypé, Leypodio, Leyppée, Leuppée, Louppy, l'orthographe du nom a été définitivement fixée vers 1750, et c'est Luppé qui a prévalu (5). Le second fils de Charles de Luppé, Tristant, petit-fils par sa mère de Marthe de Béon d'Armentieu (6), épousa, en 1588, une dame

---

(1) Dom Brugelles, *Cartulaire d'Auch.*
(2) Montlezun, *Cartulaire de la Case-Dieu.*
(3) P. Anselme, t. III.
(4) *Locus de Leo podio.* — Luppé près Nogaro (Gers).
(5) Renseignements dus à l'obligeance de M. le marquis de Luppé.
(6) Charles de Luppé, seigneur de Lasseran et de Garrané, avait épousé,

de Navailles et Montlaur en Foix. Ce Tristant qui, par son alliance, était devenu seigneur de Montlaur, fonda la branche des barons de Lherm en Foix, éteinte récemment.

C'est à tort que Courcelles (1) donne Manaud de Luppé, fils de Bertrand de Luppé, seigneur de Gensac, pour époux à Catherine de Béon qu'il appelle du Lyon (*du Leu*), dame de Miglos. L'interprétation des deux noms qu'il nous présente est absolument erronée. Il ajoute que le 1er avril 1457 M. de Luppé et Catherine obtinrent du cardinal de Foix, Pierre, évêque d'Albane, en vertu d'un bref du pape Calixte III, la faculté d'avoir un autel portatif pour y faire célébrer les offices. A quels personnages devons-nous rapporter ces renseignements : est-ce à un Luppé qui aurait épousé une autre dame que celle qui nous intéresse : est-ce réellement au gentilhomme qui, sous un autre nom plus exact, devint par cette alliance seigneur de Miglos? Nous estimons qu'il s'agit d'un Luppé, second fils du seigneur de Gensac, marié à une dame du Lyon.

Comme on l'a vu, il n'est, dans le mot Luppé, aucune variante qui autorise l'interprétation de *Lupperio* dans ce sens.

L'opinion qui donne à la vallée de Miglos un seigneur du nom de Loubières, en Foix, est encore moins admissible. En premier lieu, les Séré, seigneurs de Loubières, étaient de trop petite noblesse pour prétendre à une alliance avec les barons de Miglos; et, du reste, il est inexact, ce qui est peut-être envisagé comme la base de cette hypothèse, que les Longuevergne de Florac, auxquels on allie les Séré, aient jamais été seigneurs de Miglos (2).

S'il est vrai que le mot Loubières ou Louvière puisse

en 1555, sa cousine Jeanne de Garrané, fille du seigneur de Pépieu et de Marthe de Béon d'Armentieu (Notes de M. le marquis de Luppé).

(1) Courcelles, *Histoire des pairs de France*, t. IV. — Cf. Dom Villevieille, *Trésor généalogique*, t. 53. — Archives du marquis du Lyon, à Mont-de-Marsan.

(2) Abbé Duclos, *Histoire des Ariégeois*, t. VII. — Lafont de Sentenac, *Nobiliaire de l'Ariège* (Séré).

être la traduction du latin *Luperia* ou *Luparia* (1) (tel le lieu de la Louvière, près Molandier, Aude), le nom français Loubier ou Louvié doit répondre au terme masculin *Luperio*.

Il n'y a pas de maison noble dans le pays de Foix, au moyen âge, dont le nom puisse correspondre à celui de Louvié ; c'est donc ailleurs qu'il convient de rechercher l'existence de cette famille *Lupperio* ou Louvié dont le chevalier Manaud devint par alliance possesseur du fief de Miglos.

Le château de Béon, avons-nous dit, était situé dans la vallée d'Ossau, dominant le cours de ce gave qui avait baigné un peu plus en amont la terre noble de Louvie-Soubiron (2), vis-à-vis de la petite ville de Laruns.

Louvie-Soubiron et, plus en aval, Louvie-Juzon (3) ont une étymologie latine commune ; on les trouve désignés, au douzième siècle, par le mot de *Luperium*, terme qui se confond entièrement avec notre Luperio (4). Nous relevons ensuite, dans les chartes du moyen âge, les mots de *Lobier*, *Lobie*, *Loubié*, *Lovier*, *Louvie* (5), pour désigner la terre et seigneurie de Louvie. En 1385, Louvie-Soubiron comprenait neuf feux et ressortissait au bailliage d'Ossau. D'abord seigneurie de paroisse, cette terre est qualifiée, en 1540, de rufabaronnie, titre qui fut confirmé au seigneur du lieu en 1615 (6).

Des actes contenus dans les registres des notaires de la vallée d'Ossau (Vic d'en haut, Vic de milieu, Vic d'en bas)

---

(1) Loubières était, au treizième siècle, *locus de Loberiis*. — *Histoire de Languedoc*, édit. Privat.
(2) Louvie-Soubiron, commune du canton de Laruns (Basses-Pyrénées).
(3) Louvie-Juzon, commune du canton d'Arudy (Basses-Pyrénées).
(4) Paul Raymond, *Dictionnaire topographique des Basses-Pyrénées*.
(5) Paul Raymond, *Dictionnaire topographique des Basses-Pyrénées*. — Archives des Basses-Pyrénées, Réformation de Béarn, B. 657-658. — Marca, *Histoire de Béarn*, p. 405-465. — Archives des Basses-Pyrénées, E. 314. — En 1372, B., seigneur de Lobier, rendait hommage à Gaston-Phébus, *per tote la terre qui thiey en Béarn* (Archives des Basses-Pyrénées, E. 302).
(6) Paul Raymond, *Dictionnaire topographique des Basses-Pyrénées*.

nous montrent, aux quinzième et seizième siècles, des relations nombreuses entre les Louvie et leurs voisins de Béon. A la fin du quinzième siècle, un Menauton de Louvie était du nombre des quatre syndics de la vallée d'Ossau (1).

Pour nous, il n'y a pas de doute possible sur l'identification du nouveau seigneur de Miglos : ce n'est ni un Luppé, ni un Loubières, mais un membre de la famille seigneuriale des Louvie-Soubiron. Le voisinage des deux fiefs de Louvie et de Béon, les relations nécessaires des possesseurs de ces domaines amènent tout naturellement à admettre, à un moment donné, une alliance entre les deux maisons.

Pour cette rude et intrépide noblesse montagnarde, vivant de chasse, habituée aux courses périlleuses, l'existence tout entière s'écoulait dans ces gorges sauvages, sur ces montagnes couvertes d'épaisses forêts. La vallée de Miglos et celle de Vic-de-Sos rappelaient quelque peu la vallée d'Ossau : c'étaient les mêmes torrents bouillonnants, les mêmes horizons montagneux, les mêmes plaisirs, en un mot la même vie.

Au milieu du quinzième siècle, Manaud de Louvie assistait au siège de Bayonne en août 1451, faisant partie de l'escorte de gentilshommes qui accompagnaient le comte Gaston IV de Foix dans cette expédition. Le chroniqueur mentionne comme ayant pris part à ce fait d'armes, les sieurs de *Lobye* et le sieur *Myglos*; il est probable que Manaud de Louvie et son beau-père G. A. de Béon, seigneur de Miglos, s'étaient joints dans cette occasion aux seigneurs de la Province de Foix (2), les Rabat, les Saint-Paul, les Méritein...

Manaud de Louvie, agissant avec la procuration de sa

---

(1) Archives des Basses-Pyrénées, E. 1857, — E. 1870.
(2) *Hist. de Gaston IV, comte de Foix*, par Guillaume Lescur. *Chronique française du quinzième siècle*, publiée pour la *Société de l'Hist. de France*, par Henri Courteault, t. I, 1893, p. 207-208.

femme Catherine de Béon, prit possession de la seigneurie de Miglos le 3 octobre 1454. Il fit, à cet effet, assembler les notables de la vallée sur la place publique du lieu et reçut de chacun d'eux l'hommage qui lui était dû.

La seigneurie se composait de cinq villages énumérés dans l'acte retenu par Pierre Comteti, notaire de Tarascon et du comté : Baychon (Bayxon); Arquisat, Nourgeat (Norgato); Axiat (Assiato); Nourrat (Norrato) (1).

M° Bernard Mesplier, *demeurant avec le précepteur de Capoulet*; M° Bernard Dupuy, prêtre, *demeurant* dans la vicairie de Miglos, et Guilhem Arnaud de Santa Vite, serviteur du seigneur de Miglos, furent témoins des engagements solennels pris par les parties (2).

Catherine de Miglos possédait le château dit Lamotte à Tarascon, en sa qualité d'héritière des terres et possessions de la baronnie de Miglos. Vers 1420, — dit A. Garrigou (3), — elle avait été obligée de fermer la porte de ce château donnant sur la place du Masel-Viel, attendu que les consuls de Tarascon ne lui avaient permis de l'ouvrir que pour faire passer les matériaux nécessaires aux réparations de la maison. On voit encore aujourd'hui des restes d'épaisses murailles et de tours dominant à pic le cours de l'Ariège, à l'ouest de la ville de Tarascon, et touchant à la pittoresque promenade du Masel-Viel, qui rappellent l'existence de ce château.

Cependant les difficultés ne tardèrent pas à se produire de nouveau entre le seigneur et ses gens à l'occasion du prélèvement des redevances. Le droit de quête volontaire fut le prétexte de la querelle. Les différends sans cesse renaissants décidèrent les parties à fixer d'une façon définitive leurs droits respectifs. C'est de cette époque seule-

---

(1) Ces villages existent aujourd'hui et sont autant de hameaux formant la commune de Miglos.
(2) Archives de l'Ariège, B. 1, cartulaire de Miglos. — Pièces justificatives, n° XXXIV.
(3) A. Garrigou, *Etudes sur le pays de Foix*, p. 353.

ment que date le premier titre établissant les franchises des habitants de la vallée. Non que ce soit là des libertés très étendues, mais la rédaction des privilèges et exemptions octroyés à diverses époques par les seigneurs est surtout un acte limitatif des droits laissés jusque-là à l'arbitraire du seigneur.

Les syndics de la vallée, Vital et Bernard Tressents, conclurent l'accord suivant avec le seigneur Manaud de Louvie, le 7 février 1462, en présence de Pierre Comteti et Jean d'Orlhac, de Tarascon ; de Sans, de Clarenchis ; de Jacques Brustié-Fabre, de Vic-de-Sos, et de Bernard de Cazamajor, notaire de Tarascon et du comté.

L'acte est écrit en roman et rédigé en forme de questionnaire avec les requêtes des habitants et les réponses du seigneur et de la dame de Miglos (1).

I. — Les hommes de la vallée de Miglos étaient soumis, pour leurs personnes et leurs biens acquis ou à acquérir, à une redevance fixe ou service, celui qu'ils avaient coutume de payer annuellement au seigneur.

II. — Chacun pouvait vendre et acheter à sa volonté toute terre dans la vallée moyennant le droit de *foriscape*, à raison de douze sols un. A cette condition, le seigneur était tenu d'homologuer tous les actes de mutation.

III. — Tout habitant avait la faculté de quitter le territoire de la seigneurie avec ses biens pour aller s'établir ailleurs. Mais, afin que le seigneur n'y mît aucune opposition, le tenancier devait laisser sa terre *franche* et *quitte*, c'est-à-dire déchargée de tout arrérage au moment de son départ, et fournir un feudataire responsable de son fief.

IV. — Tout propriétaire ayant un pâtre était libre d'avoir dans les pâturages soixante bêtes à laine et dix à corne sans payer aucun droit de forestage.

V. — Les hommes de la vallée pourront faire du charbon

---

(1) Archives de l'Ariège, B. 1, cartulaire de Miglos. — Pièces justificatives, n° XXXV.

dans le bois situé au milieu des terres labourables, exempts du forestage à l'Eglise et sans que pour cela la redevance du labour soit payée au seigneur. Celui-ci entendait toutefois qu'il ne lui fut point porté préjudice de ce chef et que les terres fussent travaillées comme par le passé.

VI. — Chaque cultivateur était autorisé à vendre son blé, son avoine et sa volaille où bon lui semblait après les avoir présentés cependant une fois au seigneur afin qu'il pût les acheter le cas échéant. Celui-ci se réservait encore de prendre chez tout habitant, au cours de la ville, le sel et autres marchandises dont il aurait besoin.

Les habitants de la vallée demandèrent, à cette occasion, que les corvées fussent maintenues au temps fixé par les reconnaissances et qu'ils eussent la faculté de s'en libérer au moyen du payement de 12 deniers par journal. Manaud de Louvie s'engagea à ne point modifier les articles relatifs aux corvées, mais il ne consentit, pour leur rachat, qu'à accorder 16 deniers par journal, payables à la Saint-Michel de mai (8 mai).

Le seigneur de Miglos déclara ses vassaux exempts à perpétuité de la quête volontaire, moyennant une somme de 55 écus, une fois payée.

Enfin les gens de la vallée obtinrent l'autorisation de s'acquitter des charges et redevances en quatre termes et à échéance, avec la promesse de n'être jamais tenus pour cela au delà de leurs biens.

Telles furent les libertés que Manaud de Louvie accorda à ses sujets, se montrant en cela plus loyal et plus libéral à la fois, si l'on peut employer cette expression moderne, que tous ses prédécesseurs.

Les seigneurs de Miglos prélevaient aussi un droit sur les marchandises que les Andorrans transportaient en France en traversant le territoire de la baronnie. Un énorme rocher surmonté d'une croix de fer qui domine la vieille côte au-dessous du château-ferme à l'entrée du village était, d'après la tradition, le lieu où tous les ans les marchands d'Andorre avaient coutume d'apporter une paire de poules au seigneur de Miglos pour jouir du privilège de traverser paisiblement ses terres. Ce rocher, auprès duquel l'imagination populaire place les ébats des sorcières et des esprits malins de la vallée, porte le nom de *Roc de l'Andourra*.

Dans la seconde moitié du quinzième siècle, nous avons à signaler l'existence de deux chevaliers de Miglos. L'un, Arnaud de Miglos, était, de 1463 à 1465, sénéchal de Carcassonne, châtelain du château de Cabaret en 1465, de celui de Florentin en 1468, des châteaux de Fiac et Confolens en 1469 (1).

L'autre, Bertrand de Miglos, chevalier, associa sa fortune à celle du comte de Foix. Lorsque Charles VIII, après avoir conclu les traités désastreux d'Etaples avec Henri VII d'Angleterre, de Senlis avec Maximilien et de Narbonne avec Ferdinand le catholique, impatient de s'engager dans cette téméraire entreprise sur le royaume de Naples, appela auprès de lui les gentilshommes de bonne volonté de ses provinces, Jean de Foix, vicomte de Narbonne, alla rejoindre le gros de l'armée aux pieds des Alpes, ayant avec lui, au nombre de ses chevaliers, noble Bertrand de Miglos, août 1494 (2).

Les Etats de Foix, assemblés à Mazères en 1473, désignèrent pour la noblesse le baron de Miglos, alors Manaud de Louvie et le baron de Saint-Paul, ainsi que les abbés de Lézat et du Mas-d'Azil et un consul de chaque ville de Foix et de Tarascon, délégués par le clergé et le tiers, pour se rendre à Paris et prêter à Louis XI le serment requis depuis que Madeleine sa sœur, mère du jeune François Phébus, avait rendu hommage en son nom pour les comtés

---

(1) Bibliothèque nationale, Pièces originales, vol. 1964, cote 45069, p. 8, 12, 13, 14, 15, 16.
(2) *Histoire de Languedoc*, édit. Privat, t. XI, p. 152.

de Foix et de Bigorre, les vicomtés et seigneuries de Marsan, Gavardan et Nébouzan (1).

En 1492, le seigneur de Miglos, Manaud de Louvie vivait encore. Agé de soixante et quinze ans, il figure sous la dénomination de noble *Manaud de Lobie* dans une enquête relative aux marchés du Bout du Pont de Tarascon (2). Enfin, A. Garrigou signale Manaud de Loubie deux ans plus tard, en 1494, assistant en qualité de témoin au bail à ferme consenti le 24 avril par Dominique de Santa Vite, recteur de Sabar, de l'église et dîmaire de N.-D. de Sabar, au profit de Pierre Vachier, prêtre (3).

VII

Manaud de Louvie et Catherine de Béon moururent sans enfants. Courcelles dit qu'on ignore si des enfants naquirent de cette union. Il nous paraît certain que les héritiers directs firent défaut, puisque la seigneurie de Miglos passa alors par substitution dans une branche collatérale de la maison de Béon et devint l'apanage, dans les premières années du seizième siècle, d'un jeune seigneur, petit-neveu de Guilhem Arnaud de Miglos. Cette branche des Béon possédait la vicomté de Sere ou de Cere, dont un membre avait épousé, vers 1420, Constance de Montaut, fille de Jean de Montaut II, baron de Bénac (4), et un autre, vers le même temps, Marguerite de Foix (5).

Selon Courcelles, la terre de Miglos appartenait alors, dès 1510, à Pierre de Béon, vicomte de Sére, marié à Jeanne de Foix (6). Cette indication qui ne s'appuie sur aucune donnée positive ne doit être acceptée que sous réserve. Nous n'avons retrouvé en effet aucun titre original

---

(1) Cf. Castillon d'Aspet, *Histoire du comté de Foix*, t. II, p. 156. — Archives nationales, J. 272.
(2) Archives des Basses-Pyrénées, E. 483.
(3) A. Garrigou, *Notice historique sur Sabar*, p. 101.
(4) P. Anselme, t. VII, p. 604.
(5) P. Anselme, t. III, p. 361.
(6) Courcelles, *Histoire des pairs de France*, t. IV.

ou copie qui fasse mention de ce jeune seigneur à la date indiquée.

Quoi qu'il en soit, il mourut lui aussi probablement sans enfants, laissant ses domaines peut-être à un neveu, fils de frère ; car en 1530, Jean, seigneur de Béon (1), était administrateur des biens de son fils mineur Sébastien de Béon, seigneur et baron de Miglos, vraisemblablement en vertu des clauses testamentaires de son oncle Pierre de Béon, baron de Miglos. Jean de Béon eut, en cette qualité, des difficultés avec les officiers du comte et notamment avec Vidau Dupuy, chancelier du comté, qui avaient adjugé au profit du roi de Navarre la moitié des tailles, fouage et autres droits, au mépris des privilèges des seigneurs barons de Miglos. Ceux-ci jouissaient en effet du droit de prélever en seuls les redevances féodales et n'étaient qu'hommagers du roi de Navarre pour la seigneurie de Miglos et les biens nobles de Mazères. A la requête que Jean de Béon adressa à cet effet au comte de Foix alors à Mazères, il fut répondu, le 21 mai 1535, par une confirmation des droits et privilèges que les seigneurs avaient toujours eus sur la vallée de Miglos (2).

Sébastien de Béon, baron de Miglos, vicomte de Sere, épousa, vers 1550, Marie Isalguier, fille et héritière de Bertrand Isalguier, baron de Clermont, Aureville, la Barthe et Pompiac (3).

Il mourut peu de temps après, ne laissant qu'une fille, Marguerite, qui allait transporter une fois de plus la terre de Miglos dans une nouvelle maison. Sa veuve, Marie Isalguier, épousa en secondes noces, le 20 août 1564, Jacques de Rochechouart de Barbazan, baron de Faudoas et de Montégut (4).

---

(1) Archives des Basses-Pyrénées, E. 1852.
(2) Archives de l'Ariège, B. 1, cartulaire de Miglos. — Pièces justificatives, n° XXXVII.
(3) P. Anselme, t. IV, p. 664.
(4) P. Anselme, t. IV, p. 664.

VIII

Marguerite de Béon, dame de Miglos, vicomtesse de Sere, seigneur de Solan et Lescure, fille de Sébastien de Béon, fut unie, vers 1570-1575, à noble *Bernard* ou *Béraud du Gout* ou *de Goth*, seigneur de la Motte-Bardinges, du Montet, de Salignac et autres lieux, maître de camp du régiment de Guienne (1).

Il était fils de Bernard de Goth et de Marguerite de la Nusse et descendait d'un frère cadet du pape Clément V, qui avait fondé la branche des seigneurs de Rouillac (2).

La famille de Goth portait : d'or à trois fasces de gueules.

Le 3 juin 1579, les principaux habitants de la seigneurie de Miglos furent assemblés sur la place publique du lieu, où se trouvèrent également le seigneur B. de Goth et sa dame, assistés des témoins François de Miglos, seigneur de Junac, et Charles son frère; François Prévost, capitaine de Montgaillard; Prévost et Géraud Pélicier de Tarascon.

Les vassaux reconnurent alors pour leur seigneur haut, moyen et bas, foncier et direct, noble Bernard de Goth, avec le droit de nommer un juge, un lieutenant, un greffier, un procureur juridictionnel, un baile, un garde des prisons et un sergent. Ils déclarèrent, en outre, que le seigneur pouvait prélever les tailles et impositions ordinaires, oublies, censives et autres, et qu'il possédait dans la vallée une *forge ferrière* ou *moulin ferral avec les eaux nécessaires*, deux moulins à farine et une scierie.

En dernier lieu, les habitants prièrent le seigneur de les autoriser à prendre honestement dans les forêts de la baronnie du bois pour leur chauffage et la construction de leurs maisons, et de leur permettre encore d'en vendre

---

(1) Archives de l'Ariège, B. 1.
(2) P. Ansolmo, t. VII.

par personne, et toutes les semaines, la quantité de deux charges d'âne (saumier) pour subvenir à leur entretien.

Bernard de Goth accorda les franchises demandées, s'engagea à respecter les usages et privilèges déjà établis, et donna à ses vassaux la faculté d'élire chaque année huit ou douze conseillers pour exercer la police de la vallée.

Cet acte important pour l'histoire communale de la vallée de Miglos, fut retenu par M° Guilhem Rolland, notaire de Tarascon et du comté (1).

. Cette charte n'est pas sans présenter un certain intérêt par les indications qu'elle fournit. Elle révèle l'état misérable des habitants de la vallée qui, pour entretenir leur famille, ne pouvaient vendre plus de deux charges d'âne de bois pris dans les bois seigneuriaux. D'autre part, l'institution consulaire date bien certainement de cette époque, puisque le document ne parle pas d'une confirmation ou reconnaissance d'un droit, mais de la faculté accordée aux habitants d'élire un certain nombre de conseillers. Il y avait évidemment, avant cette date de 1579, des notables qui, sous le nom de syndics, exerçaient la police de la vallée ; mais il dut y avoir seulement alors une réglementation plus spéciale, peut-être entièrement nouvelle.

Enfin, cette pièce nous fait connaître l'organisation de la justice seigneuriale de la vallée de Miglos à la fin du seizième siècle. Elle différait fort peu, du reste, de celle des autres seigneuries de la province de Foix.

Sur le point de quitter son château de la Motte pour rejoindre l'armée, Bernard de Goth fit son testament le 26 juin 1589. Il laissait la jouissance de ses biens à sa femme, tant qu'elle vivrait *viduellement*, à condition de nourrir avec elle sa sœur Marguerite de Goth ; et, dans le cas où elle serait enceinte à ce moment-là, il instituait l'enfant qui naîtrait son héritier universel, lui substituant

---

(1) Archives de l'Ariège, B. 1, cartulaire de Miglos. — Pièces justificatives, n° XXXIX.

Pierre de Cruzy, puiné de la maison de Marsillac, et en appelait d'autres à la succession à défaut de celui-ci. Il faisait encore un legs de 500 écus à Bernard son filleul, fils du capitaine de Marsillac, qui était actuellement à son service, substituant jusqu'à la troisième génération les enfants de ceux qui lui succéderaient, en les chargeant de prendre le nom et les armes de Goth. Il donnait enfin à Marguerite de Cruzy, sa nièce, fille du sieur de Marsillac, 2,000 livres (1).

Bernard de Goth mourut peu de temps après; peut-être trouva-t-il la mort dans la lutte que soutenait Henri de Bourbon contre l'armée de la Ligue, pour la conquête du trône de France.

Marguerite de Béon mit au monde une fille, qui, en vertu de la clause testamentaire précédemment citée, écarta tous autres héritiers, et recueillit seule l'héritage paternel. La veuve de Bernard de Goth convola en secondes noces, le 7 février 1595, avec Joseph-François de Montesquiou, fils d'Antoine de Montesquiou et d'Anne de Mondenard, seigneur de Sainte-Colombe, de Gélas et du Périer, chevalier conseiller du roi en son conseil d'Etat et privé, gentilhomme ordinaire de sa chambre, sous-lieutenant de la compagnie d'hommes d'armes et son sénéchal en Béarn (2). Un membre de cette branche des Montesquiou avait tué le prince de Condé à Jarnac en 1569.

La sœur de Bernard de Goth, que nous avons vu mentionnée dans son testament de 1589, épousa Charles de Miglos, chevalier, frère du seigneur de Junac, le même qui figure en qualité de témoin dans l'acte de reconnaissance des vassaux de la vallée à leur seigneur B. de Goth.

Elle avait reçu de son frère le château de la Motte de Tarascon, qu'elle vendit, le 7 avril 1601, aux consuls de cette ville, avec le jardin dit de Madone, joignant la

---

(1) P. Anselme, t. II, p. 184.
(2) P. Anselme, t. VII, p. 281.

place du Masel-Viel, pour la somme de deux mille livres.

Le seigneur de Florac, Jérôme de Longuevergne, contesta la validité de cette vente, prétendant que les jardins sis au Castela et le jardin dit de Madone dépendaient de sa directe. Il fallut une sentence du sénéchal de Foix pour écarter les prétentions injustes de ce seigneur à l'humeur litigieuse (1).

IX

Marguerite, *alias* Miramonde de Goth, dame de Miglos, fille posthume de Bernard de Goth, épousa, au commencement du dix-septième siècle, noble *François de Montaut-Labat*, fils de Samson de Montaut, seigneur de Brassac et Labat, gouverneur d'Ax et de Mérens, et d'Anne de Sers.

Voilà donc encore la terre de Miglos changeant de seigneur, faute d'héritier mâle susceptible de perpétuer le nom des premiers possesseurs.

Cependant, cette branche de l'illustre famille des Montaut conserva le fief de Miglos jusqu'à la Révolution.

Le premier seigneur connu de cette maison est Pons de Noé, fils puîné du comte de Toulouse, qui assista, en 1048, à la consécration de l'église de Montaut, près Noé (2).

Vinrent ensuite : Arnaud Pons de Noé et de Montaut, Bernard I, Arnaud Pons de Noé II, qui eut en partage Montaut, et dont le fils Bernard II fut la tige des seigneurs d'Auterive, Puydaniel, Miremont, Caujac, Brassac et Labat. Sicard I, fils puîné de Bernard II, eut Sicard II, qui continua la descendance des Montaut avec Sicard III, Sicard IV, Raymond de Montaut I, Guillaume, Pons de Montaut, seigneur de Brassac et Labat, Arnaud, Jean et

---

(1) A. Garrigou, *Etudes historiques sur le pays de Foix*, p. 353. — Les archives de l'Ariège renferment de nombreuses pièces relatives aux procès soulevés par les Longuevergne contre leurs voisins.

(2) Généalogie des Montaut, relevée avec le plus grand soin par M. le capitaine de Hoym de Marien.

Samson de Montaut. Ce dernier donna à son fils François, par contrat de mariage, la seigneurie de Labat (1).

La maison de Montaut soutint, au moyen âge, la cause du comte de Toulouse contre les barons de France. La plupart de ses domaines furent, à la suite de la croisade, vendus au comte de Foix. Le maréchal de Montaut-Navailles, descendant de Roger, fils aîné d'Arnaud Pons de Noé II, qui fit les guerres de Louis XIV en Italie, en Bourgogne, en Franche-Comté et commanda l'aile gauche à Senef, posséda la baronnie de Montaut, par suite d'une vente faite à son père en 1636 (2). Les Montaut portaient : d'or au pin de sinople, accosté de deux faucons de sable chacun sur un monceau du même (3).

Nous savons peu de choses sur les Montaut, seigneurs de Miglos. Ils durent abandonner le vieux château féodal, devenu à cette époque une demeure bien incommode, et firent construire à l'entrée du village d'Arquizat, au-dessous du rocher qui supporte les anciennes murailles, une habitation plus vaste, mieux appropriée aux mœurs et aux goûts du temps.

Ce bâtiment, avec cour et dépendances, en partie détruit par un incendie au commencement de ce siècle, est aujourd'hui transformé en ferme. L'aménagement et la décoration des pièces intérieures annoncent tantôt l'époque de Louis XIV, tantôt celle de Louis XV. Au grenier, on peut remarquer en parfait état de conservation un large fronton semi-circulaire, aux fortes moulures de plâtre, figurant au tympan une tiare avec ses attributs, entourée de guirlandes de fleurs soutenues par des amours dans le goût du dix-huitième siècle.

François de Montaut Ier mourut jeune, laissant la baronnie de Miglos à son fils François de Montaut II qui épousa

---

(1) La Chesnaye des Bois, t. X, p. 268.
(2) Roschach, *Foix et Comminges*, p. 89.
(3) M. L. de Savignac-Castelet, descendant des Montaut par les femmes, conserve un cachet du dix-huitième siècle, portant les armes des Montaut.

Marguerite de Montron d'Escouloubre. Il en eut neuf enfants dont l'aîné, Louis-Alexandre de Montaut, marié à N. du Faur de Saubiac, fut baron de Miglos vers 1640. Venaient ensuite : François-Jacques, mort sans postérité ; Jean, marié à Marguerite de Longuevergne, mort en 1695 ; Henri ; Marie ; Paul ; François Timoléon, chevalier de Malte, commandeur de Capoulet, vers 1650 ; Jeanne et Françoise, religieuses maltaises, vers 1668.

Louis Alexandre de Montaut Ier laissa trois enfants. Le premier, Louis Alexandre II, mort jeune, célibataire ou peut-être marié, mais sans postérité. Il semble qu'il épousa une Villemur de Pailhès, mais il n'y a rien de certain à cet égard ; le second, Joseph, mari de Françoise de Duras, décédé peu après ; le troisième enfin, une fille, mariée à N. de Las, n'eut pas d'enfants et transmit la baronnie de Miglos à son petit-neveu Pierre de Montaut, petit-fils de Jean de Montaut et de Marguerite de Longuevergne. Ceux-ci avaient eu, en effet, Marguerite, mariée à Jean-Charles de Cellery d'Allens, ancien lieutenant de vaisseau ; François, mort jeune, et François-Pierre de Montaut, seigneur de Labat, qui eut de son union avec une Villemur de Pailhès quatre filles et un garçon ; Pierre de Montaut, qui devint, ainsi qu'il vient d'être dit, baron de Miglos.

C'est dans la seconde moitié du dix-septième siècle que le baron de Miglos acquit par voie de succession ou autrement la seigneurie de Junac et le fief de Florac.

Pierre de Montaut, seigneur de Labat, baron de Miglos, mousquetaire, vivait dans le premier quart du dix-huitième siècle. Il vendit la terre de Labat aux Gardebosc et épousa Thérèse de Thonnel d'Orgeix, vers 1726. De cette union naquirent sept enfants : Anne-Marie, abbesse de Prouille ; Pierre, tué à Pondichéry en 1761 ; Catherine ; Marie, femme de Jean-Louis d'Icart de Pontaut ; Jean-Pierre, officier au régiment d'Aquitaine ; Jean, lieutenant au même régiment, tués tous deux à Rosbach en 1757 ; Jean-Louis, qui succéda à son père.

Jean-Louis de Montaut, baron de Miglos, épousa, en 1769, N. de Combettes-Caumont. Il fut le dernier seigneur de Miglos (1).

Une statistique de 1765 nous fait connaître quelle était l'extension de la justice seigneuriale à Miglos à cette époque.

Le chef-lieu de la baronnie était Arquizat. Là siégeait le juge qui était compétent dans toutes les causes de haute, moyenne et basse justice, ainsi qu'en matière de délits forestiers, ayant aussi la qualité de juge-gruyer. Il n'avait pour émoluments que les épices qui sont, dit le texte, réglées par *clausion*. Ainsi, il prenait sur les témoins entendus dans les enquêtes et autres actes de procédure 10 sols par tête.

Le seigneur nommait encore, indépendamment du juge, un lieutenant de juge, un procureur juridictionnel, un greffier et un sergent, ainsi qu'il a été exposé plus haut. Il avait aussi un baile qui jugeait sommairement toutes les affaires n'excédant pas 3 livres. Il prélevait 4 sols sur chaque jugement.

Les officiers de justice, à l'exception du baile, ne résidaient pas dans la baronnie, et ne payaient point de capitation. Ils jouissaient de certaines prérogatives, entre autres du droit d'avoir un banc dans l'église, le pain bénit avant les consuls, et le pas sur ceux-ci dans les cérémonies publiques.

Les jugements au civil ressortissaient au sénéchal et présidial de Pamiers ; les appels des causes criminelles et de police étaient portés au Parlement de Toulouse, et les délits forestiers devant la Table de marbre du même Parlement.

Il n'y avait point de notaire dans la baronnie, on s'adres-

---

(1) Tous les renseignements généalogiques qui précèdent se référant à la famille de Montaut sont dus à l'obligeance de M. le capitaine de Hoym de Marien, qui les a recueillis soit dans diverses archives particulières de l'Ariège, soit dans les registres paroissiaux de Saint-Paul de Jarrat.

sait aux notaires des localités voisines ; car, ajoute le document, *les habitants ne sont pas même en état de donner de quoi vivre à un notaire.*

La statistique à laquelle nous empruntons ces détails nous apprend qu'indépendamment de la taille que les habitants payaient au seigneur, ils étaient tenus envers lui d'une grosse censive (1).

Jean-Louis de Montaut touchait, en qualité de baron des Etats de la province, 500 livres d'émoluments, et encore 100 livres comme commissaire du visa des impositions (2).

Le baron de Miglos assista à toutes les phases de la Révolution. Il eut même un différend avec les habitants, relatif au payement de certaines redevances, en 1791, après l'abolition des privilèges et des droits seigneuriaux. Est ce à dire, pour cela, que les réformes de la Constituante ne fussent point parvenues encore à ce moment jusque dans cette vallée des Pyrénées? Non, sans doute, mais elles étaient méconnues de certains seigneurs qui ne pouvaient admettre une modification aussi profonde dans les institutions, et se refusaient à reconnaître la force d'une loi primant les privilèges dont ils avaient de tout temps joui.

En effet, en février 1791, Jean-Louis de Montaut exigeait de chaque habitant en particulier, et à la mesure comble, l'acquittement de ces *grosses censives* dont parle la statistique de 1765. *Le conseil de ville*, réuni, décida que le sieur *Montaut, ci-devant seigneur de Miglos*, n'avait aucun droit pour réclamer ainsi une redevance injuste. Le maire fut chargé de faire connaître la décision du conseil au sieur Montaut, et de s'opposer à ses empiétements (3).

Ces tracasseries et ces exigences attirèrent l'attention des représentants de la Nation dans l'Ariège. Le baron de Miglos, dénoncé comme aristocrate dangereux, fut arrêté

---

(1) Archives de l'Ariège, B. 1.
(2) Archives de l'Ariège, Procès-verbaux des Etats de Foix (1778-1783).
(3) Archives communales de Miglos, Registres des délibérations consulaires.

et conduit à Paris, où il périt sur l'échafaud avec tant d'autres infortunées victimes.

Il laissait : Dominique de Montaut, qui mourut célibataire à Tarascon, en 1852 ; Jeanne-Françoise, mariée à Jean-Louis-Hyacinthe, baron de Vendômois ; Christine ; Madeleine, surnommée *Micloset* ; Clotilde, appelée *Junaquette*, qui épousa M. de Fornier-Castelet de Savignac.

Certains ont donné le baron de Vendômois comme ayant possédé la baronnie de Miglos, ce qui est une erreur. Il racheta le château construit en haut de la vieille côte d'Arquizat par les Montaut, et fut maire de la commune de 1822 à 1830.

Le contre-coup de la Révolution qui avait éclaté à Paris

ARMOIRIES DE LA BARONNIE DE MIGLOS.

à la suite des ordonnances de Charles X, se fit sentir peu après dans la commune de Miglos.

Les habitants de la vallée, auxquels le nom du baron de Vendômois rappelait l'ancienne féodalité, s'assemblèrent sur la place publique devant l'église et y allumèrent un énorme bûcher. Puis ils se ruèrent sur le château où ils espéraient s'emparer du maire qui devait-être, paraît-il, attaché sur le bûcher. Prévenu à temps, le baron de Vendômois s'était réfugié chez le curé, l'abbé Augé qui, dans la nuit, facilita sa fuite. Le peuple, irrité de ne pouvoir assouvir sa haine sur le baron, s'en prit aux choses : le château fut pillé, en partie incendié, et les bois et les terres du baron de Vendômois n'échappèrent pas non plus à la rage dévastatrice des habitants.

Indépendamment des armoiries particulières des diverses familles qui possédèrent la seigneurie de Miglos, cette baronnie avait ses armes propres que nous reproduisons ci-dessus : écartelé 1ᵉʳ d'azur à la croix d'or ; au 2° et 3° de gueules au lion rampant d'argent ; au 4ᵉ d'argent au château de sable.

Pl. V. — Vue du château de Miglos.

CHAPITRE V.

LES SEIGNEURS DE JUNAC, DE CHATEAU-VERDUN ET DE LUZENAC, DE LA MAISON DE MIGLOS.

I

Le hameau de Junac, siège d'une seigneurie au moyen âge, fait actuellement partie de la commune de Capoulet. Les quelques habitations qui le composent sont groupées sur la rive gauche de la rivière de Vic-de-Sos, dominées par les restes de l'ancien château dont on distingue aisément les murailles ruinées où s'accroche le lierre.

Vers le milieu du treizième siècle, ce petit fief était l'apanage d'un seigneur du nom de Guillaume ou Guilhem de Ronc (Guilhem de Ronco ou Vonco) chevalier, qui rendait hommage pour sa terre au comte Roger de Foix en 1244 (1). La même année, nous le voyons figurer en qualité de témoin dans l'acte d'hommage du chevalier Guilhem d'Arnave (2) ; et, en 1258, il assistait encore, à ce titre, à la rédaction des coutumes octroyées aux habitants de Loubens par le comte de Foix et Bernard d'Arnave (3).

Quelques années plus tard, nous trouvons la mention d'un chevalier Bernard, seigneur de Junac, fils ou frère du précédent (4). Mais il ne dut posséder cette terre que peu

---

(1) A. Garrigou, *Etudes historiques sur l'ancien pays de Foix*, p. 177.
(2) *Ibid.*, p. 194.
(3) *Ibid.*, p. 213.
(4) Archives du Parlement de Toulouse, Maîtrise de Pamiers, G. 12.

de temps ; car, dès 1268, nous relevons dans les titres la mention de Guilhem de Ronc, fils de Bernard.

Guilhem de Ronco rendit, paraît-il, d'importants services au comte de Foix. Il reçut, en effet, de ce dernier, à titre de reconnaissance, la veille de saint Matthieu, apôtre, 1268 (jeudi 20 septembre) la terre et la ville de Langlade, sise près de Saint-Paul (1), avec les hommes et les femmes et tous les droits de casalage, quête et autres, telles qu'elles avaient appartenu au chevalier Guilhem d'Arnave, dont les biens étaient revenus au comte en exécution de la sentence prononcée contre ce seigneur par les inquisiteurs de la foi. Il était, en outre, stipulé que le nouveau feudataire jouirait du droit d'host et de chevauchée (2) et aurait la connaissance des causes civiles et criminelles aussi bien à Langlade qu'à Junac, à l'exception des peines corporelles dont le comte se réservait seul l'application (3).

Cette libéralité fut confirmée par le comte Gaston, le jeudi après la fête de Saint-Antonin 1327 (3 septembre), en faveur de Raymond de Ronco, damoiseau, fils de Guilhem (4), et de sa femme Condor.

Le 14 août 1335, Raymond recevait, du comte de Foix, le lieu de Lercoul avec ses revenus et dépendances, à la réserve du fouage et du droit de chevauchée (5). Il vivait encore en 1346, époque à laquelle nous le voyons soutenir

(1) Aujourd'hui le hameau de Langlade fait partie de la commune de Saint-Paul-de-Jarrat, canton de Foix. Nous retrouvons la mention de cette localité dans le dénombrement des terres du comté de Foix en 1272 : « in dicta riparia Aregiæ sunt... vallis de S⁺ᵉ Paulo, cum castro de S⁺ᵉ Paulo, villa de Anglada... »

(2) Le texte porte : « ...Nos Rogerius Bernardi... damus in perpetuum tibi Guilhelmo Ronco de Ugenaco... propter multa grata servitia que tu et Bernardus de Ugenaco pater tuus condam antecessoribus nostris et nobis pluries impendistis,... concedimus villam de Anglada vitam in riparia Sancti Pauli, cum hominibus... que... fuit condam Guilhelmi de Arnava militis, cujus bona et hereditagium ad nos in commissum devenerunt ratione sententie fulminationis olim in ipsum late per Inquisitores hereticorum pravitatis... »

(3) Archives du Parlement de Toulouse, Maîtrise de Pamiers, G. 12.

(4) Ibid.

(5) A. Garrigou, p. 250.

la cause de ses gens de Junac contre ceux de Miglos à l'occasion du droit de dépaissance sur le territoire de cette dernière seigneurie (1).

Mondoye de Ronc succéda à son père Raymond vers 1360. Nous le trouvons le 19 avril 1365 au château de Mazères, rendant hommage à Gaston Phébus pour les lieux de Junac, Langlade et les rentes de Lercoul, en présence de Gaston de Lévis, seigneur de Léran, Pey de Béarn, Bertrand de Bernicola, Peret Dalbi, chevalier, et de J.-B. de Luneti (2).

Mondoye épousa, vers 1372, Marguerite de Rabat (3). Il rendit hommage pour le lieu de Junac au comte Matthieu de Castelbou en 1391 (4), et le 31 août 1398, dans l'église Saint-Volusien de Foix, à Archambaud et Isabelle (5).

Il figure encore au nombre des gentilshommes du comté de Foix qui rendirent hommage au comte Archambaud de Grailly, le 24 mars 1401. Il déclarait posséder « *lo loc et castel de Ugenac, tot aquero que ha et a luy aperthienin en los locx et parropis de Capolet et Artolh et totes autres causes que ha et a luy aperthienin en lo comtat de Foix, et en otre lo castel et loc de Fontiaa et de Florac en la senescaucie de Carcassona* (6). »

La famille de Ronc s'éteignit vraisemblablement avec Mondoye qui ne laissa pas d'héritier.

La seigneurie de Junac passa alors (commencement du quinzième siècle) à un chevalier du nom d'Aymeric ou Mérigon de Miglos ; il était frère d'Arnaud de Miglos, sénéchal de Carcassonne dont nous avons parlé au chapitre précédent (7), et apparaît en 1451 comme viguier de la cité de Pamiers (8).

---

(1) Archives de l'Ariège, B. 1, cartulaire de Miglos. — Pièces justificatives, n° XXVII.
(2) Archives du Parlement de Toulouse, Maîtrise de Pamiers, G. 12.
(3) Archives des Basses-Pyrénées, E. 302.
(4) A. Garrigou, *Etudes historiques sur l'ancien pays de Foix*, p. 287.
(5) Archives des Basses-Pyrénées, E. 314.
(6) Archives des Basses-Pyrénées, E. 422, registre 72.
(7) Archives du Parlement de Toulouse, Maîtrise de Pamiers, E. 1.
(8) J. de Lahondès, *Annales de Pamiers*, t. I, p. 269.

Son fils, Antoine de Miglos, était seigneur de Junac en 1474, mais il était encore enfant et sous la tutelle de Guilhem Verniola et de ses oncles, nobles de Béon, Per de Vic-de-Sos, Arnaud de Miglos et Ramon de Miglos, seigneur de Luzenac. Le 30 juillet de cette même année 1474, ses cotuteurs *baillèrent en arrentement* à Guilhem de Bruxio, la maison de Junac et Aston, avec ses dépendances, fruits, rentes, quêtes, émoluments ; — les moulins, la moitié du droit de foriscape, pour quatre ans à dater de la Toussaint, moyennant la rente annuelle de 100 écus, à raison de 28 sous l'écu. Le preneur devait rendre compte de la moitié des foriscapes et de toutes les condamnations ; il habiterait la maison de Junac et serait tenu de l'entretenir (1).

En 1484, alors qu'il avait atteint l'âge de la majorité, Antoine de Miglos inféoda, le 30 novembre, aux frères Jacques et Antoine Varilhes, de Siguer, le moulin d'Aston, un second moulin à farine au même lieu et le pré dit de la Font, sous la redevance de trente-deux quintaux de fer, *bons et marchands*, livrables à Toussaint (2).

Douze ans plus tard, le même seigneur de Junac consentait, en faveur du vicomte de Couseran, une vente importante dont nous devons faire connaître les principales dispositions.

Le 22 août 1496, à Tarascon, dans la maison de Bernard de l'Escudié, au faubourg du Bout du Pont, noble Antoine de Miglos, écuyer, seigneur de Junac, poussé par une *nécessité urgente*, vendit à noble Roger de Foix, chevalier, seigneur de Rabat, vicomte de Couseran, le lieu et la vallée d'Endurban, dite d'Aston, avec juridiction haute, moyenne et basse, le *merum et mixtum imperium* ; avec la tour, la forge, les oublies, censives, terres cultivées et hermes, prés, bois, debès et tous autres droits et honneurs,

---

(1) Archives du Parlement de Toulouse, Maîtrise de Pamiers, E. 1.
(2) Archives du Parlement de Toulouse, Maîtrise de Pamiers, E. 1.

pour la somme de 560 écus, à raison de 33 doubles par écu et de 10 deniers tournois par double. L'acte fut passé en présence de M° Pierre Bernet, prêtre et recteur de Bédeilhac et Genat ; de Bernard de l'Escudié, de Pierre-Arnaud Trabesier, maître de forge à Niaux, et retenu par Raymond de Cornu, notaire (1).

François de Miglos, fils d'Antoine, succéda à son père vers le milieu du seizième siècle. En 1584 (le jour ni le mois ne sont indiqués), à trois heures de l'après-midi, sur la place publique du lieu de Gestiès, François, seigneur de Junac, inféode à nouveau à quinze habitants de Gestiès le bois dit de la Garrabelle sous la redevance annuelle de deux setiers d'avoine portés à Gesties et moyennant le payement des lods et ventes à raison de 9 liards par écu petit (2).

La seigneurie de Junac, par suite de circonstances que

(1) « In Dei nomine. Anno Incarnationis Domini M°CCCC°XC°VI° et die XX*II* mensis augusti... Noverint universi quod nobilis Antonius de Milglosio scutifer, dominus de Junaco,... ob suam, prout asseruit, evidentem utilitatem et urgentem necessitatem... vendidit et titulo puro, vero et perfecto et irrevocabilis venditionis tradidit et concessit... nobili et potenti viro domino Rogerio de Fuxo militi, vicecomiti Conseranensi, domino de Rabato... videlicet locum et vallem d'Endurban dictam de Aston, cum alta, media et bassa jurisdictione, mero et mixto imperio, cum turri, molina ferrea, obliis, censibus, terris cultis et incultis, pratis, boscagiis, debesiis, directitatibus, deberiis ac aliis juribus... et pertinentiis suis universis cum omnibus omnium promissorum juribus, introitibus, exitibus, servitutibus, honoribus et oneribus... salvo tamen atque retento in et super omnibus bonis rebus et juribus supradictis serenissime regino Navarro, Fuxi comitisse suo dominio et in omnibus jure suo. Hanc autem venditionem fecit prefatus nobilis... pro pretio quingentorum sexaginta scutorum... quod quidem pretium... dictus nobilis venditor... confessus fuit habuisse et recepisse...
(Archives du Parlement de Toulouse, Maîtrise de Pamiers, E. 1.)
(2) Archives du Parlement de Toulouse, Maîtrise de Pamiers, G. 12.
Le titre mentionne ainsi le terroir inféodé : « Scavoir est, tout le terroir herm et laboratif appellé le Repast et Vigariel, tendant d'un grand Rocq sceant au lieu appellé à Carambanel, passant à la Pierre-Planne et droit au pas del Pladit, jusques à la Ribe de Guiolles et à la Pierre Rouge, vers le Rocq de la Mandrature, al Rieu de la Cout à la Ribe del Clotal et jusques à la Ribe Cabastebe droict à la font del Foujoul et de là en hors tirant vers la font de Nagendre droict à la Rocho Blanche de las Sauzes et toute terre revennant audit Rocq de Carambanel, le tout sans préjudice du bosquage du Viguerieu duquel ledit Seigneur pourra uzer à ses vollontés... »

le défaut de textes nous laisse ignorer, passa, au dix-septième siècle, dans la maison des barons de Miglos. C'est ainsi qu'en 1672, dans le dénombrement des localités du comté de Foix, nous voyons le seigneur de Miglos, L. de Montaut, posséder les fiefs nobles de *Junac* et Florac, dans la châtellenie de Quié (1).

La petite communauté de Junac, qui comptait, au milieu du dix-huitième siècle, 169 habitants, avait un conseil politique de huit membres et un consul qui recevait 10 livres de gages. La taille était payée au roi, contrairement à ce qui se pratiquait à Miglos, et la donation par égale portion avec le seigneur.

La contribution du lieu de Junac était de 278 livres 2 sols 6 deniers (2).

II

Nous n'entreprendrons pas ici une étude approfondie des localités de Luzenac et de Château-Verdun qui serait tout à fait en dehors de notre sujet. Mais il nous paraît intéressant de suivre, pour ainsi dire pas à pas, la descendance des premiers possesseurs de la terre de Miglos dont la destinée fut si diverse et qui disparaissent au dix-septième siècle. C'est pourquoi nous sommes tout naturellement conduits à nous occuper quelque peu des seigneuries de Luzenac et de Château-Verdun.

Arnaud de Miglos, sénéchal de Carcassonne, avait deux frères au moins : l'un, Aymeric, qui devint, avons-nous dit précédemment, seigneur de Junac ; l'autre, Raymond, que les dernières années du quatorzième siècle nous montrent possédant des droits à Château-Verdun, ainsi qu'il ressort de l'acte d'hommage rendu en 1372 à Gaston Phé-

---

(1) Archives de l'Ariège, série E. Actes de Darassus. — C. Barrière-Flavy, *Dénombrement du comté de Foix sous Louis XIV*, p. 111.
(2) Archives de l'Ariège. Statistique de 1765.

bus (1) et en 1401 à Archambaud et Isabelle, comte et comtesse de Foix (2).

Raymond de Miglos laissa deux fils, Raymond ou Ramonat et Guilhem.

Guilhem eut la coseigneurie de Château-Verdun (3), Ramonat acquit la seigneurie de Luzenac.

Il y a lieu de supposer que ce fief fut vendu à Raymond de Miglos par un marchand de la ville d'Ax nommé Jean-Pierre Guilhem. Celui-ci l'avait, en effet, acheté avec les lieux de Sortadel et d'Unac, par acte du 18 février 1405, à Mengarde de Villars, dame de Vauteville, veuve de Corbeyran de Foix, seigneur de Rabat (4), qui elle-même le tenait de Pons de Luzenac, lequel rendait hommage à Archambaud et Isabelle, le 24 mars 1401, pour les fiefs nobles de Luzenac, Prades, Alion, Vaichis et Sortadel (5).

Le 14 septembre 1432, Raymond de Miglos rendait hommage à Jean I𝗲𝗿 de Grailly, comte de Foix et vicomte de Béarn, pour la seigneurie de Luzenac (6).

Au milieu du quinzième siècle, Guilhem transmit, en mourant, ses droits sur la terre de Château-Verdun à son fils Jean. A cette date, la part revenant à Jean de Miglos consistait en la tour et maison noble de Château-Verdun et en quelques redevances. Ramon de Miglos, son oncle, y prélevait même quelques droits et possédait dans la baronnie la maison d'Aston avec ses dépendances (7).

Jean de Miglos, coseigneur de Château-Verdun, seigneur

---

(1) Archives des Basses-Pyrénées, E. 302. — Hommage de *Ramon de Milglos per tot so que ha a Castelberdun ni en tot lo comtat.*

(2) Archives des Basses-Pyrénées, E. 422. — Hommage de *Ramonat de Milglos donzel per las rendes, senhories et partz que ha en lo castel et senhorie de Castelberdun et totes autres causes que ha et thien en lo comtat de Foix.*

(3) Archives des Basses-Pyrénées, E. 473. — Archives du Parlement de Toulouse, Maîtrise de Pamiers, E. 1.

(4) Archives du Parlement de Toulouse, Maîtrise de Pamiers, D. 5.

(5) *Ibid.*

(6) *Ibid.*

(7) Archives des Basses-Pyrénées, E. 473. — Archives du Parlement de Toulouse, Maîtrise de Pamiers, E. 1.

de Vernissole, mourut sans postérité, transmettant ses biens à son cousin Ramond, fils de Ramonat de Miglos, seigneur de Luzenac (1).

Le 21 mai 1472, Ramond de Miglos rendait hommage au comte François Phébus pour la seigneurie de Luzenac et la coseigneurie de Château-Verdun (2).

Le 1er octobre 1488, Ramond de Miglos *baille à fief* à Arnaud Peyre une forge dite de Sortadel avec ses dépendances et droits divers sous une certaine redevance (3).

Pendant deux siècles, à dater du milieu du quinzième, nous voyons les successeurs de Raymond de Miglos posséder paisiblement la seigneurie de Luzenac, ainsi que la coseigneurie de Château-Verdun. Les indications suivantes se relèvent, en effet, dans quelques documents qui ont été conservés.

Le 3 février 1511, Raymond de Miglos, fils de Ramond, seigneur de Luzenac, inféodait à Bernard et Jean Despeyres un lieu dit à *Limanoy*, propre à construire une scierie, dans la vallée de Sortadel, avec les eaux et les bois nécessaires à son exploitation (4). Le 5 octobre 1515, c'était la forge sise au bout du pont de Luzenac qui était affermée à Jean Traversier (5).

Les inféodations se succèdent alors nombreuses; le seigneur de Luzenac s'efforçait de faire produire le plus possible à ses terres et aux industries diverses que le lieu permettait d'exploiter.

Mentionnons pour mémoire : le 13 octobre 1520, inféodation à Pierre et Jean Trémalié du lieu de Poy-Serene, près du ruisseau de Sortadel, pour y construire un moulin

---

(1) Jean de Miglos vendit sa part sur Château-Verdun à un de ses oncles, Aymeric. Il était, en 1448, seigneur de Vernissole (*Hist. de Lang.*, éd. Privat, t. X, col. 2222).
(2) Archives du Parlement de Toulouse, Maîtrise de Pamiers, D. 5.
(3) *Ibid.*
(4) Archives du Parlement de Toulouse, Maîtrise de Pamiers, D. 5.
(5) *Ibid.*

à farine (1); le 12 novembre 1523, inféodation de la forge de Luzenac à Jean Cabibel (2); le 15 janvier 1525, affermage des pâturages de Luzenac et de la portion des montagnes de Château-Verdun, appartenant à Raymond de Miglos, à Guilhem Serres (3); le 22 août 1526, bail à ferme du moulin à farine de Luzenac à Guilhem Benet (4); le 18 septembre 1532, bail à fief des montagnes de Luzenac à Manaud de Peyre (5), et bail à ferme, le 6 novembre, d'un moulin à farine à Luzenac à Arnaud Gasc (6); le 30 octobre 1543, bail à fief d'une forge à Luzenac à Manaud Traversier (7).

Les possessions de Raymond de Miglos et les droits auxquels il pouvait prétendre sur diverses terres, nous sont connus par un hommage rendu par ce seigneur au roi de Navarre, comte de Foix en 1524. Jusque-là, ce n'était que d'une manière vague et imparfaite que l'on relevait dans les documents la nature des domaines et les redevances de Raymond de Miglos.

Voici le résumé de cet acte intéressant (8). Raymond de Miglos possédait :

I. A *Luzenac* : Une scierie donnant en moyenne sept ou huit charges de planches, *postam*; — une forge, 18 quintaux de fer; — un moulin et les terres labourables, 60 setiers de blé; — les oublies, 16 1/2 *escutz petits*; — les prés, six à sept charrettes de foin; — le droit de dépaissance, 14 *escutz petits*;

II. A *Unac* : les oublies, 3 *escutz petits*;

III. A *Bestiac* : les oublies, 2 *escutz petits* et 15 sol. tour.;

---

(1) Archives du Parlement de Toulouse, Maîtrise de Pamiers, D. 5.
(2) *Ibid.*
(3) *Ibid.*
(4) *Ibid.*
(5) *Ibid.*
(6) *Ibid.*
(7) *Ibid.*
(8) Voir pièces justificatives, n° XXXVI. Archives du Parlement de Toulouse, Maîtrise de Pamiers, E. 1.

IV. A *Caussou :* les oublies, 3 écus, 1 sol. et 1 setier de blé ;

V. A *Prades :* l'agrier, 3 *escutz petits*, une charge d'avoine et un setier de blé ;

VI. A *Arignac* : 14 gros ;

VII. A *Sorgeat* : 9 *escutz petits ;*

VIII. A *Ascou* : 9 sol. tour. ;

IX. A *Orgeix* : 18 sol. tour. et 3 poules ;

X. A *Vaychis* : 3 francs d'or ;

XI. A *Savigna* : 5 sol. tour. ;

XII. A *Vernaux* : 3 *escutz petits* et 3 sol. tour. ;

XIII. A *Lordat* et *Axiat* : 3 gros argent et 2 poules ;

XIV. A *Urs* et *Vèbre* : 6 *escutz petits*, 9 sol. tour. et 6 mesures de blé ;

XV. Dans la baronnie de Château-Verdun, R. de Miglos avait, les oublies, 25 *escutz petits* ; la *comme* ou vallée de Signac d'un revenu de 2 écus ; — une portion des profits de la juridiction haute, moyenne et basse de la seigneurie ; — pour le fouage payable de sept en sept ans et de chaque habitant, 11 gros de *forte monnoye* ;

XVI. Dans la vallée de Vic-de-Sos : 3 *escutz petits* ;

XVII. A Foix, Vernajoul et La Barre : 3 écus.

Jean de Miglos succéda à son père Raymond vers 1545. Nous le voyons, le 14 mars 1548, affermer à Raymond Capdeville, les montagnes et pâturages de Luzenac (1), et le 17 avril 1555, donner à ferme ces mêmes montagnes à Michel Laynitz (2).

La seigneurie de Luzenac et la coseigneurie de Château-Verdun passèrent plus tard, à défaut de descendant mâle, dans une famille qui possédait déjà des droits sur la terre de Château-Verdun.

Antoinette de Miglos, arrière-petite-fille de Jean de Miglos, épousa en 1650, noble Hiérosme de Sales, baron de

---

(1) Archives du Parlement de Toulouse, Maîtrise de Pamiers, D. 5.
(2) *Ibid.*

Gudanes, coseigneur de Château-Verdun. Dix-huit ans plus tard, à la suite d'un procès entre le seigneur et certains de ses vassaux, survint un arrêt du parlement de Toulouse en date du 7 septembre 1668, qui maintenait le baron de Gudanes et sa femme Antoinette de Miglos dans la propriété des montagnes de Luzenac, Sortadel et dépendances, et, d'autre part, confirmait aux habitants d'Unac le droit d'y faire paître leurs bestiaux moyennant le payement d'une redevance (1).

(1) Archives du Parlement de Toulouse, Maîtrise de Pamiers, D. 5.

CHAPITRE VI.

LE CHATEAU DE MIGLOS.

Au sommet d'un rocher inaccessible de toute part, excepté au sud, du côté du village d'Arquizat, se dressent fièrement les ruines du vieux château féodal de Miglos.

Du pied de ses murailles jaunies par le temps, on découvre, sur la vallée du Vic-de-Sos, une vue aussi pittoresque que grandiose. La rivière de ce nom, semblable à un long ruban de moire blanche déployé à perte de vue, coule dans les bas-fonds ses eaux ici tranquilles, là bouillonnantes au milieu des prairies et des bosquets à la végétation puissante.

A droite, Tarascon se dissimule derrière la montagne de Genat qui forme coude. A gauche, l'œil charmé suit les ondulations capricieuses du torrent qui tantôt apparaît écumant, tantôt se cache derrière un repli de montagne pour reparaître bientôt dans le lointain et se perdre dans la direction de Vic-de-Sos. Au-devant, en arrière, les penchants verdoyants semés de villages, de cabanes, d'innombrables troupeaux éparpillés, forment un fond plein de gaieté et d'une incomparable fraîcheur; tandis qu'à l'horizon de gauche s'élève majestueux le sommet étincelant du Mont Calm, ce géant de la montagne qui domine et semble protéger de sa puissance les modestes hauteurs qui l'entourent.

Le site avait été admirablement choisi pour une construction de ce genre. Le donjon, qui surveillait la longue route de Tarascon à Vic-de-Sos, défendait l'accès de la vallée de Miglos et concourait même par sa position à la défense de tout le pays.

Il est certain que ce point stratégique ne dut point échapper à l'observation et qu'il fut utilisé de tout temps, vu son importance, par les populations qui habitèrent successivement le pays.

La plate-forme qui supporte les restes du château mesure environ 100 mètres de long sur 25 ou 30 de large. Un chemin étroit, ardu, qui débouche à gauche sur la petite route de Baychon, y conduit en quelques minutes.

L'enceinte fortifiée dans laquelle était compris le château proprement dit est de forme elliptique et entoure tout le sommet du rocher. On découvre çà et là quelques substructions qui permettent d'en suivre le développement.

L'entrée devait se trouver au sud, à l'un des points les plus escarpés, dominant à pic la vieille côte qui, de la route de Vic-de-Sos, conduit au village d'Arquizat. Après avoir franchi la porte étroite, dont deux énormes blocs de maçonnerie indiquent seuls aujourd'hui l'emplacement, on se trouve à l'intérieur de la place, sur un sol irrégulier, où les inégalités de la roche, recouverte d'un tapis de bruyère, forment des terrasses superposées qui amènent insensiblement jusqu'aux murailles de l'habitation primitive des seigneurs de Miglos.

Les côtés nord-ouest et nord-est sont encore debout; les bâtiments qui s'élevaient au midi et au sud-ouest ont totalement disparu. Un monceau de décombres envahi par les ronces remplace aujourd'hui les dépendances du château, qui devaient être séparées de l'habitation du seigneur par une cour intérieure.

Les toits et les étages des bâtiments ont depuis longtemps croulé. Les murs n'offrent plus aux regards que de béantes crevasses où nichent les oiseaux nocturnes, les faucons, les lézards et les innombrables légions d'insectes bruissants qui bourdonnent d'une manière assourdissante autour du visiteur importun dont la présence trouble les habitants de ces majestueuses ruines.

Le donjon est à l'est et semble avoir défendu l'entrée de la demeure féodale. Haut de 20 mètres environ, plutôt barlong que carré puisqu'il mesure 4^m,50 sur deux de ses côtés et 6 mètres sur les autres, ses murs épais sont construits, de même que ceux du château qui subsistent encore, avec des moellons de cette pierre tendre employée communément dans la contrée.

Le sommet ruiné n'offre que des débris de créneaux droits sans mâchicoulis.

A l'agencement irrégulier des matériaux, il est aisé de reconnaître que le donjon a dû être repris depuis la moitié de sa hauteur environ jusqu'au faîte. L'étage supérieur était ajouré au nord-est, au-dessus du chemin de Baychon, par une fenêtre ogivale trilobée qui se voit encore.

« Au treizième siècle, le donjon carré, quand il est préféré, » dit A. de Caumont (1), « est plutôt une tour d'observation qu'un bâtiment d'habitation et, sous ce rapport, il diffère tout à fait de nos donjons romans du nord-ouest de la France et de l'Angleterre, qui renfermaient des appartements spacieux. »

« Le donjon n'a point de voûtes ni d'escaliers, » est-il dit dans un mémoire sur *Quelques châteaux du pays de Foix* (2) ; « comme tous ses pareils dans les Pyrénées, il ne pouvait servir de logement, mais seulement de dépôt d'armes, de tour de guette et de défense suprême. »

A l'examen de la partie intérieure, il est aisé de voir que deux étages au moins y avaient été ménagés. Un escalier pratiqué au dedans, aujourd'hui disparu, devait nécessairement y conduire, puisqu'il n'existe aucun vestige de tourelle extérieure appliquée au donjon et portant les degrés qui facilitaient l'accès des étages supérieurs.

(1) A. de Caumont, *Architecture civile et militaire*, p. 524.
(2) J. de Lahondès, *Quelques châteaux du pays de Foix* in *Congrès archéologique de France*, LIe session, 1885 (Pamiers, Foix et Saint-Girons).

Contiguë au donjon, s'ouvrait une vaste salle de 15 mètres de long. Le mur oriental était percé de cinq meurtrières destinées à protéger ce côté du château où l'on pouvait, sans trop de difficulté, parvenir depuis le chemin de Baychon, en escaladant les roches presque à pic. Des trous apparents de distance en distance, à mi-hauteur des murs, signalent l'existence d'un second étage maintenant effondré.

Il en est de même de la salle voisine, sise au nord, longue de 9^m,50 sur 5^m,20 de large. On y remarque, dans le sens de la longueur, une large cheminée dont le mur est renforcé extérieurement par deux contreforts.

La tour occidentale, qui n'atteint que 15 mètres de haut, est encore de forme barlongue, mesurant intérieurement sur ses faces 2^m,60 et 5 mètres. De même que le donjon, elle ne porte que des créneaux droits sans mâchicoulis.

La salle inférieure où l'on descend aujourd'hui, et qui devait être autrefois au niveau du sol de la cour intérieure exhaussé par les décombres, n'offre pas d'ouverture apparente; elle servait probablement alors de prison.

La partie méridionale du château étant complètement ruinée, il est bien difficile de reconstituer l'édifice et de lui rendre l'aspect qu'il avait aux siècles passés.

A quelle époque remonte la construction de ce château?

Au premier abord, il paraît rationnel d'admettre qu'il fut bâti au quatorzième siècle : d'abord par la disposition du bâtiment, qui rappelle la plupart des châteaux du Midi élevés à cette époque; ensuite par la connaissance d'un texte de 1320, analysé au chapitre précédent, et mentionnant le refus opposé par les vassaux au seigneur, de faire le charroi au château de Miglos. Mais il faut remarquer que le document ne dit pas que cette charge fût exigée par le seigneur en vue d'une construction; il n'établit pas de différence entre le fait de construire ou de réparer, et tout porte à croire, au contraire, que le château était simplement alors l'objet de réparations nécessaires de la part du nouveau seigneur Bernard de Son.

Mais ce qui, du reste, écarte toute hypothèse d'édification à cette époque, est la circonstance de trouver la mention du château de Miglos au nombre des places données en garantie au roi d'Aragon par le comte de Foix, relativement à ses démêlés avec l'Eglise, en 1213, au concile tenu à Lavaur. D'autre part, en parcourant le texte de l'enquête faite sur les limites du comté de Foix en 1272, nous relevons dans le Sabartès : *Terra Savartesii cum vallibus, castris et villis que sunt ibi : Item vallis de Miglos cum castro de Miglos*. Enfin, dans la donation de la vallée de Miglos en faveur de Bernard de Son, en 1311, nous lisons : *Castrum seu villam et locum de Milglos et vallem ejusdem*...

Les textes divers que nous signalons ne parleraient certainement pas du château s'il n'avait pas été déjà bâti à à cette époque.

D'ailleurs, les moyens de défense des tours paraissent antérieurs au quatorzième siècle, bien qu'il faille tenir compte évidemment des usages d'un pays et surtout de ce fait que les modes, les genres de construction se conservèrent plus longtemps dans le Midi avant l'adoption d'un nouveau style.

« Si l'on vit encore au treizième siècle, » écrit A. de Caumont, « des donjons carrés, si quelques régions, le Midi, l'Est et le Sud-Ouest, restèrent encore fidèles à la forme ancienne, ces donjons eurent un diamètre moins considérable que ceux des onzième et douzième siècles (1). »

A Miglos, pas de mâchicoulis : la défense devait être organisée au moyen de hourds, sorte d'échafaudages, ou balcons de bois, d'où les hommes d'armes pouvaient jeter sur les assaillants des projectiles de toute sorte. Plus tard, au quatorzième siècle, ces hourds, que l'ennemi avait la facilité d'incendier, furent remplacés par les mâchicoulis et les encorbellements en pierre.

(1) A. de Caumont. *Architecture civile et militaire*, p. 484.

Sans doute, les châteaux de la région pyrénéenne ne datent, en général, que du quatorzième siècle, ainsi que le font observer MM. A. de Caumont et Anthyme Saint-Paul, bien qu'on leur ait attribué autrefois des dates plus reculées : tels les châteaux de Montespan, de Mauvezin, de Puyvert et autres.

« Il est manifeste, » ajoute A. de Caumont, « que jusqu'à la fin du treizième siècle et même beaucoup plus tard, ils portent, comme dans les autres contrées du Midi de la France, l'empreinte des traditions romanes; que le donjon carré ou barlong domine toujours, que les tours de flanquement sont souvent carrées, et que la force principale des places consiste dans les dangers auxquels les assaillants étaient exposés en suivant des chemins de défilement dominés par des murs et hérissés d'obstacles dans un terrain accidenté. »

Il n'en est pas moins vrai, ainsi que nous le disions plus haut, que plusieurs de ces constructions du quatorzième siècle remplacèrent des bâtiments antérieurs, ou même ne furent que de simples restaurations ou améliorations apportées aux châteaux plus anciens.

Il est donc bien certain que le château de Miglos existait dès le commencement du treizième siècle. En 1320, le seigneur Bernard de Son apporta, selon toute apparence, quelques modifications, ajouta peut-être des constructions nouvelles à celles qui s'élevaient déjà sur ce roc escarpé.

Du sommet du donjon, on communiquait aisément, par signaux, avec le château de Quié, que l'on apercevait au Nord, dominant Tarascon; et au Sud-Ouest, avec la tour carrée d'Olbier, sorte de poste avancé de l'enceinte fortifiée dite de Montréal, au-dessus de Vic-de-Sos, où la tradition fait séjourner Charlemagne passant en Espagne (1).

Puisque nous sommes dans le domaine de la légende,

---

(1) Abbé Duclos, *Histoire des Ariégeois*, t. V, p. 25. Michel Chevalier *in Revue des Deux-Mondes*, 1837.

disons encore qu'une grotte assez large d'ouverture, dans le flanc nord-est du rocher qui supporte les ruines du château de Miglos passe pour avoir jadis été en communication avec le château lui-même au moyen d'un escalier taillé dans le roc.

Il y avait encore, au moyen âge, des points fortifiés dépendant du château et qui formaient ainsi tout un système destiné à défendre l'entrée de la vallée de Miglos. Au nord, sur le sommet de la montagne, au-dessus du hameau de Baychon, s'élevait un poste d'observation d'où l'on distinguait Tarascon. Les vestiges des murs qui subsistent portent le nom de *Castel Merlé*. Enfin, dans le flanc de cette même montagne, s'ouvre, au midi, une grotte fortifiée d'accès difficile, dite *Caugno paredado* (grotte murée). Après avoir gravi des éboulis presque à pic, on parvient à une petite plate-forme où la roche lisse se dresse verticale, haute de 6 mètres. Il faut s'aider d'une échelle pour atteindre à l'entrée de la grotte, pratiquée dans une muraille de 3 mètres de hauteur, épaisse de $0^m,50$ à $0^m,60$ environ qui masque l'ouverture naturelle jusqu'à mi-hauteur à peu près.

De défense facile, étant donné la difficulté d'y parvenir, cette grotte dut être ainsi murée à la même époque où furent fortifiés les autres abris de ce genre que l'on rencontre fréquemment dans cette partie des Pyrénées ariégeoises; citons, par exemple, les grottes d'Ornolac et celle qui possède un mur crénelé, située près de Bouan, à droite de la route de Tarascon à Ax. Est-ce pendant les guerres religieuses du seizième siècle que furent élevées ces sortes de fortifications? on le croit généralement. Néanmoins, nous inclinons à penser que c'est là l'ouvrage des hérétiques Albigeois du treizième siècle, alors que les barons de France dévastaient les belles provinces du Midi, bien plutôt en vue du pillage que par esprit religieux, et tandis que l'Inquisition allait rechercher sa proie jusque dans les replis les plus cachés des vallées ariégeoises.

Pl. VI. — Vue des ruines du château de Miglos.

LISTE CHRONOLOGIQUE

DES

SEIGNEURS DE MIGLOS

Du XII° siècle au XVII°

1108-11.... — WILHEM ATON. (*Cartulaire de Saint-Sernin*, n° 279.)

1165........ — BRUNET. (Archives de la Haute-Garonne, fonds de Malte, Gabre et Capoulet, liasse 8.)

1177........ — PIERRE et RAYMOND. (Archives de la Haute-Garonne, fonds de Malte, inventaire Gabre.)

1220-1250(?) — ARNAUD. (Archives de la Haute-Garonne, fonds de Saint-Sernin, n° IV, liasse XIII, titre 3. — *Histoire de Languedoc*, édit. Privat, t. VIII, *Preuves*, col. 735-1132. — A. Garrigou, *Etudes historiques sur l'ancien pays de Foix*, p. 194.)

1250........ — PIERRE, fils d'Arnaud. (Archives de la Haute-Garonne, fonds de Saint-Sernin, n° IV, liasse XIII, titre 3.)

1298-1310. — PIERRE, RAYMOND, ARNAUD, fils de Pierre. (Archives de l'Ariège, B. 1.)

1311-1331. — BERNARD DE SON. (Archives de l'Ariège, B. 1; B. 143. — Archives du parlement de Toulouse, Maîtrise de Pamiers, G. 12. — Bibliothèque nationale, fonds Doat, vol. 179, f° 284. — Carrés de d'Hozier, vol. 234, f° 364. — *Histoire de Languedoc*, édit. Privat, t. X, *Preuves*, col. 519-520. — A. Garrigou, *Etudes historiques sur l'ancien pays de Foix*, p. 229.)

1331-1342. — Jean de Son, fils de Bernard. (Archives de l'Ariège, B. 1.)

1342-1360. — Jourdain de Rabat. (Archives de la Haute-Garonne, fonds de Malte, Gabre et Capoulet, liasse 8. — Archives de l'Ariège, B. 1.)

1360-1380. — Brunissen de Rabat, fille de Jourdain, sous la tutelle de Guilhem Arnaud de Château-Verdun. (Archives des Basses-Pyrénées, E. 302.)

1380-1410(?) — Guilhem Bernard d'Arnave, mari de Brunissen de Rabat. (Archives de l'Ariège, B. 1. — Archives des Basses-Pyrénées, E. 422.)

1410-1450. — Guilhem Arnaud de Béon, épouse Marguerite de Foix-Rabat. (Archives des Basses-Pyrénées, E. 472. — P. Anselme, t. III, p. 361. — *Histoire de Languedoc*, édit. Privat, t. X, col. 2221.)

1450-1492(?) — Manaud de Louvie, mari de Catherine de Béon, fille de Guilhem Arnaud. (Archives de l'Ariège, B. 1. — Archives des Basses-Pyrénées, E. 483.)

1510-1530. — Pierre de Béon, vicomte de Sère, mari de Jeanne de Foix. (De Courcelles, *Histoire des pairs de France*, t. IV.)

1530-1563. — Sébastien de Béon, probablement neveu de Pierre de Béon ; épouse Marie Isalguier, fille de Bertrand, baron de Clermont. (Archives de l'Ariège, B. 143. — Archives des Basses-Pyrénées, E. 1852. — P. Anselme, t. IV.)

1563-1570. — Marguerite de Béon, fille de Sébastien. (Archives de l'Ariège, B. 1.)

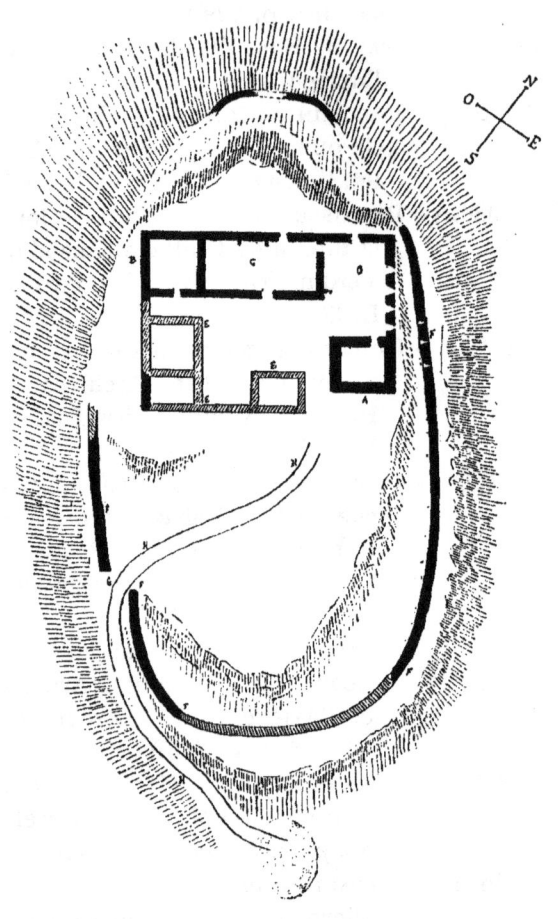

Pl. VII. — Plan du chateau de Miglos.

1575-1589. — Bernard de Goth, mari de Marguerite de Béon. (Archives de l'Ariège, B. 1. — P. Anselme, t. II, VII.)
1590-1610. — Marguerite ou Miramonde de Goth.
1610........ — François de Montaut-Labat, mari de Marguerite de Goth. (La Chesnaye des Bois, t. X.)

GÉNÉALOGIE [1]

DES

MONTAUT, SEIGNEURS DE MIGLOS

XVIIe et XVIIIe siècles.

PONS DE NOÉ, fils puîné du comte de Toulouse.
|
ARNAUD PONS DE NOÉ I et DE MONTAUT.
|
BERNARD I.
|
ARNAUD PONS DE NOÉ II.
|
BERNARD II (fils cadet), souche des seigneurs d'Auterive,
    | Puydaniel, Brassac et Labat.
SICARD I (fils puîné).
|
SICARD II DE MONTAUT.
|
SICARD III.
|
SICARD IV.
|
RAYMOND I DE MONTAUT.
|

[1] Dressée d'après les titres des diverses archives plus haut citées et les notes de MM. de Marien et de Savignac-Castelet, descendant des Montaut.

GUILLAUME DE MONTAUT.

PONS DE MONTAUT, seigneur de Brassac et Labat. — *Uxor* : Guilhemette de Brassac.

ARNAUD DE MONTAUT. — *Uxor* : Marguerite de Villemur.

JEAN DE MONTAUT II. — *Uxor* : Marie de Serres.

SAMSON DE MONTAUT. — *Uxor* : Anne de Sers. — Isabeau d'Amboix.

MATHIEU DE MONTAUT. FRANÇOIS DE MONTAUT-LABAT. — *Uxor* : Marguerite de Goth, dame de Miglos.

FRANÇOIS II DE MONTAUT. — *Uxor* : Marguerite de Montron d'Escouloubre.

LOUIS-ALEXANDRE DE MONTAUT. — *Uxor* : N. du Faur de Saubiac.

LOUIS-ALEXANDRE II DE MONTAUT (mort jeune ou sans enfants. La baronnie de Miglos revient, par substitution, au petit-fils d'un oncle, Jehan de Montaut, troisième frère de Louis-Alexandre I).

PIERRE DE MONTAUT. — *Uxor* : Thérèse de Thonnel d'Orgeix.

JEAN-LOUIS DE MONTAUT. — *Uxor* : N. de Combettes-Caumont.

DOMINIQUE DE MONTAUT (mort célibataire en 1852).

CHAPITRE VII.

LA COMMUNAUTÉ DE MIGLOS; ORGANISATION MUNICIPALE.

Les habitants de la pittoresque vallée de Miglos jouissaient déjà, à la fin du treizième siècle, d'une organisation civile qui, pour n'être pas encore parfaitement réglée ni étendue, permettait néanmoins aux particuliers de posséder quelque indépendance à l'égard du seigneur et d'avoir recours à une justice bien relative sans doute, mais qui échappait à l'autorité féodale.

Rien de cette institution primitive ne nous est malheureusement parvenu.

Nous voyons simplement, par quelques titres du treizième siècle, qu'il y avait un certain nombre de *syndics* chargés de veiller à la police de la vallée, commis à la sauvegarde des droits individuels et des propriétés communales et privées. Ils devaient être élus au suffrage universel, par le conseil général où l'universalité des habitants de la vallée, comme on disait alors. Nous ignorons quel était leur nombre, leurs attributions et l'époque de leur nomination.

Plus tard, nous trouvons une réglementation des charges municipales. Fut-elle octroyée par le comte de Foix avant la cession de la vallée à la famille d'Usson ou bien les habitants l'obtinrent-ils postérieurement de leurs seigneurs?

Nous voyons que la faculté d'élire huit ou douze consuls pour la police de la vallée leur fut octroyée le 3 juin 1579, par le nouveau seigneur Bernard de Goth.

Le *corps de ville* se composait de trois syndics ou consuls et d'un conseil politique renfermant douze membres et un secrétaire.

De même que pour la plupart des localités de la province, les consuls sortants présentaient au seigneur une liste de personnes appelées à leur succéder. L'élection par le seigneur avait lieu habituellement le 1er janvier, et les nouveaux magistrats devaient prêter le serment entre ses mains. Pour l'élection du conseil, l'assemblée générale désignait vingt-quatre sujets, parmi lesquels le seigneur en choisissait douze pour occuper les fonctions de conseiller (1).

Au dix-huitième siècle, chacun des consuls recevait 20 livres de gages, *donnés par le droit de collecte* (2). Ils étaient tenus d'exercer la police, de percevoir l'argent de la taille, *frais du pays et capitation*.

Les habitants de la vallée jouissaient d'un certain nombre de privilèges dont ils se montraient fort jaloux à juste titre. A chaque mutation de seigneur, ils exigeaient de lui la promesse formelle de les maintenir et de les respecter ; ils l'amenèrent quelquefois même, à cette occasion, à leur en octroyer de nouveaux. Nous exposerons et expliquerons ces franchises quand nous serons arrivés, dans la suite de notre récit, à l'époque où elles furent concédées.

L'immense étendue de la vallée dont les dépendances et les pâturages confinent à l'Espagne, ne pouvait manquer de susciter aux habitants des difficultés avec leurs voisins au sujet des droits qu'ils pouvaient avoir sur leurs domaines réciproques. Aussi voit-on des procès naître au moyen âge, se poursuivre pendant des siècles, se calmer, s'augmenter sous l'influence de questions irritantes, s'apaiser et se renouveler encore, traverser la période révolutionnaire pour être repris sous l'empire de la nouvelle législation et prendre fin, peut-être momentanément, par

---

(1) Archives communales de Miglos, registre des délibérations, 1784.
(2) Archives de l'Ariège, B. 1.

des transactions ou des jugements. Ces litiges séculaires ont eu d'ailleurs l'heureux résultat, sinon de contenter toutes les parties, tout au moins de nous conserver des pièces anciennes produites pour les besoins de la cause, soit authentiques, soit copiées sur l'original.

La majeure partie des titres a été égarée ou, pour mieux dire, détruite en 1794 et à la révolution de 1830. Une copie en avait été prise vers la fin du dix-septième ou au commencement du dix-huitième siècle en vue d'une action judiciaire. L'ensemble de ces transcriptions forme un recueil conservé aux archives de l'Ariège (1) et qui offre un intérêt immense pour l'histoire de la commune. Il s'y rencontre quantité d'erreurs, des lacunes, des omissions qui en rendent parfois la lecture et la traduction difficiles et peu précises; cependant nous avons pu arriver à rétablir les textes d'une façon à peu près satisfaisante, grâce à des copies analogues déposées à la bibliothèque Nationale et aux archives du parlement de Toulouse.

Nous ne donnerons pas le résultat de nos recherches par fragments se référant chacun à un point distinct, à une affaire particulière; ce serait, pensons-nous, apporter de la confusion dans le récit. Nous adoptons la narration par ordre chronologique, qui offrira sûrement un plus grand intérêt.

Dans le courant du mois d'août 1298, un grave différend divisait les habitants de Miglos et ceux de Gesties (2) au sujet du droit de dépaissance et de faits délictueux dont les premiers se seraient rendus coupables à l'égard de ces derniers.

L'affaire fut portée devant le juge du comté de Foix, M° Jacques Senherii, qui, se trouvant alors absent, avait délégué son lieutenant, M° Guillaume Bayard de Tarascon, pour en connaître.

---

(1) Archives de l'Ariège, B. 1.
(2) Gesties, commune du canton de Vic-de-Sos.

Les habitants de Gesties se plaignaient de ce que leurs voisins de Miglos avaient clandestinement ravagé avec leurs troupeaux, dans la première semaine d'août, un champ de blé situé dans les limites de leur communauté.

Les hommes de la vallée de Miglos répondaient que le champ, objet de la querelle, se trouvait dans les limites de la montagne dite *Costa de la Lena* (1), où ils avaient de tout temps eu la faculté de couper du bois et de faire paître leurs troupeaux. Or, ledit champ, soumis à ce droit de dépaissance comme les terres voisines jusqu'à la fontaine de la *Lausa* avait été défriché depuis peu et ensemencé au préjudice manifeste des habitants de Miglos.

Pierre de Miglos, damoiseau, se présenta devant le juge pour les habitants de la vallée, se portant caution pour eux et prenant la défense de leurs droits.

L'audition des témoins, d'abord fixée au mercredi après la fête de Saint-Barthélemy (24 août), fut remise, à la suite de plusieurs renvois, au mercredi avant la Purification (28 janvier). Une trentaine d'hommes de Miglos, de Gesties et de Junac comparurent devant le juge; mais la plupart ignoraient même les faits sur lesquels ils étaient appelés à déposer. Voici, pour mémoire, quelques noms de témoins qui désignent des familles encore existantes dans la contrée : Milglos Gouzi [Milglosius Gozini] — Arnaud Vidal [Arnaldus Vitalis] — Pierre de Fonte [Petrus de Fonte] — Raymond de Pujol [Ramundus de Pujol] — Pierre Lescalier [Petrus de Scalera] — Raymond Selene [Ramundus Seleni] — Pons Miglos [Pontius Milglosii] — Pierre Augier [Petrus Augerii] — Guilhem den Guilhamot — Guilhaume Peyrat [Guilhem Peyratus] — Pons Alzin [Pontius Alzini] — Guillaume Miègeville de Gesties [Guilhelmus de Media villa] — Nicolas Martin [Nicholaus Martini] — Pierre den Calha de Junac — Pierre Guitard — Guilhem Auriol de Gesties [Guilhelmus Aurioli] — Ray-

---

(1) Montagne dite de la Laine, qui forme la limite au sud-ouest de Miglos.

mond den Pierre Arnaud — Raymond Elie [Ramundus Elias] — Arnaud Babi [Arnaldus Babini] — Arnaud den Atho] — Pierre Malifard — Arnaud den Serras — Theodose — Pierre den Theolosa — Jean Andorran [Joannes Andorrani] — Arnaud de Rieux d'Arquizat [Arnaldus de Rivis] (1).

Trois seulement déclarèrent avoir vu, dans les premiers jours d'août, plusieurs bœufs de Miglos dévaster un grand champ de blé au lieu de *Laguaner* (2), et cela sous les yeux mêmes des vachers. Les témoins s'empressaient d'ailleurs d'ajouter qu'ils ne connaissaient point les gardiens des bestiaux et qu'ils ne savaient à qui ils pouvaient appartenir.

Naturellement, le juge déclara que ces renseignements vagues et incomplets n'étaient point de nature à donner un éclaircissement sur l'affaire, et il assigna la généralité des habitants (*universitas hominum*) pour le samedi après les Cendres.

Pierre de Miglos, au jour susdit, se rendit devant le juge pour soutenir les justes revendications des habitants de sa terre. Il avait avec lui pour fidéjusseurs, Raymond Fabre, notaire de Tarascon et Philippe de Larnat, damoiseau (3). Les allégations que nous avons exposées plus haut furent reproduites à cette audience, et Pierre de Miglos affirma énergiquement que les hommes de Gesties avaient, eux, porté un grand préjudice à ceux de Miglos,

---

(1) La particule placée devant certains noms n'est pas un signe de noblesse, comme on pourrait le croire. Elle désignait, au moyen âge, la famille à laquelle le sujet appartenait, Raymond *fils de Pujol*, ou le lieu d'où il était originaire.

(2) Lieu dit de *Laguaner*, sur les confins des communes de Miglos et de Gesties.

(3) Philippe de Larnat, damoiseau, avait embrassé l'hérésie albigeoise avec Aton de Castro, fils de feu Assalit Baudoyn, seigneur de Queille, et quelques autres petits propriétaires, cultivateurs et paysans du haut comté de Foix, qui reconnaissaient pour chef Pierre Autier d'Ax. Poursuivi avec sa mère Sibille et les autres hérétiques, en 1308-1309, il fut interrogé à Carcassonne par l'inquisiteur Geoffroi d'Ablis. Il se réconcilia avec l'Eglise et supporta une pénitence salutaire, en expiation des erreurs où il était tombé (Ch. Molinier, *L'inquisition dans le midi de la France*).

en transformant en champ de blé le pâturage de *Laguaner*.

Le juge, ne se montrant pas encore parfaitement convaincu, ordonna un supplément d'enquête pour le samedi avant l'Annonciation (21 mars). Deux témoins de Capoulet y vinrent confirmer les dires du damoiseau de Miglos, se gardant bien d'omettre qu'il avait été porté gravement atteinte aux droits des gens de Miglos, par le fait du défrichement du champ en question.

Enfin, le samedi avant les Rameaux, Pierre de Miglos amena devant le juge Pierre Montanier, châtelain de Tarascon, qui devait apporter un argument décisif à la cause qu'il défendait. Celui-ci affirma, en effet, qu'à l'époque où Béringuier de Celles, chevalier, était sénéchal du comté de Foix, il avait reçu de ce dernier l'ordre de se transporter à la montagne de *la Lena* et de replacer les hommes de la vallée de Miglos dans la jouissance du droit d'y mener paître leurs troupeaux, droit qui leur avait été contesté par les gens de Siguer. Pierre Montanier ajouta qu'il s'était adjoint à cet effet Pons Mercier, notaire de Tarascon et Raymond de Pomier, syndic des habitants de Siguer.

La religion du juge se trouvant dès lors suffisamment éclairée, il prononça sa sentence le mardi avant la fête des saints Philippe et Jacques 1299 (28 avril), en présence de Bernard de Junac, Bernard de Niaux, Pierre de Niaux de Tarascon et Arnaud Cicred, notaire du Sabartès, qui retint l'acte.

Les habitants de Miglos virent leurs réclamations admises par le juge, et furent confirmés dans la jouissance de leurs privilèges (1).

A peu près vers le même temps, les hommes de la vallée de Miglos, poussés vraisemblablement par un ressentiment quelconque à l'égard des gens de Siguer, envahirent le territoire de Siguer à main armée. Plainte fut portée au comte de Foix. Mais celui-ci dut trouver une excuse à l'at-

---

(1) Archives de l'Ariège, B. 1 (cartulaire de Miglos).

tentat dont les habitants de Miglos s'étaient rendus coupables, car le vendredi avant la fête de Saint-Barthélemy, 1301 (18 août), par lettres datées de Varilhes, en présence des chevaliers Pierre Arnaud de Château-Verdun et Vital G. G. R., il les déclarait absous (1).

Au commencement du quatorzième siècle, la communauté de Miglos soutenait un important procès contre les seigneurs de Château-Verdun : Pierre-Arnaud, Raymond Arnaud le Vieux et Ermengarde, veuve de Pons Arnaud, damoiseau, au sujet du droit d'usage dans les montagnes de cette seigneurie, depuis les dépendances de Miglos jusqu'à la rivière d'Aston. C'est un des plus graves litiges qu'aient eus les habitants de la vallée avec leurs voisins. L'arbitrage auquel les parties eurent recours ne fut pas toujours observé dans la suite. De nouvelles difficultés se produisirent. On renouvela même le différend en s'appuyant sur de nouveaux faits. En un mot, cette querelle, sous des aspects particuliers et à travers des phases diverses, se perpétua de siècle en siècle et n'était point encore terminée au lendemain de la Révolution. Ce n'est que depuis une cinquantaine d'années environ qu'un accord, intervenu entre le propriétaire des immenses domaines de Château-Verdun et la commune de Miglos, a mis fin à cette lutte séculaire.

En 1302, le litige fut porté devant M° Guilhem Arnaud de Ponte, juge-mage et d'appeaux du comté de Foix. Celui-ci commit M°ˢ G. Tron et Pierre Jolem, notaires, pour procéder à une enquête, le mercredi avant la Saint-Mathieu (19 septembre).

Vingt-six à vingt-huit témoins comparurent, parmi lesquels nous relevons les noms suivants : Guillaume Cerdani de Capoulet ; — Arnaud de Puteo, vacher de la vallée de Siguer ; — Guillaume Gozini, *Gouzi* de Larnat ; — Arnaud et Raymond Maury de Capoulet ; — Pierre Gasc de

---

(1) Archives de l'Ariège, B. 1 (cartulaire de Miglos).

LA COMMUNAUTÉ DE MIGLOS; ORGANISATION MUNICIPALE. 119

Junac; — Bernard Raoul de Capoulet; — Arnaud Savardun de Niaux; — Bernard Dupuy de Niaux; — Pierre de Lamursa de Larnat; — Raymond de Fonte de Miglos; — Pierre Lascart de Laysert (1); — Guillaume Babi de Nourrat; — Arnaud Vaquier de Miglos; — Guillaume Elie d'Ussat (2); — Vital Dominique de Miglos; — Pierre Rosset de Miglos; — Raymond Cant de Baulou (3); — Arnaud de Gaplepa de Roquefixade (4); — Guillaume de Perles de Tarascon; — Raymond Taus de Tarascon; — Barthelemy de Namoreto de Tarascon; — enfin, M° Arnaud de Tressents (*de Tribus Sanctis*), hospitalier de l'hospice de Foix (5); Arnaud Isaure (*Ishaura*), et Philippe de Larnat, damoiseaux (6).

Tous s'accordèrent à déclarer que les habitants de Miglos avaient eu de tout temps la faculté d'aller dans les montagnes de Château-Verdun soit pour y couper du bois pour leurs usages construction, chauffage et outils, (*scindebant et faciebant ligna et fustes, trabes, cabirones, latas, postes de pinu, scannas, paners, cavals de teza, endeuros, estouals, arigas et lexam et alia ligna*); soit pour y faire paître leurs troupeaux. Ils pouvaient encore faire du charbon sur ces montagnes; mais ces divers privilèges ne leur étaient concédés que sous la condition de payer annuellement au seigneur de Château-Verdun le droit de forestage... *Excepto reposto consueto quod prestabatur dominis Castri-Verduni seu*

---

(1) S'agit-il ici du lieu de Leychert, actuellement dans le canton de Lavelanet?

(2) Ussat, commune du canton de Tarascon.

(3) Baulou, commune du canton de Foix.

(4) Roquefixade, commune du canton de Lavelanet.

(5) L'hospitalier était celui qui, dans le couvent ou l'hospice, était chargé de recevoir les hôtes, de les loger et de prendre soin d'eux.

(6) Nous avons dit plus haut que Philipppe de Larnat était hérétique. A. Isaure avait, lui aussi, embrassé la secte albigeoise. Nous le voyons, en 1309, comparaître devant l'inquisiteur à Carcassonne, Geoffroy d'Ablis, en compagnie de Philippe de Larnat et de ses deux fils Pierre et Raymond Isaure de Larnat. A la première comparution, ils se réconcilièrent avec l'Eglise, réclamant eux-mêmes leur pénitence, *petens et supplicans de et pro predictis sibi injungi penitentiam salutarem* (Ch. Molinier, *L'inquisition dans le midi de la France*, p. 115-139).

eorum forestariis, semel in anno... dare consueverunt dominis repostum consuetum super forestagio carbonagii... Les forestiers de Château-Verdun, ajoutaient les témoins, n'y avaient jamais mis d'opposition et allaient même souvent jusqu'à prendre leurs repas avec les gens de Miglos.

Brunet et Pierre de Miglos, damoiseaux, soutenaient les revendications de leurs vassaux. Ils réclamaient que justice leur fût rendue; car depuis la Saint-Jean de l'année précédente, les seigneurs de Château-Verdun et leur baile Pierre Rabat ne cessaient de les inquiéter dans la jouissance de leur droit.

Les limites dans lesquelles les habitants de Miglos prétendaient exercer cette faculté et qui s'étendaient jusqu'à la rivière d'Aston et à la Unarde ou Gunarde, renfermaient les quartiers suivants : *La Serre de Larcat*; — *Melhera* ou *Moulhera Longa*; — *Costet*; — *Costa rara*; — *La Gunarde* ou *Unarde*; — *Caval Ungla*; — *Affermat* ou *Affumat*; — *Larnon* ou *Larnoum*; — *Salabaut*; — *Auzezo*; — *Cortal Marti*; — *Riu-Graner*; — *Cortal-Pujolam*; — *Cauders* ou *Caudies*; — *Cortal viel*; — *Falgar*; — *Olabela*; — *Valadoegt*; — *Les Amagats*; — *Al Cantou*; — *Pradal dels Ordolats*; — *Sirbail*; — *Balodret*; — *Salabur*; — *Le Fumat*; — *Clotas de Bezet*; — *Collem taillat* ou *Col taillat*; — *Monloraner*, etc... (1).

(1) La *Serre de Larcat* se trouve au sud-est de Miglos, joignant Larcat. — La *Moulhera longa* est aujourd'hui appelée *La Moulherasso*, dans la commune d'Aston, au sud de Miglos. — *Costet et Costa rara* (?) — *La Gunarde* ou *Unarde*, vallée sise à l'extrémité de la commune de Miglos, sur les confins de l'Andorre, à 2253 mètres d'altitude, et où se trouve une jasse de 450 brebis environ. — *Caval ungla* (?) — *Affermat*, mis probablement pour *Affumats*, lieu situé entre *Baloudreyl* et le pic de *Bajes*. — *Larnoum*, au fond de la vallée de ce nom, au nord de la *Unarde*, se voit un bel étang dont les eaux limpides reflètent les hauts pics avoisinants.— *Salabaut* (?).— *Auzezo* (?).— *Cortal marti*, pâturage dans la commune d'Aston, au nord de *La Moulherasso*. — *Rieugranier*, au nord du roc de Miglos. — *Cortal Pujolam* (?). — *Caudies*, pâturages le long du ruisseau de Sirbail. — *Cortal viel* (?). — *Falgar* (lieu où croissent des fougères). — *Olabela* (?). — *Les Amagats; al Cantou; pradal dels Ordolats* (?). — *Sirbail*, ruisseau qui prend sa source près du pic de *Bajes*, au point d'intersection des communes de Gesties, Siguer et Aston et va se jeter dans l'Aston, au pont de *Selarens*. — *Balodret* ou *Baloudreyl* (le mot

Il va de soi que l'affaire traîna en longueur, et que chaque jour d'audience, loin de calmer ou de lasser l'humeur des parties, ne faisait que les irriter davantage. On prit alors la sage détermination de remettre le différend à un arbitrage. Raymond de Celles, chevalier, et Bernard de Junac, damoiseau, furent, d'un commun accord, désignés à cet effet.

La décision suivante vint rétablir les droits respectifs de chacun et déterminer la valeur des revendications des plaideurs.

Les habitants de la vallée de Miglos jouiraient désormais du droit d'usage, soit pour couper du bois, soit pour mener paître leurs troupeaux dans les bois et pâturages dépendant de Château-Verdun jusqu'au ruisseau d'Aston et au lieu dit la Unarde, en suivant le ruisseau dit Riugraner. Même faculté leur était accordée au bois de Costarasa. Toutefois, les gens de Miglos ne devaient y garder que leurs bestiaux propres, à l'exclusion de tous autres étrangers à la vallée; il leur était en outre interdit, sous peine d'une amende de 10 sols toulza, de couper du bois pour autrui ou de le vendre à des personnes n'habitant pas la vallée. Ils ne pouvaient établir des cabanes ni faire gîter (*nec jacere*) les troupeaux au-dessous des lieux de Sirval et de Tavanière (1); cependant, ils étaient autorisés à faire trois cabanes de nuit au delà des limites prescrites.

Les hommes de Miglos ne pouvaient faire du charbon sans l'assentiment du seigneur de Château-Verdun. L'entrée des *debes* ou bois réservés leur était interdite, à moins que ledit seigneur n'en jugeât autrement et leur permît

---

Valadoegt est peut-être encore la même chose) est un pâturage non loin et au nord du ruisseau de Sirbail; ce lieu est aujourd'hui la vacherie de Miglos. — *Salabur* (?). — Le *Fumat*, répétition probable des *Affumats*. — *Clotas de Bezel*, actuellement le lieu de Beyse, au nord de la Unarde. — *Collem tatllat*, aujourd'hui *Col tailhat*, passage pratiqué dans le roc, comme son nom l'indique, à 1,970 mètres d'altitude, au nord-ouest de *Baloudreyt*. — *Montoraner* (?).

(1) *Tabanière*, jasse et fontaine au sud du roc de Miglos.

d'en user dans les mêmes conditions que ses gens de Château-Verdun.

Il était enfin convenu que la communauté de Miglos remettrait comme par le passé, au seigneur de Château-Verdun, le nombre habituel de fromages, pour les vachers qu'elle envoyait sur les montagnes.

Celui-ci s'engageait, en retour, à ne plus contester aux habitants de la vallée leurs droits d'usage sur ses domaines et à leur restituer aussitôt les bestiaux qu'il avait fait saisir et qu'il retenait en gage (1).

Cette transaction fut passée à Tarascon le 6 des kalendes de juin (27 mai) 1305, en présence de Jordain de Rabonit, damoiseau; Arnaud de Celles, clerc; Guillaume de Perles et Guillaume Bayard de Tarascon.

Le VII des ides de juin (7 juin), le comte de Foix, en qualité de coseigneur de Château-Verdun, donnait son approbation à cette sentence arbitrale que Pierre Arnaud de Château-Verdun, chevalier, pour lui et au nom des autres coseigneurs, ne confirma seulement que deux mois après, le 9 des kalendes d'août (27 juillet) (2).

La quantité des fromages donnés par les gens de Miglos, ainsi que nous venons de le voir, fut-elle toujours la même?

Aux dix-septième et dix-huitième siècles, nous voyons la Communauté faire, en exécution de l'acte de 1305, une redevance annuelle à la Saint-Jean, de 6 fromages d'orry au marquis de Gudannes, seigneur de Château-Verdun. Les archives communales de Miglos renferment un grand nombre de quittances délivrées, à cet effet, par le marquis ou sur son ordre. Nous en avons parcouru une quarantaine portant les dates extrêmes de 1626 et 1770. Il est probable qu'au quatorzième siècle le nombre des fromages ne devait pas être plus considérable et se prélevait par un

(1) Archives de l'Ariége, série B. 1, cartulaire de Miglos.
(2) *Ibid.*

ou deux sur chaque orry, c'est-à-dire par quartier où l'on faisait le fromage du lait des bestiaux qui y gîtaient.

Les seigneurs de Château-Verdun ne se hâtèrent pas, à ce que nous apprennent les documents, de se conformer aux clauses de l'arbitrage. Les habitants de Miglos durent l'y contraindre en portant une plainte au sénéchal du Comté, Raymond de Béarn. Ce ne fut seulement que trois ans après que le sénéchal, par l'intermédiaire d'Arnaud Cicredi, châtelain de Tarascon, transmit aux coseigneurs de Château-Verdun une ordonnance en vertu de laquelle il leur était enjoint d'avoir à restituer sur-le-champ, aux hommes de Miglos, les bestiaux qu'ils retenaient injustement depuis longtemps. (Le vendredi avant la fête de Sainte Marie-Madeleine 1308, 19 juillet.)

Des mutations de seigneurs, des différends entre ceux-ci et les habitants de Miglos avaient occupé à peu près la première moitié du quatorzième siècle, ainsi que nous l'avons exposé au chapitre précédent. Pendant ce temps, les habitants des localités voisines empiétaient sur le territoire de Miglos et s'arrogeaient des droits qu'ils n'avaient jamais eus.

C'est ainsi que les gens de Junac prétendaient avoir la faculté de mener paître leurs troupeaux de jour et de nuit dans les montagnes de Miglos, et même d'y couper du bois pour leurs usages, sans payer pour cela aucun droit.

Les hommes de Miglos et d'Axiat niaient absolument ces prétentions : aucun habitant de Junac ne devait posséder de semblable liberté sans l'assentiment préalable de la communauté de Miglos.

Le différend fut porté devant un arbitre, M° Raymond Hélie de Foix, bachelier ès lois, juge ordinaire de Miglos pour le seigneur, Jordain de Rabat. M° Pierre de Junac, Raymond de Ronco, seigneur du lieu, et Bernard Mai (Madii) se présentèrent pour les habitants de Junac; noble Arnaud de Miglos, damoiseau, soutenait la cause des hommes de sa seigneurie.

L'arbitre, assisté de Guillaume du Puy de Tarascon, après avoir entendu les parties, prononça sa sentence, le vendredi après la Saint-Valentin 1346 (17 février 1347), par laquelle il reconnaissait les droits incontestables des hommes de Miglos. En conséquence, il faisait défense formelle à ceux de Junac de pénétrer, sans autorisation, dans les montagnes de Miglos. M° Guillaume de Asnava, notaire de Tarascon et du Comté, retint cet acte, qui eut pour témoins Guillaume Arnaud de Château-Verdun, chevalier, et M° Raymond Caza, notaire de Tarascon (1).

A la fin du quatorzième siècle, la communauté de Miglos avait des démêlés graves avec son seigneur, de la puissante famille des d'Arnave. L'humeur tracassière, l'esprit despotique étaient, avant tout, l'apanage des membres de cette maison. Nous avons exposé, au chapitre précédent, de quelle nature étaient ces querelles et quel en fut le résultat.

Nous connaissons quel était, dans les dernières années du quatorzième siècle, l'état de la population de la seigneurie de Miglos, grâce à un dénombrement des feux du comté dressé en 1390 par ordre de Gaston Phébus (2). On sait que ce prince introduisit dans les comtés de Foix et le Béarn de grandes et importantes réformes, tant au point de vue judiciaire et administratif qu'au point de vue financier. Il transforma même le système de la perception des impôts et changea en contributions fixes les cens et redevances féodales qui n'étaient prélevées que d'une façon irrégulière. L'entretien d'une maison princière, l'attitude défensive qu'il devait prendre à l'égard du Prince Noir, l'obligèrent surtout à réorganiser les finances de ses Etats sur un pied que Froissart décrit et loue sans réserve. C'est

---

(1) Archives de l'Ariège, B. 1, cartulaire de Miglos. — Voir Pièces justificatives, n° XXVII. Cette charte a été mentionnée par Castillon d'Aspet in Histoire d'Ax et de la vallée d'Andorre, 1850, p. 98.
(2) Archives des Basses-Pyrénées, E. 414. — Voir aux Pièces justificatives, n° XXX.

pour cela qu'il fit faire de vastes enquêtes dans la terre de Béarn (1) et dans le pays de Foix, afin de déterminer les droits auxquels il pouvait prétendre dans les différentes localités et pour estimer le nombre des maisons et des feux qui s'y trouvaient.

Le censier qui nous fournit les indications suivantes sur la communauté de Miglos fut fait en vertu de l'enquête ordonnée le 3 juillet 1385 :

Il y avait à Miglos, c'est-à-dire à Arquizat, chef-lieu de la seigneurie, 28 feux gentils (2), qui valaient seulement 14 feux ordinaires. Nous voyons, dans la liste des habitants comptant pour feux allumants, un certain G. Ysarn, qui possédait trois moulins. Le village de Nourrat était alors le plus important, puisqu'il comprenait 39 feux et demi ou 19 trois quarts en feux ordinaires. Enfin, Junac renfermait seulement 15 feux gentils ou 7 et demi ordinaires et un feu comtal, ou appartenant au comte, et qui était celui du recteur ou curé du lieu.

Si les seigneurs de Miglos percevaient certaines redevances sur la vallée, les habitants jouissaient, de leur côté, de privilèges qui restreignaient dans une certaine mesure les droits souvent exorbitants attachés à ces prérogatives féodales.

Tout porte à croire que la communauté de Miglos ne fut point dotée de franchises communales, comme la plupart des localités du comté de Foix, au treizième ou au quatorzième siècle. Nous n'en relevons nulle trace; aucune allusion, aucun indice n'apparaît dans les titres nombreux que nous avons parcourus. Les droits seigneuriaux même ne semblent pas avoir été à l'origine parfaitement fixes; aussi les habitants de la vallée étaient-ils sans cesse en discussion à ce sujet avec leurs seigneurs. Ce n'est en

---

(1) L. Cadier, *Les Etats de Béarn*, p. 124.
(2) Les feux gentils étaient ceux qui appartenaient exclusivement au seigneur du lieu, par opposition aux feux comtals qui étaient perçus par le comte de Foix.

réalité qu'au fur et à mesure que les difficultés s'élevaient entre eux que des accords amiables et, le plus souvent, des arbitrages venaient trancher des querelles qui menaçaient de se renouveler à tout instant. Ce qui le prouve bien encore, c'est que, dans leurs litiges, les habitants de la vallée n'établissaient point par titres les privilèges dont ils prétendaient jouir ; mais ils recouraient seulement à la preuve testimoniale pour affirmer des droits qui leur avaient été reconnus de temps immémorial, par le comte de Foix, puis par les seigneurs de Miglos.

Ainsi que nous l'avons exposé au chapitre précédent, un différend décida les parties à délimiter d'une manière précise les droits de chacun, afin d'éviter désormais tout désaccord. C'est de cette époque que date seulement d'une façon précise l'étendue des privilèges des habitants de la vallée de Miglos.

La vallée de Miglos jouissait de ce fait de franchises importantes et qui nous semblent peut-être les plus étendues des seigneuries du haut comté de Foix.

Durant le seizième siècle, les documents relatifs à la vie communale font totalement défaut; ont-ils été égarés, détruits, ou bien ne s'est-il passé à cette époque aucun fait digne d'attirer l'attention ?

Les guerres religieuses ne paraissent pas avoir eu de retentissement à Miglos, bien qu'elles aient apporté leurs ravages dans la ville de Tarascon et la haute vallée de l'Ariège. Nous savons seulement, ainsi que nous l'apprend Lescazes, que les hommes de la vallée contribuèrent à la prise du château de Tarascon sur les huguenots en 1569. Le 9 juin, à 2 heures du matin, le capitaine Mongascon, à la tête d'une partie des habitants catholiques de Miglos, de la vallée de Siguer, de Vic-de-Sos et de Niaux, arriva devant Tarascon, escalada le château et passa au fil de l'épée la garnison et le gouverneur Plagne. « Puis, s'emparant de la ville, cette troupe massacra un grand nombre de protestants, fit soixante-six prisonniers, et, pour venger la mort du digne curé d'Ornolac, Jean Baron, les précipita l'un après l'autre dans l'Ariège depuis la roche et dans le gouffre dit de la Maire (1). »

Les dix-septième et dix-huitième siècles nous offrent des actes nombreux, quelques-uns peu intéressants, mais renfermant des détails plus ou moins curieux sur les affaires communales dans les derniers temps de l'ancien régime. Aux titres du Cartulaire, aux pièces détachées des Archives départementales, viennent maintenant se joindre les délibérations du conseil politique de la Communauté. La maison commune possède quelques registres ; malheureusement ils sont le plus souvent incomplets et la série présente en outre de nombreuses lacunes. Aussi n'est-ce point un récit que nous exposerons, mais une sorte de chronique, une suite de faits groupés chronologiquement.

En premier lieu nous poserons une question que les documents ne nous ont pas jusqu'ici permis de résoudre. Au milieu du dix-septième siècle, le village de Norgeat formait-il une communauté distincte de celle de Miglos, et pouvait-il, par là, avoir une organisation propre et contracter seul des engagements ? En 1665, en effet, Norgeat se trouvait être redevable d'une somme de 3,000 livres à divers créanciers. Un arrêt du Conseil d'Etat, à la date du 14 mars 1667, approuvant le règlement fait par l'Intendant pour un certain nombre de communautés dont la situation financière laissait beaucoup à désirer, établit que la *communauté de Norgeat*, dont le nom apparaît seul ici pour la première fois, pourrait se libérer en dix années, à raison de 300 livres par an.

Les délibérations consulaires seraient seules susceptibles de nous fournir des indications précieuses sur ce fait ; par malheur, ainsi que nous l'avons dit, les cahiers qui les renferment ne sont pas nombreux et ne remontent pas

(1) Lescazes, *Mémorial historique*, 1644, chap. XX.

assez haut pour donner quelques éclaircissements à cet égard.

A l'avènement de Louis XIV, les habitants de la vallée de Miglos adressèrent au roi une requête pour le prier de confirmer leurs privilèges ; ce qui leur fut accordé par lettres patentes données à Châlons en novembre 1653 (1).

En 1675, les habitants de Miglos refusèrent de payer le quartier d'hiver et le don gratuit, comme étant impositions extraordinaires et inusitées dans la province. Les syndics du pays de Foix se virent forcés de leur intenter une action pour obtenir le payement de ces impositions. Cependant, un arrêt du Conseil, à la date du 11 janvier 1676, vint trancher le différend en donnant gain de cause aux syndics qui cependant consentirent à une transaction.

Le 23 septembre 1678, les syndics de la vallée, Jean Gardes, Arnaud Gouzi et Jean Fauré, réunirent le conseil politique composé de Raymond Pujol, Jean Peyre Teulière, François Serat, Jean Daraux, Jean Fauré dit Lemboscat, François Gabarre, Jean-François Carbonel, Jean Gouzi-Comté, Jean Gouzi-Mousquet et James Gardes, et assistés de Mº Jean Clavel, notaire du Carla-de-Roquefort, désignèrent Mº François Saleys, prêtre, curé de Miglos, et le syndic Arnaud Gouzi pour passer en leur nom, à Foix, la transaction que les Etats de la province leur avait accordée.

Les députés de la vallée se rendirent donc au chef-lieu de là province le 1ᵉʳ octobre 1678 et signèrent la convention suivante : Ils s'engagèrent à contribuer, à l'avenir, à l'*acquit et décharge dudit pays* sur le pied de dix feux fixés : pour le quartier d'hiver, les frais du logement des gens de guerre et la fourniture des fourrages, le cas échéant. Mais ils entendaient n'être point désormais tenus aux charges du pays : le don gratuit, les appointements du

---

(1) Archives de l'Ariège, B. 1, cartulaire de Miglos. — Voir aux Pièces justificatives, n° XL.

gouverneur, les gages des officiers, etc... La communauté de Miglos fut, dans ces conditions, déchargée des arrérages des impositions dont elle avait été grevée jusqu'à ce jour. Cet accord fut accepté et signé par les syndics généraux du pays, M° Vital Séré et Antoine Dalciat, docteur et avocat en Parlement.

Nous mentionnerons encore deux témoins de cet acte, Laurens Caralp et Pierre Constant, marchands de Foix (1).

Que devint l'organisation communale de Miglos à l'époque où fut promulgué l'édit d'août 1692, qui érigeait en offices les magistratures électives et, tout en créant des ressources nouvelles au gouvernement de Louis XIV, lui permettait d'avoir la haute direction sur l'administration municipale? Nous ne pouvons dire si la communauté dut subir des magistrats nommés par l'autorité supérieure, ou si, jalouse de ces vieilles franchises, il lui fut possible de racheter la liberté de choisir elle-même ceux qui devaient l'administrer.

Au milieu du dix-huitième siècle, nous voyons que la vallée de Miglos renfermait 773 habitants ainsi répartis : Arquizat, 215; Norgeat, 281; Nourrat, 138; Axiat, 112; Baychon, 27. La communauté de Junac, qui formait alors une dépendance de Miglos, comptait 169 habitants (2).

D'après une statistique du pays de Foix, dressée en 1765, la vallée payait 66 livres de taille; 264 livres, 7 sols, 9 deniers pour le vingtième; 169 livres 13 sols de capitation, et 241 livres 19 sols pour frais du pays. Les magistrats municipaux étaient compris dans la capitation pour une somme de 40 sols environ (3).

En 1774, les habitants de Miglos eurent à soutenir un long et étrange procès avec les consuls de Château-Verdun : le notaire Lafont, Arabeire et Mourié. Ceux-ci prétendaient,

---

(1) Archives de l'Ariège, B. 1, cartulaire de Miglos. — Voir aux Pièces justificatives, n° XLI.
(2) Archives de l'Ariège, statistique de 1765.
(3) *Ibid.*

en effet, que tout propriétaire de la vallée *tenant orry* sur les montagnes de Château-Verdun, était tenu de leur donner annuellement un fromage par orry pour le droit de police qu'ils disaient exercer dans ces montagnes. Ils offraient même de prouver « comme quoy ils avaient perçu de temps immémorial un fromage de chaque orry qui est établi annuellement sur les montagnes de Gudanes, soit par les habitants usagers ou par les usagers forains. »

L'affaire fut portée devant le juge de la seigneurie de Château-Verdun, Mᵉ Bernard Laffont, qui se trouvait être l'oncle du consul partie dans le procès.

Les syndics de Miglos opposaient aux prétentions de leurs adversaires la sentence arbitrale rendue en 1305, et qui fixait définitivement les droits respectifs des habitants de la vallée et du seigneur de Château-Verdun ; ils n'étaient redevables que de six fromages au marquis de Gudanes seul, et il n'avait jamais été fait mention des consuls. D'ailleurs, ces derniers, alors même qu'ils exerceraient la police dans ces montagnes, ne sauraient avoir droit à aucune redevance, la justice devant être rendue gratuitement. Quant au *temps immémorial* allégué par les consuls, ajoutaient les syndics de Miglos, il ne pouvait être pris en considération ; car s'il avait plu aux bergers de leur faire don d'un fromage, aucun titre ne les y contraignait, pas plus que l'aumône qu'ils octroyaient aux religieux mendiants ne pouvait en aucune sorte être exigée d'eux annuellement.

Le juge de Château-Verdun rendit son jugement le 18 janvier 1775 ; il déclara que les habitants de Miglos étaient tenus de donner aux consuls de Château-Verdun, annuellement un fromage par orry (1).

Une semblable décision souleva une violente indignation dans la vallée de Miglos. Non seulement il était cer-

---

(1) Archives communales.

tain qu'aucun titre n'établissait les prétentions des consuls de Château-Verdun, mais encore la partialité du juge se révélait ici d'une façon manifeste, étant donné, ainsi que nous l'avons dit plus haut, qu'il était proche parent d'une des parties.

Toutefois, les syndics de Miglos, redoutant à bon droit les conséquences du jugement et l'influence du juge qui se reposait sur la haute protection du marquis de Gudanes, tentèrent une démarche auprès de leurs adversaires, et des pourparlers en vue d'un arrangement à l'amiable furent échangés pendant quelque temps, mais ils n'aboutirent pas, en présence des exigences des consuls de Château-Verdun.

Appel fut alors porté, en 1777 ou 1778, devant le sénéchal de Pamiers, qui, par arrêt en date du 20 juin 1780, confirma purement et simplement la sentence du premier juge (1).

Les syndics de la vallée décidèrent de se pourvoir devant la Cour du Parlement de Toulouse, ce qui fut fait le 5 juillet 1780. Un supplément d'enquête ayant été ordonné, la communauté délégua, au mois de décembre de la même année, les sieurs Bacou et Jean-Baptiste Teulière pour se rendre à Toulouse et suivre attentivement les phases du procès. Le conseil leur alloua, à cet effet, 4 livres par jour de voyage, et 3 livres journellement pendant leur absence (2).

Quelle fut l'issue de ce long et curieux litige? Les documents, les registres communaux restent muets, et nous n'avons rien relevé dans les arrêts du Parlement de Toulouse. Il est toutefois permis de présumer que le jugement définitif vint infirmer celui qu'avait rendu un juge aveuglé par l'esprit de parti, et que les habitants de Miglos ne furent point contraints à payer un droit injuste qui ne re-

---

(1) Archives communales.
(2) Archives communales, registres de délibérations.

posait ni sur un acte authentique, ni même sur un usage reconnu et passé en force de titre.

Ce n'est vraisemblablement qu'en 1777, et en présence des nombreux délits qui se commettaient sur les propriétés privées ou communales, que le conseil politique décida de donner à la vallée un garde des récoltes. Le 6 avril, sur la proposition du juge, le sieur François Sabatié fut désigné par l'assemblée pour exercer ces fonctions. Il devait prêter serment entre les mains du juge. Ses gages furent fixés à 60 livres, payables en quatre termes égaux ; de plus, il prélèverait une amende de 3 sols par bête trouvée sur le champ voisin. En outre, il fut convenu que celui qui arracherait de l'herbe chez son voisin serait tenu de payer 3 sols au garde ; de même tout habitant qui conduirait le bétail dans les *debès* serait passible d'une amende de 10 sols en faveur du garde (1).

A cette époque, le seigneur de Miglos, ne tenant aucun compte des observations qui lui avaient été faites à plusieurs reprises par les consuls, ne cessait de défricher les bois et vacants de la vallée, y faisant du charbon qu'il vendait journellement. Il allait jusqu'à inféoder les terrains mis ainsi en culture, et à permettre même aux étrangers de prendre et d'emporter les bois de la vallée. Le conseil s'émut des procédés injustes du seigneur, qui portaient de jour en jour un plus grand préjudice à la communauté. Il se réunit un jour de l'année 1779, et décida de contraindre, par la voie judiciaire, le seigneur à laisser les habitants jouir paisiblement de leurs droits, puisque les remontrances qui lui avaient été adressées étaient toujours demeurées sans résultat (2). Le seigneur de Miglos consentit enfin, bien à regret sans doute, à donner satisfaction aux justes réclamations de ses vassaux.

En 1781, une épidémie sévissait sur les troupeaux de la

(1) Archives communales.
(2) *Ibid.*

vallée. Le premier consul réunit le conseil le 1ᵉʳ août, et fit connaître qu'un certain nombre de troupeaux *de bêtes à laine étaient attaquées de la picotte ; et comme cest une poison pour lautre bestail qui ruinerait toute la communauté et autres*, il engageait les magistrats à prendre sur ce point une détermination urgente. On convint donc que le bétail contaminé serait parqué à la *Comme de Baloudreyt* jusqu'à *Cortal Marty*, et à la moitié de *Col taillat* jusqu'au *pas des Caudiés*. Tout propriétaire de troupeau contaminé trouvé hors de ces limites se verrait infliger 10 livres d'amende; même peine serait applicable au possesseur de bestiaux atteints de la maladie et qui aurait négligé d'en faire la déclaration (1).

Nous avons assisté, au chapitre précédent, à l'origine de l'assistance publique dans la communauté de Miglos ; elle n'était alors qu'une institution privée, sans réglementation fixe, et ne pouvait que donner lieu à des abus. En 1782, un bureau de charité ou de bienfaisance fut créé dans chacune des communautés voisines de Miglos et de Junac. Il comprenait les biens-fonds et les capitaux laissés aux pauvres de ces paroisses par l'abbé de Saubiac, prieur de Soullé (2). Tous les ans, une liste des habitants les plus nécessiteux des deux localités devait être dressée par le conseil politique, et les fonds disponibles seraient répartis entre eux à Pâques et à Pentecôte, même dans le courant de l'année si besoin était. Pour veiller à l'administration de cette fondation charitable, le conseil nomma Pierre Gardès syndic, et Pierre Bacou trésorier (3).

En 1783, la communauté de Miglos adressa aux Etats de la province une double requête. En premier lieu, elle demandait à être affranchie du payement de l'imposition éta-

---

(1) Archives communales.
(2) La famille du Faur de Saubiac possédait le fief de Soulé, dans la paroisse de Baulou. Il y a vraisemblablement erreur ici, et le mot *prieur* aura été mis pour le mot *sieur*.
(3) **Archives communales.**

blie pour le rachat des offices municipaux ; d'autre part, elle désirait ne point être assujettie au versement de sa quote-part pour la construction des chemins, à moins toutefois que la province ne se chargeât de la route de Capoulet à Miglos, auquel cas elle offrait d'y contribuer dans la mesure de ses moyens. Elle se basait pour présenter sa réclamation sur la transaction passée, en 1678, entre elle et les syndics de la province (1).

Les Etats décidèrent d'abord qu'ils ne pouvaient accorder d'exemption à la communauté relativement à l'impôt pour le rachat des offices municipaux, *attendu qu'elle a participé à l'avantage que ledit rachat, lorsqu'il a été fait, a procuré à la province.*

Sur le second point, il fut décidé, après avoir entendu le rapport de la commission des chemins, que le quart de la subvention serait alloué à la communauté de Miglos pour les travaux du chemin de Capoulet à Miglos ; la somme octroyée s'élevait à 600 livres. Toutefois, cette allocation ne fut faite qu'aux conditions suivantes. La communauté ferait exécuter les travaux d'après les plans et devis d'un ingénieur et sous sa direction ; les frais d'entretien seraient, à l'avenir, entièrement à sa charge. La surveillance de la construction et de l'entretien était confiée au baron de Miglos ; il ne pouvait être *délivré de mandement aux entrepreneurs* sans être revêtu de la signature dudit baron (2).

Les élections consulaires de 1784 donnèrent lieu à un incident peu commun. On s'aperçut, en effet, que plusieurs membres du conseil politique étaient parents aux degrés prohibés par les ordonnances, à savoir : père, fils, gendre, beau-frère, cousin germain, issu de germain, oncle et neveu fils de frère, oncle et neveu fils de cousin germain. Le seigneur de Miglos déclara aussitôt nulles les élections

---

(1) Archives communales.
(2) Cahiers des Etats de la province de Foix, 1783.

et fit procéder au renouvellement du conseil en la manière accoutumée.

En 1785, le conseil politique suivant, sans s'en rendre compte, le courant de réformes et d'innovations qui se manifestait de tous côtés, supprima les *debès* ou lieux prohibés et déclara que tout particulier pourrait désormais interdire à quiconque l'accès de son bien sous peine d'une amende de 3 livres (1).

Deux ans plus tard, des règlementations importantes furent introduites par le conseil dans les usages des bois et pâturages et l'exploitation des carrières qui existaient sur le territoire de Miglos. En premier lieu, on convint que le bétail à laine ne serait plus conduit sur la montagne, comme d'habitude, un mois environ avant celui à corne, mais seulement quinze jours après ce dernier; car les brebis dévoraient la majeure partie de l'herbe aux endroits où l'on avait coutume d'amener les troupeaux. Toute infraction à cette règle serait passible d'une amende de 12 livres.

En ce qui concernait l'usage des forêts, les particuliers ne pourraient plus couper du bois pour leurs instruments sans autorisation préalable et après déclaration consignée sur un registre tenu par un commissaire spécialement nommé. En outre, défense expresse était faite aux habitants de lancer du sommet des montagnes d'immenses fagots qui détérioraient, dans leurs chutes, un grand nombre de jeunes sapins. Les délinquants seraient d'abord frappés d'une amende de 10 livres, et punis, en cas de récidive, d'un emprisonnement au château et de poursuites judiciaires.

Enfin, la carrière d'ardoise exploitée par tout habitant, et qui faisait quatre cannes d'ardoises, de redevance annuelle au premier marguillier de l'église, devait tout d'abord fournir ses produits aux particuliers à raison de 10 sols la

---

(1) Archives communales.

canne et de 8 deniers le *pan de goutier*. Après cela, les ouvriers pouvaient vendre l'ardoise partout où il leur plairait.

Le conseil déclara, en dernier lieu, que personne ne pourrait établir de four à chaux dans la vallée sans l'autorisation du seigneur, ni en vendre les produits qu'aux seuls habitants de Miglos sous peine de 10 livres (1).

Vers la fin de l'année 1787, le conseil, ayant à statuer sur des réclamations relatives à la sonnerie des cloches, maintint le carillonneur, Joseph Jalbert, dans l'obligation de les sonner régulièrement, selon l'usage, lorsqu'un orage menaçait d'éclater sur la paroisse (2).

La question de la garde des troupeaux sur la montagne fut résolue de diverses manières et à différentes époques, ainsi que nous allons l'exposer. En avril 1788, le conseil décidait que trois pâtres seraient chargés de garder, par semaine et à tour de rôle, les bestiaux dans la montagne. Ils ne pouvaient abandonner le lieu qui leur était assigné sous peine de 10 livres et ne devaient rentrer que le dimanche; ils devaient prêter serment *la main levée à Dieu* (3).

En 1794, le Conseil nommait quatre vachers et dans les mêmes conditions (4).

Aujourd'hui, les propriétaires mettent en commun leurs bêtes, qui sont ensuite divisées, chaque cinq ans, en autant de troupeaux qu'il y a de pâturages suffisants dans les montagnes. Le 1er janvier a lieu, à la maison commune, le tirage au sort des quartiers ou places où chaque troupeau, variant de 400 à 600 et 800 bêtes, doit être conduit l'été. Les propriétaires sont tenus de veiller eux-mêmes à la garde du troupeau, à tour de rôle et à raison d'une nuit par quatre têtes en moyenne de bétail leur appartenant. Il y a actuellement cinq places, et, partant,

---

(1) **Archives communales.**
(2) *Ibid.*
(3) *Ibid.*
(4) *Ibid.*

LA COMMUNAUTÉ DE MIGLOS; ORGANISATION MUNICIPALE. 137

cinq troupeaux appelés *ramats* : Courtal-Marty, Las Couillatos, Larnoum, Beysé, la Unarde.

A la veille de la Révolution, l'exécution du legs du curé Mottes, dont il a été parlé au premier chapitre, suscita des difficultés que le Conseil trancha de la manière suivante : Il paraît que le curé Vergnies, chargé par M° Mottes de distribuer aux indigents les revenus des sommes qu'il avait laissées à cet effet, avait négligé depuis longtemps d'en rendre compte aux marguilliers qui en avaient le contrôle. Le Conseil ordonna que les capitaux légués seraient remis au Bureau de charité de la communauté pour en faire la distribution ; puis il délégua le premier consul pour se rendre à Toulouse et faire les démarches nécessaires afin d'obtenir du Parlement un règlement semblable à celui de Niaux (1) (28 avril 1789).

Au moment où la France entière s'agitait sous l'influence des idées nouvelles et se préparait à envoyer ses députés aux Etats généraux, la Communauté de Miglos fut saisie par un sieur Acoquat, de Foix, d'un projet de réforme des Etats provinciaux. Les habitants furent convoqués en assemblée générale, le 11 février 1789, pour donner leur avis sur le mémoire qu'on leur présentait et faire toutes les observations qu'ils jugeraient utiles. L'assemblée, après avoir longuement discuté, prit la délibération que nous transcrivons ci-dessous, comme étant intéressante à tous les points de vue.

« L'an mil sept cens quatre vingt neuf et le onzième
» jour du mois de février, au lieu de Miglos, en place pu-
» blique, se sont assemblés en corps de conseil général,
» le sieur Pierre Bacou, premier consul; François Fadel
» et Pierre Teulières, consuls; Pierre Teulière, Jean Gar-
» des, Jean Fauré, Pierre Fauré, Bernard Eychenne, Fran-
» çois Teulière, François Jalbert, Arnaud Gardes, Charles
» Gabarre, Jean Eychenne, Pierre Pujol et Jean Pujol,

(1) Archives communales.

» conseillers politiques, et autres habitants dudit lieu. Le
» sieur Bacou, consul, a dit qu'il lui a été adressé, par le
» sieur Acoquat, de Foix, un mémoire sur les vues de la
» constitution actuelle des Etats de la Province et le pro-
» jet sur une nouvelle formation desdits Etats. L'exposant
» prie l'assemblée d'entendre la lecture dudit mémoire et
» de délibérer sur les formes qui y sont proposées.

» L'assemblée, entrée en délibération, ayant lu et dis-
» cuté le mémoire dont s'agit, a unanimement convenu et
» arrêté ce qui suit :

» 1° Que le lieu de Miglos n'ait pas de représentant aux
» Etats de la Province; son vœu sera toujours que le Tiers
» Ordre y soit représenté d'une manière légale, et que
» pour obtenir cette représentation on mette en usage tous
» les moyens honnêtes qui concilieront également ces
» droits des Trois Ordres. Les prétentions des villes qui
» ont eu jusqu'à présent leurs représentants aux Etats et
» celles des lieux qui, en ayant été privés jusqu'à ce jour,
» demandent à y en envoyer.

» 2° N'entend, ladite assemblée, acquiescer en aucune
» sorte à l'établissement des districts projetés, au moins
» de telle sorte que ce présent lieu de Miglos se trouve
» faire partie de l'un d'eux, vu qu'il présente une popu-
» lation et une étendue assez considérables pour avoir à
» lui seul un représentant aux Etats, vu encore que, de
» tous les temps, il s'est administré, régi et gouverné
» d'après un régime particulier et sans le concours de
» personne.

» A arrêté au surplus, ladite assemblée, que relativement
» à la distribution des impôts, elle proteste contre tous
» ceux qui ne seront pas également répartis sur les Trois
» Ordres, même contre une plus longue perception de
» tailles; ce genre d'impôt admettant une distinction flé-
» trissante entre les diverses classes des citoyens, ce qui
» est contraire à toute sorte de principe d'équité et de
» raison.

» Déclare au surplus, ladite assemblée, qu'elle tient pour
» maxime invariable et constante, que si le Tiers Etat le
» cède pour le rang aux deux autres ordres, il est leur égal
» pour les droits; qu'elle regarde comme un principe fon-
» damental que le pouvoir d'accorder l'impôt est un des
» attributs essentiels du Tiers Ordre, qu'il n'a pu en être
» dépouillé que par l'abus d'une autorité injuste et vexa-
» toire ; qu'enfin, elle ne reconnaîtra d'impôt légal que
» celui qui aura été voté librement et consenti par le Tiers
» Etat de la Province.

» Quant à la représentation aux Etats généraux, la pré-
» sente assemblée proteste contre toute députation formée
» sans son concours, et déclare qu'elle ne reconnaîtra de
» véritables représentants que ceux qui auront été députés
» librement, légalement et généralement par tous les ci-
» toyens domiciliés dans le Royaume, ayant la liberté de
» leur personne et la propriété de leurs biens.

» Et en conséquence, le sieur Bacou, consul du présent
» lieu, a été chargé de faire signifier la présente délibéra-
» tion aux Etats de la province, assemblés en la ville de
» Foix, et sans entendre préjudicier aux droits que la
» communauté peut avoir (1).

» Ont signé ceux qui ont su :

GARRIGOU, juge d'office.

BACOU, consul.	GOUZY.	JEAN PUJOL.	MOTE.
TEULIÈRE, conseiller.	GARDES.	JEAN GARDES.	DAROUS.
FADEL, conseiller.	FAURÉ.	ESCALIÈRES.	F. PUJOL.
GARDES, conseiller.	BERNADAC.	LAPRADE.	SALVEN ayné.
JALBERT, conseiller.	DEMATHIEU.	SABATIÉ.	GOUZY. »

Cette déclaration, pleine d'éloquente énergie, renferme en quelque sorte toutes les revendications du tiers état; elle peut être considérée comme le cahier de la commune de Miglos, présentant le résumé des libertés que réclamaient la bourgeoisie et le peuple des villes et des cam-

(1) Archives communales, registre des délibérations.

pagnes. Il est intéressant de constater dans un village de montagne, près des frontières d'Espagne, loin de tout centre et peu accessible alors, les mêmes idées, les mêmes aspirations qu'émettaient à la même époque des bourgs importants, des villes considérables, et traduites encore dans un langage identique. Un souffle commun d'indépendance, une pensée unique animaient alors également tous les Français d'une extrémité à l'autre du territoire.

Quelques mois plus tard, le premier consul donna connaissance au conseil du décret de l'Assemblée nationale relatif à la contribution patriotique. Il fut d'avis de s'imposer pour une somme de 600 livres, payable en trois termes. Le seigneur de Miglos et le curé, sollicités dans le même but, répondirent qu'ils étaient prêts à donner leur contribution au prorata de leurs revenus (1).

Dans le courant de l'année 1790, les habitants de Miglos se refusèrent inopinément à payer la dîme de la laine. Les décimateurs ayant alors demandé que le produit des assignations servirait de payement, le peuple commença à murmurer, puis se prépara à une émeute que le premier consul ne parvint à réprimer qu'à grand'peine. En présence des troubles qui avaient failli éclater, le conseil chargea désormais les officiers municipaux de la levée des impositions jusqu'à ce que l'Assemblée nationale en eût modifié l'assiette et le mode de perception (2).

Au moment de la Révolution, un petit banc pour les consuls était placé dans l'église, et ceux-ci se revêtaient dans les cérémonies de trois petits chaperons appartenant au seigneur. Lorsque furent créés un maire et cinq officiers municipaux, un banc plus grand remplaça l'ancien et six chaperons succédèrent aux trois premiers. Mais peu après, l'Assemblée nationale ayant supprimé d'un même coup la livrée consulaire et les droits honorifiques dans les églises,

(1) Archives communales, registre des délibérations.
(2) Ibid.

les achats faits par les magistrats municipaux devinrent inutiles. Un différend s'éleva entre eux et la population qui entendait que les frais fussent supportés entièrement par les officiers. Le conseil trancha la question en décidant que les frais seraient répartis entre tous les contribuables de la communauté (1).

Au mois de septembre 1790, le Conseil adressa aux membres du département, à Foix, une requête en vue d'être maintenu comme précédemment dans la faculté de taxer le vin vendu chez les cabaretiers, au profit de la communauté (2).

La prospérité n'était pas grande à ce moment-là à Miglos, par suite de plusieurs orages terribles qui avaient ravagé la vallée en 1750 et 1762. Le 3 juillet 1750, en effet, une avalanche emporta 11 maisons ou granges, 80 seterées de terre labourable et 14 personnes. Le 30 août 1762, une tourmente détruisit 8 maisons ou granges et une partie de l'église, ravina 60 seterées de terre et causa la mort de 10 personnes. Ces catastrophes successives ayant diminué de beaucoup les revenus des habitants, le Conseil décida de solliciter du directoire du district de Tarascon une réduction importante sur les dix feux qui formaient l'assiette de l'impôt (3). Nous ne savons si cette juste réclamation fut acceptée (décembre 1790.) Il est opportun de faire remarquer que, de nos jours, le curé de la paroisse célèbre annuellement deux messes commémoratives de ces deux catastrophes les 3 juillet et 30 août.

A la fin de l'année 1790, les localités avoisinantes voyaient leurs officiers municipaux ceints de l'écharpe tricolore, seuls les magistrats de Miglos n'en possédaient pas, ce qui leur était *fort préjudiciable*, attendu, nous racontent-ils dans une délibération du conseil, que *la population se moquait d'eux*. On décida qu'ils en seraient aussitôt pourvus.

(1) Archives communales.
(2) *Ibid.*
(3) *Ibid.*

En même temps, le conseil ordonna des poursuites contre cinq ou six garnements qui, s'étant introduits dans l'église le soir de Noël, tandis que le carillonneur appelait les fidèles à la messe de minuit, avaient brisé le banc des officiers et causé d'autres dégâts dans le sanctuaire (1).

Une regrettable lacune de trois ans dans les registres municipaux interrompt la suite des événements révolutionnaires dans la commune de Miglos, précisément à l'époque où ils pouvaient offrir le plus d'intérêt.

Le château féodal fut pillé et incendié; mais les sans-culottes ne durent pas trouver de quoi satisfaire leur rapacité, car ce *repaire de brigands*, comme on appelait alors les châteaux, était depuis longtemps abandonné par le seigneur, qui avait fixé sa résidence à l'entrée du village, dans une vaste ferme transformée en habitation.

Si la proclamation de la République, suivie des massacres de septembre et des exécutions ignobles de 1793, apportait dans la plupart des communes des explosions de patriotisme sanguinaire, elle n'améliorait certes pas la désastreuse situation financière, cause en partie des premiers mouvements révolutionnaires. L'anarchie à l'intérieur, la guerre sur les frontières augmentaient encore la misère extrême qui régnait alors dans les campagnes. Par exemple, la commune de Miglos dut payer, en 1793, pour sa contribution foncière, la somme de 5,142 livres, 13 sols, 9 deniers. Or, trente ans environ auparavant, elle n'était grevée que de 741 livres, 19 sols, 9 deniers, somme comprenant les impositions diverses, taille, vingtième, capitation, frais du Pays..., ainsi que nous l'avons dit plus haut. L'impôt était donc, en 1793, sept fois plus élevé qu'il n'était en 1765. Il en était de même pour toutes les communes du territoire; et les amis de la République levaient d'onéreux impôts, poursuivaient de leur haine une catégorie de citoyens au nom de la liberté et de l'égalité,

(1) **Archives communales.**

tandis qu'ils égorgeaient leurs adversaires au nom de la fraternité.

La fureur révolutionnaire ne s'attaquait pas seulement aux personnes et à leurs bourses, elle allait jusqu'à détruire avec acharnement les vieilles demeures, pour la plupart délaissées, les antiques titres désormais sans force, croyant faire disparaître d'un même coup jusqu'au souvenir d'un passé de plusieurs siècles. Quelles richesses historiques et archéologiques emportées par cette tourmente insensée !

Les officiers municipaux de Miglos n'eurent garde de manquer à un pareil devoir, et nous lisons dans les cahiers cette courte mais édifiante délibération à la date du 5 janvier 1794 :

« Ce jourd'hui seizième nivôse de l'an II de l'ère répu-
» blicaine, en l'exécution de la loi qui porte que tous les
» titres et papiers des ci-devant seigneurs devoient être
» brûlés; c'est pourquoi nous maire et officiers municipaux,
» nous les avons brûlés ledit jour que dessus à l'issue de
» vêpres, en présence de tous les citoyens de la commune,
» avons fait brûler tous les papiers, titres, reconnaissances
» que nous avons trouvés dans la maison du ci-devant
» seigneur, et qu'il nous a déclaré n'en avoir pas d'autres.
» Et de tout ce dessus avons dressé notre présent procès-
» verbal pour servir et valoir en cas de besoin (1)... »

Ces actes de vandalisme nous privent aujourd'hui d'un grand nombre de pièces qui augmenteraient d'autant l'histoire du passé des Communes et nous feraient encore mieux connaître les institutions qui régissaient nos pères. Heureusement pour Miglos, une grande partie des documents avait été déjà recueillie dans un cartulaire d'où nous avons puisé nos plus nombreuses indications.

Conformément à la loi, le 17 nivôse an II (6 janvier 1794), l'assemblée générale des habitants nomma, à l'issue de vêpres, le comité de surveillance de la commune, qui

(1) Archives communales.

comprit : Arnaud Gardes, Félix Gardes, Jean Bacou, Raymond Fauré d'Arquizat, Lacaze de Norgeat, François Fauré, Joseph Gouzi, Pierre Lacassin, Jean Teulière, Saint-Janou de Nourrat, Jean Pujol, Pierre de Camps, Charles Pujol (1).

Le 3 germinal an II (23 mars 1794), le conseil nommait Pierre Bacou pour *recouvrer les fonds de la contribution foncière et mobilière, les charges locales et autres impositions*, moyennant 18 livres d'honoraires pour la présente année (2).

Quelques mois plus tard (29 prairial an II-17 juin 1794), le sieur François Escalière, officier municipal, voyait comparaître devant lui, en vertu du décret du 20 septembre 1792, la femme Jeanne Gabarre de Norgeat, âgée de trente-trois ans, sollicitant le divorce contre son mari, Jean Fauré d'Axiat, pour incompatibilité d'humeur. N'ayant pu parvenir à les réconcilier, l'officier public renvoya les époux à deux mois pour une nouvelle entrevue; les registres font défaut et ne peuvent par conséquent nous renseigner sur l'issue d'une affaire civile de cette nature qui ne devait pas être commune dans la région (3).

Il ressort des cahiers des délibérations municipales qu'il y avait à cette époque un notaire public à Miglos; nous savons qu'il n'en existait pas antérieurement à la Révolution. Jean-Baptiste Teulière, demeurant au lieu dit *les Passes*, occupait alors ces délicates fonctions. Victime de quelque honteuse intrigue, il fut dénoncé au directoire du district de Tarascon comme s'étant livré à l'agiotage des assignats. En présence de cette grave accusation, il s'adressa au conseil qui, par une délibération extraordinaire, lui délivra un certificat de civisme qui le mettait désormais à l'abri de toute suspicion (4).

Le 25 thermidor an II (12 août 1794), les citoyens Sé-

(1) **Archives communales.**
(2) *Ibid.*
(3) *Ibid.*
(4) *Ibid.*

guéla et Estrade, membres du comité de surveillance de Tarascon, se présentèrent à la réunion du conseil politique, où se trouvaient aussi les notables de la commune. Ils posèrent aux officiers municipaux un certain nombre de questions auxquelles furent faites les réponses suivantes :

« 1° Il n'y a point de société populaire ;

» 2° On ne reçoit pas tous les bulletins des lois, mais
» on lit au peuple ceux qui ont été reçus et le peuple se
» conforme aux lois ;

» 3° Il n'y a point de détenus dans la maison d'arrêt,
» très sûre ;

» 4° On ne connaît pas de malveillants. Il y a un noble
» seigneur, il ne dirige pas le peuple ; la conduite du
» ci-devant est bonne ;

» 5° La municipalité et le conseil général de la com-
» mune est bien composé et rempli, personne ne nous in-
» fluence, leur esprit est bon et l'esprit républicain y
» règne ; leur conduite est bonne ;

» 6° Sur l'état des subsistances, on répondra une autre
» décade ;

» 7° Le terrain est assez étendu, il y a des prés comme
» pays de montagne. »

Les registres communaux se terminent par un procès-verbal constatant l'élection d'un instituteur public, à la date du 1er nivôse an III (1er décembre 1794). Nous lisons, en effet : « Le 1er nivôse an III se sont assemblés tous les
» citoyens de cette commune au Temple de la Raison
» pour procéder à la nomination d'un instituteur, suivant
» les bulletins des lois de la Convention Nationale, qui
» porte que, dans toutes les communes de la République
» où il se trouvera le nombre de mille âmes, il doit y être
» établi un instituteur pour enseigner et instruire tous les
» garçons qui sont au-dessus de l'âge de six ans. » Le citoyen Raymond Fauré fut élu instituteur de la commune de Miglos.

Les événements de la période révolutionnaire étaient,

comme on le voit, dignes d'être rapportés dans ce chapitre. Ils ne le cèdent en rien aux faits relatifs aux époques féodales. Du contraste de ces premiers temps d'oppression et de misère et des derniers de liberté ou pour mieux dire de licence effrénée, de misère encore où la loi des suspects et l'échafaud ont remplacé le pouvoir arbitraire du seigneur, quels grands enseignements pourrait-on présenter ? Laissons ce soin à d'autres, et constatons seulement en manière de conclusion que de tous les régimes dont les Français inconstants ont fait l'essai depuis un siècle, le meilleur ou que l'on croit tel laisse toujours beaucoup à désirer ; car l'homme, bien loin d'atteindre à cet idéal rêvé du gouvernement vraiment libéral et démocratique, se laisse fatalement entraîner par son orgueil et son ambition qui entravent sans cesse une œuvre souvent bonne et la conduisent au pire résultat.

L'histoire n'est assurément pas dans la pratique ce que Mme de Staël la définit en théorie : l'étude du passé au profit de l'avenir.

LISTE DES CONSULS ET MAIRES

1385. — Bertrand de Natone ; Guillaume de Vila ; Germain de Pujol.

. . . .

1678. — Jean Gardes ; Arnaud Gouzi ; Jean Fauré.

. . . .

1774. — Joseph Pujol ; Jacques Gouzi ; Ramond Fauré.
1777. — François Pujol ; Arnaud Gardes ; Pierre Fauré.
1778. — Jean Gardes.....
1779. — Jean Fauré Mourié ; Jeannet Gabarre ; Jacques Daroux.
1780. — Joseph Pujol.
1781. — Jacques Gouzy ; François Teulière ; Pierre Pujol.
1782. — Jean Gardes ; Jean Pujol ; Bernard Eychenne.
1783. — Jeannet Gabarre ; Pierre Fauré.
1785. — Pierre Teulière ; Raymond Fauré ; Pierre Pujol.
1786. — François Teulière ; .....
1787. — Antoine Fauré ; Jeannet Pujol ; Jean Gardes.
1788. — Pierre Gouzi ; François Pujol ; Félix Gardes.
1789. — Pierre Bacou ; François Fadet ; Pierre Teulière.
1790. — Jean Fauré, maire ; — Jacques Gouzi, lieutenant de maire.
1793........ — Jean-Pierre Teulière, maire.
1793-1797. — Pierre Gardes.
1798-1799. — Jean Gardes.
1799-1800. — Antoine Jalbert.
1800-1801. — Louis Eychenne.
1801-1805. — Raymond Fauré.

1805-1808. — François Escalière.
1808-1809. — Jean Bacou.
1809-1810. — Pierre Gardes.
1810-1815. — Joseph Fauré.
1815-1822. — François Pujol.
1822-1830. — Jean-Louis-Hyacinthe, baron de Vendômois.
1830........ — Joseph Fauré.
1830-1835. — Ambroise Gardes.
1835-1870. — Jacques Bacou.
1870-1871. — Jean Gardes.
1871-1872. — Jean-Marie Bacou.
1872........ — Joseph Pujol.
1872-1873. — François Montaut.
1873-1874. — François Gouzi.
1874-1876. — Jean Gardes.
1876........ — François Montaut.
1876-1881. — Jean-Marie Bacou.
1881-1884. — Joseph Pujol.
1884-1888. — Jean-Marie Bacou.
1888-1889. — Jean-Joseph Bacou.
1889........ — Lucien Teulière.

PIÈCES JUSTIFICATIVES

I

1080-1108. — *Restitution faite par Pons Adémar, à Saint-Sernin de Toulouse, des églises d'Arignac, d'Onost, de Mercus et de Miglos.*

Notitia guerpitoria quorum subter tenentur incerta, qualiter veniens Poncius Ademarus, sub die feria VI in initio quadragesimę, in capitulum Sancti Saturnini, qui precepto episcopi Isarni ęclesias, pro quibus excommunicatus erat, Sancto Saturnino et canonicis ejus dimisit. Ego igitur in Dei nomine Poncius Ademarus relinquo et dono Domino Deo et Sancto Saturnino, cum consilio et concessione fratrum meorum, Oliveri et Bertranni et cum consilio et dono clericorum, ęclesias qui ipsas tunc regebant, quę ęclesię sunt in pago Tolosano, in vicaria Savartensa, videlicet ęclesiam Sanctę Marię de Esnac et ęclesiam de Enost et ęclesiam de Mercuis et ęclesiam de Merglois. Relinquo etiam hoc totum quod ibi habeo vel aliquis pro me, cum decimis et cimiteriis et ęclesiasticis omnibus ibi pertinentibus; et hoc facio in manu Petri, prepositi Sancti Saturnini et omnibus canonicis, pro remedio animę meę et parentum meorum et per penitentia quam dedit michi episcopus. Facta carta ista in mense marcii die feria VI, regnante Philippo rege. S. Poncii Ademari, qui cartam istam fieri rogavit et manu firmavit. S. Petri Geraldi. S. Matfredi. S. Ademari clerici. S. Raimundi presbiteri.

(Abbé Douais, *Cartulaire de Saint-Sernin*, n° 278).

II

(Vers 1108). — *Restitution de l'église de Miglos, à Saint-Sernin de Toulouse, par Wilhelm Aton de Miglos.*

Ego Willelmus Atonis de Merglos, pro peccatis et offensionibus meis, dono Domino Deo et Sancto Saturnino et clericis ibi Deo servientibus, corpus et animam meam in emendatione omnium peccatorum meorum; et promitto obedientiam domino preposito Raimundo Willelmi et ceteris fratribus. Similiter omnia eclesiastica quę pertinent ad ecclesiam de Merglos quę ego unquam acquisivi et acaptavi, dono et reddo predicto preposito et omnibus Sancti Saturnini fratribus. Signo Willelmi Atonis qui hanc cartam scribi fecit. Signo Bernardi de Savart. Signo Raimundi de Nat. Signo Poncii de Campraia.

(Abbé Douais, *Cartulaire de Saint-Sernin*, n° 279).

III

1117. — *Restitution des églises d'Arignac et de Saint-Hilaire de Miglos, à Saint-Sernin de Toulouse, par Willelm Pierre de Roquemaure.*

Quoniam breves dies hominis sunt super terram, dicta vel facta ejus sub litterarum testimoniis memorię commendanda credimus. Unde totum sit omnibus tam futuris quam presentibus, quod ego Willelmus Petri de Roca-Maura dimisi et reddidi ea quę habebam sive juste sive injuste in ęclesia de Aisnac, Raimundo Willelmi preposito ęclesię Sancti Saturnini et clericis ejus tam presentibus quam futuris, non coactus, non invitus, set spontaneus. Insuper etiam reddo eis et dimitto quicquid habeo vel aliquis per me in ęclesia Beati Hylarii de Merglos. Testes sunt Ato de Cellis canonicus, Petrus Benedicti clericus de Aisnac et W. de Boan. Factum est istud in V feria mensis marcii, regnante Lodvico.

(Abbé Douais, *Cartulaire de Saint-Sernin*, n° 276).

IV

(Après 1117). — *Restitution faite par Azémar de Bompas et ses frères, à Saint-Sernin de Toulouse, de ce qu'ils avaient sur les églises de Sainte-Marie d'Arignac, de Miglos, d'Onost et de Mercus.*

Notum sit omnibus hanc cartam legentibus vel audientibus, quod Azemarus de Malpas et fratres ejus Raimundus et Petrus et Bernardus dimiserunt et reddiderunt Deo et Beatę Marię et Beato Saturnino et preposito Raimundo Willelmi ęclesię Sancti Saturnini et clericis ejus tam futuris quam presentibus quicquid habebant sive juste sive injuste in ęclesia Sanctę Marię de Aisnac et in ęclesia de Merglos et Donnoste et de Mercus; et hoc firmaverunt sub sacramento IIII^{or} ęvangeliorum, vidente Arnal de Celles et Petro Arnaldi de Aisnac et Bernardo de Savart et Atone de Cellis.

(Abbé Douais, *Cartulaire de Saint-Sernin*, n° 277).

V

1165. — *Donation faite par Brunet de Miglos au commandeur de Capoulet.*

In nomine Domini. Ego Brunet de Melglos dono et concedo me ipsum pro servo et pro fratre domino Deo et Sancto Johanni et Sanctis pauperibus ospitalis Iherusalem et fratribus ipssius domus presentibus et futuris et G. Cornet magistro Tolose et Gasconie et cum me ipsso dono et concedo supradictis pauperibus ospitalis Iherusalem totum illum honorem quem habęo vel habere debeo in villa que vocatur Dessén, videlicet homines et feminas, terras cultas et incultas et omnia servicia et omnes usus qui in supradicta villa michi debentur, hoc donum facio pro redempcione peccatorum meorum ut Deus mei misereatur. Et ego Petrus de Melglos bono animo et bona voluntate et sine omni retinencia laudo et concedo hoc supradictum donum pauperibus ospitalis Iherusalem, sicut suprascriptum est, et si Raymundus consabrinus meus vel aliquis ex meis parentibus ibi amparaverit vel aliquid auferre voluerit, ego bonus guirens et defensor de omnibus amparatoribus fuero omnibus diebus vite mee supradictis pauperibus ospitalis Iherusalem. Huius rei sunt testes P. de Corbarriu, qui est frater militii templi, R. P. canonicus, Gil. P. frater eius, P. Amel, Amel. Ar. Denegur, Gil. Augenag, P. Dalsnava, Bernardus Gavaldas, Capellas Darssad, Fortanerius et Sicardus de Bigot; — anno ab incarnacione Domini M.C.LX.V. — Facta est ista carta in mensse madio, feria III. Regnante Lodovico rege Francorum et Raymondus Sancti Egidii comite Tolose et G. episcopo. — Johannes de Las Combas hanc cartam scripsit, precepto Bruneti supradicti et filii ejus Petri.

(Archives de la Haute-Garonne, fonds de Malte, Gabre et Capoulet, liasse 8.)

VI

1250. — *Donation faite par Pierre de Miglos à Saint-Sernin, des dîmes et autres droits qu'il avait sur l'église de Saint-Hilaire de Miglos.*

Notum sit quod Petrus de Merglos filius Arnaldi de Merglos, sponte sua et bona voluntate, absolvit et dereliquit Deo et Sancte Marie matri ejus et Sancto Saturnino et domino Bernardo abbati ecclesie Sancti Saturnini et suis successoribus et conventui ejusdem ecclesie presenti et futuro, omnes decimas et primicias Sancti Ilarii de Merglos et paleam earumdem decimarum et primiciarum et *reireral* et... solagium et denique totum illud plus quicquid ipse Petrus de Merglos petebat vel petere potebat vel putabat aliquo jure vel aliqua ratione vel ullo quolibet alio modo in predictis decimis et primiciis et palea et reirepal et cortagio et solagio ad omnes suas voluntates inde faciendas sine omni retentu quem ibi ei nullo modo fecit. Imo debet et convenit idem Petrus de Merglos esse guirens eidem domino abbati et suis successoribus et conventui predicto presenti et futuro de se ipso et de omnibus aliis hominibus et feminis quicumque pro eo vel pro ejus partibus pro hiis que predicta sunt sive in hiis omnibus jamdictis et singulis aliquid eis peterent vel reliquerent aliquo tempore ullo modo et dictus Petrus de Merglos, tactis sacrosanctis Dei evangeliis juravit quod contra hanc predictam absolutionem non veniat nec venire faciat nec permittat nec aliquid ibi removeat nec removere faciat nec permittat aliquo tempore ullo modo. — Hoc fuit ita... et concessum II die exitu mensis novembris, regnante Lodoico rege Francorum, Alfonso Tolosano comite, Ramundo episcopo; anno incarnationis Domini M°CC°L°. — Hujus rei est testis Arnaldus de Albinione rector ecclesie de Miramonte officialis Tolosanus, in cujus presencia hoc fuit factum et hoc sua auctoritate confirmavit. Sunt etiam inde testes, frater Sancius preceptor de Capolegio et Bertrandus de Sancto Marciali et Ramundus capellanus de Monte berono et Ramundus Willelmus et Willelmus de Mozenquis qui hanc cartam scripsit.

(Archives de la Haute-Garonne, fonds de Saint-Sernin, n° IV, liasse XIII, titre 3.)

VII

1297-1299. — *Lettres de commission du juge du comté à Guillaume Bayard, et sentence définitive de ce dernier dans l'affaire des habitants de Miglos contre ceux de Gestiés.*

Jacobus Senherii, judex Comitatus Fuxi, discreto viro magistro Guillelmo Bayardi de Tarascone, salutem et dilectionem. Cum nos aliquoties negotiis domini Comitis occupati ad assizias Tarasconis interesse nequeamus super omnibus et singulis causis et litibus nostris et movendis in toto Savartesio super passum de Carolgast que juridictionem nostram pertinere noscuntur audiendis, cognoscendis et expediendis quotiescumque nos abesse contigerit vobis comittimus vices nostras mandantes omnibus subditis nostris quathenus super premissis vobis pareant et intendant. Datum Tarascone, die sabbati post festum beati Gregorii, anno Domini M°CC° nonagesimo septimo.

Anno Christi incarnationis, M°CC° nonagesimo nono, rege

Philippo regnante. Noverint universi quandam causam fuisse agitatam coram nobis Guilhelmo Bayardi tenente locum domini Jacobi Senherii judicis Comitatus Fuxi, cujus preventionis tenor talis est. Pervenit ad audientiam magistri Guilhelmi Bayardi tenentis locum domini Jacobi Senherii judicis ordinarii Comitatus Fuxi, cujus comissionis tenor superius est insertus; quod nonnulli homines de Milglosio malitiose et clandestine tailhaverunt quendam campum frumenti in terminis de Gesteriis, contra bonos mores et statum terre et in contemptum domini Comitis Fuxi et ejus terre, lite igitur a majori parte hominum de Milglosio legitime contestata factaque inquesta generali ex officiosis, prout in tali causa fieri debet auditis et intellectis deffensionibus propositis a Petro de Milglosio deffensore universitatis hominum de Milglosio testibus receptis et attestationibus publicatis visis et inspectis cause meritis habito super hiis consilio peritorum renuntiato et concluso a dicto deffensore in causa presenti sacrosanctis Dei Evangeliis positis coram nobis ut nostrum prodeat de vultu Dei judicium et oculi nostri videant equitatem.

In nomine Patris et Filii et Spiritus Sancti, amen. Sententiam inscriptis ferentes cum constet nobis contra universitatem hominum de Milglosio seu singulorum ejusdem universitatis nihil esse probatum de contentis in preventione predicta; item, cum constet nobis probationes legitimas, homines de Milglosio esse et tam ipsi quam eorum antecessores longissimis temporibus extitisse in possessione vel quasi pascendi et ademprandi ad aquam appellendi et jacendi cum animalibus suis in montanea vocata de la Lena et specialiter in illo loco ubi dictum bladum dicitur fuisse seminatum et illa cultura et fuerat facta de novo in prejudicium usus et ademprivi hominum de Milglosio predictorum tanquam factam in loco communi ad pascendum ad aquam apulsum cum animalibus suis hominibus de Milglosio et perpetuo predictam universitatem de Milglosio et singulos ejusdem et prefatum Petrum de Milglosio procuratorio nomine defensorio eorumdem a contentis in dicta preventione sententialiter duximus favendos. Lata fuit hec sententia, die martis ante festum Apostolorum Philippi et Jacobi, in presentia et testimonio Bernardi de Ugenaco, Bernardi de Anhauso, Petri de Anhauso de Tarascone, et mei Arnaldi Cicredi, notarii publici curie Savartesii domini Comitis Fuxi, qui hanc cartam sententie scripsi.

(Archives de l'Ariège. B. 1. — *Cartulaire de Miglos.*)

VIII

1301. — *Convention entre la fabrique et le prieur de Miglos, concernant l'attribution et l'emploi des dîmes, la gestion et la nomination des fabriciens.*

Anno Christi incarnationis M°CCC°, rege Philippo regnante ; noverint universi quod, cum questio verteretur inter magistrum Joannem Martini procuratorem domini Berengarii de Monte-Veteri, prioris de Miglos, nomine procuratorio ejusdem ex parte una, et universitatem hominum vallis de Miglosio, seu operarios ecclesie dicti loci et scindicos eorum, nomine suo et dicte universitatis ex altera, super eo quod dicti operarii percipiebant decimas quatuor casalium dicte vallis, videlicet cazalis Petri Rosseti et cazalis Guilhelmi Arnaldi, item casalium Arnaldi et Petri et Raymondi Auriolli et cazalis Arnaldi den Guilhem et Petri d'en Guilhem de Negres et Guilhelmi Calveli et Petri Joannis, nomine operum ecclesie Sancti Hilarii de Miglos. Tandem fuit inter dictas partes, videlicet inter dictum procuratorem, nomine quo supra, et Petrum de Fonte et Ramundum Gozini et Arnaldum Salamonis, operarios dicte ecclesie et Ramundum Babini, scindicum universitatis hominum dicte vallis amicabiliter et concorditer compositum et ordinatum quod dictus prior et ejus successores habeant et percipiant perpetuo decimas et primitias casalium Guilhelmi Arnaldi et Raymundi Arnaldi, fratrum de Negres et Petri Rosseti de Arquisato, ex integro, pro voluntate sua et facienda ; et quod dicti operarii et successores, nomine predicte universitatis, habeant et percipiant perpetuo omnes decimas et primitias cazalium dels Guilhems de Negres et dels Auriols de Arquisato et Petri Joannis de Guilhelmi Calveli de Arquisato ex integro, ad opus operum dicte ecclesie ; ita quod quicquid de decimis et primitiis dicti cazalis perceperint, convertant et mittant in operibus dicte ecclesie, de consilio predicti prioris seu capellani dicti loci ; et quod singulis annis, operarii dicti loci, qui nunc sunt et deinceps fuerint in dicto loco, teneantur reddere computum de expensis operum et de receptis dictarum decimarum predicto priori seu ejus locum tenenti et populo dicte vallis; et quod, quolibet anno, eligantur de novo operarii per populum, prout eis videbitur utile ecclesie et populo antedictis.

Quam compositionem et ordinationem emologarunt et ratificaverunt et tenere et observare promiserunt partes predicte, nomine quo supra.

Actum est hoc Tarascone, quarto Idus Januarii. Hujus rei sunt testes, Petrus et Ramundus et Arnaldus de Miglosio, domicelli; Berengarius Gast; Bernardus de Alrimonte, clericus; dominus Berengarius, capellanus de Miglos et Guilhelmus Bajardi, publicus notarius Savartesii, qui hanc cartam recepit, vice cujus et mandato, ego, Amelius Rubei, juratus notarius ejus cartam istam scripi.

(Arch. de l'Ariège, B. 1. Cartulaire de Miglos. — Voir F. Pasquier, *Agrandissement d'une église rurale dans le haut comté de Foix au quatorzième siècle.*)

IX

1301. — *Le comte de Foix absout les habitants de Miglos du fait d'avoir envahi à main armée le territoire de Siguer.*

Nos Gasto, Dei gratia Comes Fuxi et vicecomes Bearni et Castriboni, dominusque Montis Cathani et Castrinctis, absolvimus omnes homines de Milglosio ab omni invasione si quam fecerunt contra homines vallis de Seguerrio et portamento armorum contra eosdem et aliis quod dicti homines vallis de Milglosio fecerunt aut comiserunt et propter terminos dicte vallis de Milglosio pro quibus in nostra curia posset aut deberet aliquoties condemnari in quantum nostra interest ratione et occasione contractus et controversie quam habent cum dictis hominibus de Seguerrio et valle ejusdem de pascuis quibus questio esset inter eos mandantes judici Fuxi et aliis officiariis nostris predictis, predicta absolvant et absolvere homines de Milglosio predictos, absolvimus et affranquimus datis et factis predictis.

Testes hujus litere sunt, nobiles Petrus Arnaldus de Castroverduno et Vitalis G. G. R. milites.

Datum Varilhis, die veneris ante festum Sancti Bartholomei apostoli, anno M°CCC°I°; et ad majorem firmitatem predicte litere, sigillum nostrum apponi fecimus impendenti ratione ut supra.....

(Arch. de l'Ariège, B. 1. Cartulaire de Miglos.)

X

1305. — *Sentence arbitrale rendue par R. de Celles et B. de Junac, sur le différend qui existait entre les habitants de Miglos et les seigneurs de Château-Verdun.*

Anno Christi incarnationis, M°CCC°V°, rege Philippo regnante. Noverint universi et singuli presentes pariter et futuri, quod dominus Ramundus de Cellis miles, et Bernardus de Ugenaco domicelli, arbitri arbitratores seu amicabiles compositores electi a nobilibus viris Petro Arnaldi de Castroverduno, pro se et nomine Ramundi Arnaldi senioris de Castroverduno, pro se et nomine Emengarde uxoris quondam Pontii Arnaldi de Castroverduno domicelli, ex parte una; et Ramundi Babini et Ramundi Gozini scindicorum totius universitatis et hominum vallis de Milglosio, pro se et universis et singulis habitatoribus ejusdem vallis, parte ex altera; super questione seu questionibus devolutis inter ipsas partes super usu et ademprivis scindendi et faciendi fustas et scannas, et secum asportandi, utendi, depascendi, jacendi cum animalibus suis, in nemoribus et pascuis que sunt et prothendunt de pertinentiis de Milglosio usque ad aquam de Aston, usque ad serram de la Gunarda, debite latis rationibus utriusque partis, et de predicto usu et ademprivis plene ratione informati et certifficati, scientes etiam quod si aliqua dubia vel obscura essent super terminis et declarationibus antedictis, voluntas est dictorum dominorum Castriverduni et gratia et favore Bruneti et Petri de Milglosio domicellorum illa dubia que dicti domicelli et que ceteri universi et singuli habitatores dicte vallis de Milglosio presentes et futuri habent et habere consueverunt, et deinceps perpetuo habeant usum et ademprivum scindendi fustas et cujuscumque forme vel generis et secum asportare, et ad usus suos proprios faciendi, pascendi et jacendi cum animalibus suis, cabanas faciendi et tenendi et omnes usus proprios necessarios et utiles habendi et explectandi habeant et explectent ad omnem voluntatem suam et necessitatem usus dicte vallis, in omnibus et singulis nemoribus, montaneis, pascuis et locis qui sunt et prothendunt de pertinentiis de Milglosio usque ad aquam de Aston et usque ad locum vocatum de la Gunarda, sicut rivus descendit usque ad aquam predictam, qui rivus vocatur de Granie, et per omnia loca et pascua inter predictos terminos, et habeant usum et ademprivum absque omni controversia et forestagio, et quod possint scannum facere in nemore vocato de Costa rasa; ita tamen quod non possint cabanas facere nec jacere cum animalibus suis ultra locum de Cirval et de Tavaneria inferius; nisi quod de die possent facere et campejare ultra predictos terminos, et quod de nocte, tres cabanas faciant ultra terminos supradictos. Item tali pacto quod non possint neque liceat eis ligna, fustos vel alia ibi scindere nec tailhare causa vendendi, vel dandi aliquibus personis extraneis habitantibus vallis de Milglosio, sed solum ad usum proprium, ut est dictum. Item nec animalia extranea ibi tenere possint, nisi habeant permissionem in solidum vel in parte. Item quod predicti homines de Milglosio non possint ibi facere carbones nec cineres, aut scanna extrahere, sine voluntate dominorum de Castroverdo, et quod de predictis utantur, absque causa partium deffensarum et exceptis devesiis consuetis, a quibus se abstineant homines de Milglosio, donec relaxentur hominibus Castriverduni, et tunc quod homines de Milglosio utantur dictis devesiis sicut homines dicti Castriverduni uti debent. Item dicimus quod domini Castriverduni possent arrestare extraneos et fusterios et carbonerios in dictis locis et pertinentiis, ut est consuetum. Item quod, si quis habitator de Milglosio venderet ligna vel daret ligna vel fustes, vel alia quevis in dictis nemoribus, personis extraneis extra dictam vallem de Milglosio, nisi ad usus proprios habitatorum dicti vallis, teneantur ad penam decem solidorum tolosanorum et admissione fustarum dominis Castriverduni dictis. Item dicimus quod domini Castriverduni habeant prestari caseos a cabanis vaccarum hominum de Milglosio, sicut est consuetum; et hoc mandamus a dictis partibus observari, ex potestate compromissi nobis a dictis partibus attributa, et sub pena in compromisso statuta; quod dictum et pronuntiationem, predictus Guillelmus Arnaldus de Castroverduno domicellus, ibidem presens emologavit et approbavit, tenere et observare perpetuo bona fide pomisit.

Actum est hoc Tarascone, VI* kalendis junii. Hujus rei sunt testes, Jordanus de Rabonitto domicellus; Arnaldus de Cellis clericus; Guillelmus de Perlis et Guillelmus Bajardi de Tarascone. Ego Amelius Rubei, publicus notarius Comitatus Fuxi qui requisitus dictorum arbitrorum, cartam istam accepi et scripsi et hoc signum feci.

(Arch. de l'Ariège, B. 1. — Cartulaire de Miglos.)

XI

1305. — *Confirmation faite, par Arnaud de Château-Verdun, de la sentence rendue par R. de Celles et B. de Junac.*

Anno Christi incarnationis M°CCC°V° rege Philippo regnante. Noverint universi quod nos Petrus Arnaldus de Castroverduno miles, non coactus nec alicujus fraude seu circumventione deceptus, sed sponte et ex certa scientia ad hoc ductus, pro nobis et successoribus nostris et nomine Emengardie de Castroverduno et Ramundi Arnaldi senioris de Castroverduno, approbamus, emologamus et confirmamus in omni tempore dictam determinationem et pronuntiationem domini Ramundi de Cellis militis et Bernardi de Ugenaco arbitrorum, super questione que erat inter dominos Castriverduni ex parte una, et homines vallis de Milglosio, ex altera, super usu ademprivi montanearum et nemorum que sunt de Milglosio usque ad aquam de Aston et usque ad Lagunardam, quam pronuntiationem valere volumus et habere perpetuo firmitatem, sicut in instrumento dicti seu pronuntiationis inde confecto continetur et eum perpetuo promittimus observare.

Actum est hoc Tarascone X° kalendas augusti. Hujus rei sunt testes, Jordanus de Ravato, Guilhelmus de Perlis, Guilhelmus de Ugenaco et Guilhelmus Bayardi publicus notarius Savartesii, qui hanc cartam recepit vice cujus et mandato. Ego Amelius Rubei juratus notarius cartam istam scripsi; ego Amelius Guilhelmus Bayardi notarius predictus subscripsi.

(Arch. de l'Ariège, B. 1. — Cartulaire de Miglos.)

XII

1308. — *Approbation donnée par le comte de Foix à la sentence rendue en 1305 par R. de Celles et B. de Junac.*

Anno Christi incarnationis M°CCC°VIII°, rege Philippo regnante. Noverint universi quod nos Gasto, Dei gratia comes Fuxi, vicecomes Bearni et Castriboni, non per vim nec alicujus fraude seu circumventione deceptus, sed sponte et ex certa sciencia ad hoc ductus, et de jure nostro plene certifficatus, pro nobis et successoribus nostris, laudamus, concedimus, approbamus et ratifficamus in omni tempore, omnibus et singulis hominibus vallis de Milglosio presentibus et futuris, licet absentibus, et tibi notario infrascripto eorum nomine et successorum suorum recipienti et stipulanti, compositionem factam inter dictos homines seu eorum sindicos vel procuratores, ex parte una, et condominos Castriverduni, videlicet dominum Petrum Arnaldi et Guillermum Arnaldi de Castroverduno, ex altera, super usibus, ademprivis pascuorum et montanearum et nemorum Castriverduni, quam compositionem a dictis condominis factam et concessam. Nos, ut condominus et parerius Castriverduni et ut major dominus seu superior, approbamus et eam valere volumus, ac si per nos seu nomine nostro esset facta, et eandem libertatem, usum et ademprivum tallii et pascuorum cum animalibus suis, eisdem hominibus et tibi notario infrascripto eorum nomine recipienti, et in eisdem locis, que concessa sunt per dictos dominos Castriverduni et etiam dictum et pronuntiationem domini Ramundi de Cellis militis et Bernardi de Ugenaco domicelli arbitrorum a partibus supradictis electorum, concedimus et approbamus sub eadem forma et eisdem terminis et prout in instrumento dicte compositionis et pronuntiationis plenius continetur, et de evictione quantum ad partem, seu jus nostrum eis teneri volumus, renuntiantes ex certa sciencia actionibus et exceptionibus doli et in factum et omnis juris auxilio quo contra predicta venire possemus.

Actum est Tarascone VII. idus junii. Hujus rei sunt testes, Sicardus de Lordato, Bernardus de Ugenaco, Arnaldus Sicardi et Guillermus Bayardi notarius publicus Savartesii, qui hanc cartam recepit vice cujus; ego Amelius Rubei juratus notarius ejus istam cartam scripsi; ego Guillermus Bayardi notarius predictus subscripsi.

(Arch. de l'Ariège, B. 1. — Cartulaire de Miglos.)

XIII

1308. — *Ordonnance du sénéchal de Foix, aux seigneurs de Château-Verdun, pour avoir à laisser les habitants de Miglos jouir paisiblement des droits de pâturage et de coupe de bois dans les montagnes de Château-Verdun, et à leur restituer les bestiaux qu'ils détenaient en gage.*

Anno Christi incarnationis M°CCC°VIII°, rege Philippo regnante. Noverint universi, quod Arnaldus Cicredi, castellanus Tarasconis constitutus apud Castrum Verdunum. in domo Pontii Arnaldi domicelli, et fratris sui Freduli, in presentia mei notarii infrascripti et testium infrascriptorum, presentavit et legi fecit domine Ermengarde, uxori Pontii Arnaldi de Castro Verduno quondam et filiis suis ibi presentibus et Guillelmo Izarni domicello, quandam literam papiri sigillatam in dorso sigillo domini Ramundi de Bearno domicelli, senescalli Comitatus Fuxi, ut prima facie apparebat, cujus tenor talis est. — Ramundus de Bearno domicellus, senescallus Comitatus Fuxi, nobilibus viris domino Ramundo Arnaldi de Castro Verduno domicello et ejus liberis et domine Ermengarde uxori quondam Pontii Arnaldi de Castro Verduno domicelli et ejus liberis, salutem et dilectionem. Cum nos urgentibus negotiis domini nostri Comitis occupati, magistrum Arnaldum Batailha procuratorem dicti domini nostri, necessarium in expeditione eorumdem retardavimus ex causa predicta per informationem, inquestam seu apprisiam, quam super contrastu, saisine vel quasi usum scindendi, depascendi in nemoribus, pascuis et montaneis scitis inter vallem de Milglosio et aquam de Aston, infra tempus prefixum proficere non potuit, ut debet, volumus et vobis mandamus quathenus homines vallis de Milglosio in possessione vel quasi dictorum usuum minime perturbetis, vel etiam aliquo modo molestetis vel turbari aut molestari per aliquem faciatis, donec contrarium per nos vel terram nostram fuerit ordinatum, causa cognita si de jure fuerit faciendum uti dictis usibus libere permittatis et hoc vobis precipimus sub pena eorum quam potestis comittere domino Comiti antedicto, nos eam ut brevius potuimus inquestam, vel apprisiam super premissis, prout justum fuerit, compelli faciemus et deinde ordinari quod fuerit rationis et hanc ordinationem ex causa facimus quam de possessione vel quasi dictorum hominum de Milglosio super premissis constat tam per aprisiam jam inde factam quam aliter per legitima documenta et de presentatione presentium literarum quas per castellanum Tarasconis vobis precipimus vel per locum tenentem ipsius presentari volumus fieri publicum instrumentum.

Datum Fuxi, die veneris ante festum beate Marie Magdalene, anno Domini M°CCC°VIII°. — Reddite literas sigillatas, restituentur etiam confestim hominibus de Milglosio pignora eorum quam adhuc detinetis. Datum ut supra.

Qua litera presentata et lecta, predictus Arnaldus Cicredi mandavit mihi Ramundo Fabre notario infrascripto ibidem presenti, ut de predicta presentatione reciperem et conficerem publicum instrumentum.

Actum est hoc, apud Castrum Verdunum, die sabbati ante festum beate Marie Magdalene. Hujus rei sunt testes, Bernardus Pelicerii, Guillelmus Pelicerii filius ejus; Petrus Ravati de Castro Verduno et Bernardus Vilarii et Petrus Arnaldi servientes Tarasconis; et ego Ramundus Fabre, notarius publicus Comitatus Fuxi, qui de mandato dicti Arnaldi Cicredi, cartam scripsi istam et signum meum apposui.

(Arch. de l'Ariège. B. 1. — Cartulaire de Miglos).

XIV

1309. — *Contrat pour l'agrandissement de l'église de Miglos, conclu entre la fabrique et un maître-maçon.*

Anno Christi incarnationis, M°CCC°VIIII°, rege Philippo regnante. Noverint universi quod nos Rogerius de Alzona, capellanus de Miglosio, Raymundus de Trassen et Petrus de Namilglosa, operarii ecclesie beati Hilarii vallis predicte, pro nobis et nostris, et nomine universitatis hominum vallis predicte, de voluntate et assensu dominorum Bruneti et Petri de Miglosio, domicellorum et majoris partis hominum predictorum ibi presentium, collocamus et tradimus tibi Arnaldo de Savinhaco juniori, de Tarascone, ecclesiam supradictam ad operandum et construendum cum operibus infrascriptis, videlicet quod facias ibi duas arquas, et habeant quelibet super terram tres palmos in profundo.

Item quod facias ibi quinque antenas de petra et cemento, que habeant quelibet quatuor palmos supra terram in profundo et subtus terram habeant in profundo quinque palmos.

Et quod mittas, incipias facere octo palmos subtus terram.

Item quod tenearis cooperire dictam ecclesiam de petra et cemento de volta et quod, dicta ecclesia cooperta de volta, cooperias eam et tenearis cooperire de lausa.

Item quod diruas quandam arcam que est prope altare dicte ecclesie, tantum quantum volta tenet, et reficere tenearis de petra et cemento.

Et quod opera supradicta universa et singula facias et facere tenearis tuis propriis expensis, excepto tamen quod nos promittimus tibi dare dictam lausam ad cooperiendam ecclesiam predictam, et promittimus eam deferre usque ad dictam ecclesiam.

Item promittimus tibi deferre, nostris propriis expensis, fustam et calcem tibi necessariam in omnibus operibus supradictis usque ad ecclesiam supradictam, sine omni tua missione. Omnes alias vero expensas et opera tu facere tenearis tuis propriis expensis.

Item volumus et tibi concedimus quod, dicto opere completo,

tota fusta ibi necessaria, quam ibi deferes seu mittes tuis expensis, sit tua propria, et ad tuam voluntatem facias.

Et pro pretio dicti operis vendimus et arrendamus seu ad firmum tradimus tibi, ad triginta duos annos continuos et completos, duas natas continentes redditus et proventus operie supradicte, sicut hactenus colligere et percipere est consuetum cum omnibus juribus eorum, ad omnes tuas et tuorum voluntates de predictis in toto predicto tempore faciendas, promittentes tibi et tuis quod faciemus tibi predictos redditus habere et percipere sine omni impedimento coram omnibus personis pacifice et quiete. Et si predicti redditus plus predictis expensis ibi faciendis modo valent vel in futurum valebunt, totum illud plus tibi et tuis damus pure et perfecte donationis titulo inter vivos, renuntiando illi legi... deceptis ultra dimidium justi pretii subvenitur. Promittentes tibi et tuis bonam et firmam guirentiam facere de predictis, volumus tibi et tuis super predictis contra quascumque personas semper de evictione teneri, sub obligatione omnium bonorum nostrorum et sub omni renuntiatione pariter et cauthela.

Et ego, predictus Arnaldus de Savinhaco, gratis et consulte, per me et nostros, promitto vobis facere et complere opera supradicta, ut superius dictum est et expressum, ad notitiam unius boni magistri. Et si predicte expense ibi faciende plus predictis redditibus et quinquaginta solidis tolsanis cum floreno, quos a vobis habui pro pretio operis supradicti modo valent seu in futurum valebunt, totam illud plus vobis prefate donationis titulo inter vivos..., renuntiando illi legi qua deceptis ultra dimidium justi pretii subvenitur.

Et pro omnibus universis et singulis supradictis tenendis et complendis, dono vobis fidejussores Petrum de Milglosio domicellum, Raymundum Babini de Milglosio, quos ex hoc, ab omni damno servare promitto.

Et nos, predicti Petrus de Milglosio et Ramundus Babini, uterque nostrum in solidum, statuimus nos *decertores* et fidejussores pro omnibus supradictis tenendis et complendis, vobis dictis operariis, donec predicto per dictum Arnaldum de Savinhaco promissa sint, ut superius dictum est, completa. Verum renuntiamus illi legi qua... et uterque nostrum principales et fidejussores obligamus (vobis)... omnia bona nostra.

Et hec omnia et singula supradicta tenere et servare et in nullo contravenire, ego predictus Arnaldus de Savinhaco, ad sancta quatuor Dei evangelia corporaliter... sponte juro, et renuntio omni juri quo contra predicta venire possem.

Actum est hoc apud Arquisatum vallis Milglosii, tertia mensis augusti. Hujus rei sunt testes Guilhelmus Mercerii de Tarascone; Petrus de Corvis de Ussato; Ramundus Pujol; Arnaldus Gabarra de Milglosio et ego Ramundus Fabri, notarius publicus Comitatus Fuxi, qui hanc cartam scripsi et signum meum apposui.

> (Arch. de l'Ariège. B. 1. — Cartulaire de Miglos. Cf. F. Pasquier, *Agrandissement d'une église rurale dans le comté de Foix au quatorzième siècle*).

XV

1312. — *Donation faite par Guillem de Miglos à A. Guilhem, abbé de Boulbonne, de sa personne et de ses biens.*

In Dei nomine. Notum sit quod ego B. Guilhelmus de Milglos, gratis et consulte, deliberatoque animo volens et cupiens et posse meum faciens ad eternam gloriam propter bona opera et orationes que fiunt et fient in futurum in Monasterio Beate Marie de Bolbona ordinis Cisterciensis diocesis Tholosane pervenitur Domino nostro Jesu Christo, existens in dicto Monasterio genibus flexis et complosis manibus coram vobis venerabili discreto et religioso viro domino fratre A. Guilhelmi abbate dicti Monasterii humiliter... vos dictum dominum abbatem et alios religiosos viros infrascriptos et totum conventum dicti Monasterii quod vobis placeat me recipere in donatum et redditum vestri Monasterii et ordinis supradicti, et ibidem ego Bernardus Guilhelmi predictus, gratis et ex certa scientia, in vestris sacratis manibus domini abbatis predicti, promitto dare et tradere omnia bona mea presentia et futura vobis et vestro Monasterio predicto sub pactis et conditionibus infrascriptis et in presenti, me ipsum, animam et corpus et omnia bona mea et jura mobilia et immobilia presentia pariter et futura, vobis et vestro monasterio predicto, dono, cedo et trado cum hoc presenti publico instrumento in perpetuum valituro, retento tamen et reservato mihi in dictis bonis meis omnibus universis et singulis ac juribus meis usufructu toto tempore... et retento similiter mihi quod de dictis bonis et rebus meis possim legare et testamentum concedere et ordinare ad meam plenariam voluntatem usque ad summam quinquaginta solidorum tholosanorum et totum residuum bonorum meorum omnium et singulorum, vobis et dicto Monasterio dono et trado, et volo et concedo quod dicta bona mea omnia vos trasint, et vestri Monasterii sepedicti statim post finem meum ypothecando et obligando vobis et dicto Monasterio omnia dicta bona mea et me ipsum pro eisdem ita siquidem quod stati post finem meum dicta bona mea universa et singula possitis apprehendere, percipere et habere per vos vel per sindicum dicti Monasterii, vel per vestrum simplicem nuncium quemcumque licentia alicujus judicis aut alterius cujuscumque persone minime requisita vel obtenta.

Promitto insuper, ego Bernardus Guillelmi predictus et gratis voveo vobis dicto domino abbati et conventui vestro obedientiam, legalitatem tenere et servare vobis et dicto Monasterio sicut unus donatus familiaris, et redditus facere debet et tenetur et ibidem nos abbas predictus tuam devotionem et obtatum admittentes et omnia per te donata et concessa gratis et de voluntate et de assensu fratris B. Rogerii prioris, fratris R. Bosqueti cellararii majoris et fratris R. de Gajano sacriste dicti Monasterii ibidem presentium, te dictum B. Guillelmum admittimus et recipimus in donatum familiarem et redditum nostri Monasterii predicti cum omnibus bonis et rebus ac juribus tuis sub conditionibus et pactis predictis et te, participem in bonis et piis orationibus et operibus nostri Monasterii et ordinis predicti perpetuo precipimus et consortem, et concedimus tibi panem et aquam dicti nostri Monasterii et alia que nostris donatis familiaribus et redditis dare concessimus temporibus retroactis et quod alias consuetum est dare talibus donatio nostris familiaribus et redditis tempore retroacto sub ypotheca et obligatione omnium bonorum nostri Monasterii predicti.

Actum est hoc XI kalendas februarii, regnante Philippo rege et Galhardo episcopo tholosano, anno Incarnationis Domini M°CCC°XII°. Hujus rei sunt testes, frater Bernardus Rogerii prior, frater Raymundus Bosqueti cellararius major et frater

Raymundus de Gajano sacrista dicti Monasterii qui omnia supradicta voluerunt et concesserunt, Bernardus de Pradis, magister Poncius Drulha notarius et Germanus Ayroverii, et ego Bernardus Talabacii notarius publicus de Mazeriis et totius Comitatus Fuxi, qui cartam istam scripsi et hoc signum apposui.
(Bibliothèque Nationale. Fonds Doat, vol. 85, f° 319.)

XVI

1311. — *Accord entre le comte de Foix et Bernard de Son.*

Anno dominice Incarnationis M°CCC° decimo, nono kalendas martii, domino Philippo rege francorum regnante. Noverint universi presentem paginam inspecturi quod super eo quod nobilis vir dominus Bernardus de Sono miles, filius et heres nobilis viri domini Guillelmi militis, quondam domini de Eulo, dicebat et contendebat contra magnificum et potentem virum dominum Gastonem, Dei gratia, comitem Fuxi, vicecomitem Bearnii et Castriboni, quod castra de Sono de Pradis, de Montealione et alia loca et terre merita populata et non populata, pertinentia ad castrum seu baroniam ipsam dicti castri de Sono, et ipsa baronia ad ipsum pertinebant jure successionis dicti patris sui et aliorum suorum progenitorum et debebant pertinere et etiam ex aliis justis causis et multis, dicto domino Comite Fuxi premissa negante penitus et asserente dominum Rogerium de Fuxo bone memorie, ejus progenitorem et post eum inclite recordationis dominum Rogerium Bernardi, ejusdem domini Gastonis genitorem, et seipsum post eos suo bono jure et titulo baroniam et castra predicta cum eorum juribus et pertinentiis universis tenuisse et possedisse pacifice et continue, absque interruptione aliqua juris et facti, annis quadraginta et amplius : tandem ex communi consensu domini Comitis Fuxi et domini Bernardi de Sono predictorum super detentione ipsa castrorum, baronie et jurium predictorum talis intervenit per modum transactionis concordia, videlicet quod dictus dominus Bernardus de Sono, recognoscens se et suos predecessores recepisse et habuisse multa beneficia liberaliter et graciose ab ipso domino comite et ejus majoribus, et specialiter quod dominus comes ex hiis et pro hiis dedit, assignavit et tradidit eidem domino Bernardo de Sono centum libras turonensium annui redditus in comitatu Fuxi et specialiter in valle vocata de Milglos, cum hominibus masculis et feminis et cum altis et bassis justiciis, feudis et homagiis nobilium et innobilium vallis predicte et ad ipsius domini Bernardi suorumque successorum heredum voluntatem perpetuo inde faciendam, prout hec omnia ipse dominus Bernardus de Sono et dictus dominus Comes et singula in presentia mei notarii et testium subscriptorum sibi ad invicem recognoverunt et sponte fuerunt confessi; deffinivit quoque dictus dominus Bernardus de Sono ex certa sciencia et ex causa transactionis seu concordis compositionis, pro se suisque heredibus et successoribus in perpetuum, dicto domino comiti recipienti et stipulanti pro se suisque heredibus et successoribus, et penitus cessit et quitavit castra predicta cum dicta baronia et quodcumque juris ei competit et competere potest aliquo jure, ratione vel causa in proprietate vel possessione seu quasi ipsius baronie et castrorum predictorum aut in baronia ipsa et castris ipsis predictis et in aliis locis, villulis, territoriis, heremis, nemoribus, populatis et non populatis, ad baroniam ipsam seu castrum de Sono pertinentibus vel dependentibus ex eis, pactumque reale pro se suisque heredibus et successoribus de nunquam aliquid petendo in eis ex certa sciencia fecit domino comiti memorato; promittens dictus dominus Bernardus de Sono solempni stipulatione interposita eidem domino comiti, quod ipse non fecit nec faciet nec fieri consentiet, quominus predicta quitatio et diffinitio ac juris cessio ipsi domino comiti ejusque heredibus et successoribus firma perpetuo perseverent et valida et inconcussa firmitate subsistant, aut quominus ipse dominus comes suique heredes et successores premissa omnia habeant, teneant et possideant suo proprio jure inviolabiliter in pace. Pro quibus omnibus tenendis et servandis et in nullo nunquam violandis dictus dominus Bernardus de Sono pro se suisque heredibus et successoribus, dicto domino comiti, presenti et stipulanti pro se suisque heredibus et successoribus, obligavit omnia bona sua, renuntians ex certa sciencia omnibus juribus, actionibus, remediis juris et facti, quo vel quibus posset contra predicta vel aliquid predictorum in judicio vel extra, de facto vel de jure, in aliquo se juvare vel tueri, sicque universa et singula et compositionem predictam tenere et servare et in nullo nunquam contra facere vel venire per se vel per alium aliquo jure, ratione vel causa speciali vel generali ad sancta Dei Evangelia a se corporaliter tacta sponte juravit dictus dominus Bernardus de Sono, necnon instrumenta, si que habet vel invenerit vel ad eum pertinerint, pertinentia ad castra seu baroniam predictam, ea eidem domino comiti reddere et restituere promisit in pace que quidem instrumenta, quecumque sint hereditaria et alia, ad premissa pertinentia, quod ad suum comodum vult et consentit ex nunc viribus carere penitus et pro invalidis in judicio et extra et pro nullis et invalidis omnino haberi.

Acta fuerunt hec apud Fanum jovem, anno et die quibus supra, in presencia et testimonio nobilium virorum domini Petri Arnaldi de Castroverduno militis, domini Bertrandi de Acsato militis, Guillelmi Arnaldi de Castroverduno domicelli quondam de Castroverduno et mei Bernardi Trevas de Carcassona, publici autoritate regia notarii, qui requisitus hanc cartam recepi, scripsi et signo meo signavi.

(*Hist. de Languedoc*, édit. Privat, t. X, preuves, col. 519-520.)

XVII

1311. — *Donation du château et de la vallée de Miglos à Bernard de Son par le comte de Foix.*

In Dei nomine. Sit notum cunctis hec audentibus quod anno dominice Incarnationis M°CCC°I° (1), videlicet VIIII° kalendas martii, domino Philippo rege Francie regnante. Noverint universi presentes pariter et futuri hoc presens instrumentum publicum inspecturi, quod Nos Gasto, Dei gratia Comes Fuxi, vicecomes Bearni et Castri-boni, pro nobis, omnibusque heredibus et successoribus nostris presentibus et futuris, non circumventi in aliquo nec inducti ad hoc, dolo, malo, sed nostra libera, propria et etiam spontanea voluntate, hoc facientes, attendentes et

---

(1) Date sûrement inexacte, ainsi que nous l'avons démontré plus haut. C'est en 1311 que la donation eut lieu.

etiam considerantes cum magna animi deliberatione, plura grata et innumerabilia servicia que vos dilectus et fidelis noster ac nobilis dominus Bernardus de Sono miles, nobis impendistis, tam in armis quam in pluribus aliis actionibus urgentibus et necessariis, et etiam nobis impendistis et facitis quotidie incessanter et etiam reverenter pro posse vestro...

Idcirco, in remuneratione dictorum plurimorum servitiorum, et ex dilectione et amore quem erga vos dominum Bernardum de Sono predictus habemus gratis et bona fide pro nobis, nostris heredibus et successoribus presentibus et futuris, cum hoc presenti publico instrumento, nunc et ubicumque perpetuo firmiter valituro, donamus donatione pura et mera et simplici inter vivos et ex titulo ipsius donationis pure et perfecte irrevocabiliter, tradimus et assignamus sive quasi, et concedimus vobis domino Bernardo de Sono militi predicto presenti et accipienti tanquam bene merito omnibusque vestris heredibus et successoribus presentibus et futuris pro omni vestra voluntate, inde perpetuo et plenarie facienda; videlicet, castrum, sive villam et locum de Milglos et vallem ejusdem situatum in Comitatu nostro et infra Comitatum cum omni mero et mixto imperio et omnimoda alta et bassa juridictione quod et quam habemus in eodem castro et loco sive valle et terminalibus et districtibus ejusdem, longe et prope, intus et extra et habere debemus et usi sumus habere et nobis competit et competere potest et debet nunc et in futurum in predicto castro seu loco de Milglos et in valle ejusdem et in terminis et terminalibus ejusdem, videlicet in jurisdictionibus, fortaliciis, in militibus militiis et in hominibus, feminabus, in justiciis, firmanciis et quistis, toltis, talliis ordinariis, in mansis mansionibus et domibus, pascuis et in omnibus aliis et singulis edificiis, in campis, vineis, hortis, hortalibus, pratis, pratalibus et etiam in omnibus aliis terris cultis et incultis seu heremis et in nemoribus, garrigis et silvis, in pascuis seu pasqueriis in aquis ductibus et in rippariis, in molendinis, feudis feudalibus, in planis et montibus, in quartis, quintis, septimis, novenis, taschis et in censibus seu usaticis et in omnibus aliis agrariis et in boayriis et aliis ademprivis et terremitis ordinariis prout plenius et melius hodie nobis pertinent et pertinere debent et possunt tam in dicto castro, loco sive villa de Milglos et in omnibus aliis et singulis terminalibus terminis et districtibus ejusdem ut supra jam dictum est. Salvo nobis et retento homagio per vos et vestros causam habentes prestando, mutante persona tam a parte vestra quam nostra. Concedentes vobis domino Bernardo de Sono militi predicto et vestris, omnia jura et omnes actiones, persecutiones, petitiones, exceptiones, oppositiones, deffensiones reales et personales, mixtas, pretorias et civiles, utiles et directas et alias quascumque que nobis in predicto castro, loco sive villa de Milglos et in valle ejusdem et in ejus terminis et terminalibus et in omnibus et singulis a nobis, vobis collatis et concessis, competunt, competere possunt et debent aliquo modo jure titulo sive causa seu adversus quaslibet personas occasione eorumdem gratis donamus et concedimus et in vos et vestros totaliter et irrevocabiliter transferimus pleno jure et ipsa omnia et singula per nos vobis data de nostro jure, proprietate et dominio penitus abdicimus. Et in jus proprietatem et dominium vestrum transferimus et transponimus quoque totaliter et relinquimus et vos in predictis omnibus et singulis verum justum dominum actorem et specialem procuratorem facimus et constituimus ut pote in rem vestram propriam vosque ponimus et mittimus penitus in locum et jus nostrum cum testimonio presentis instrumenti perpetuo valituri. Et nihilominus constituimus vos ex nunc pro vobis et vestro nomine predicta omnia et singula precario possidere vel quasi donec possessionem eorumdem adeptus fueritis corporalem, naturalemque et civilem recipiendi per vos et vestros et receptam retinendi vestra propria authoritate et absque licentia cujuscumque quando et quoties vobis placuerit plenariam tribuimus et concedimus potestatem pro omnibus vestris vestrorumque voluntatibus et utilitatibus perpetuo in omnibus et per omnia faciendis quas et prout verus et justus dominus facere potest in et de rebus suis propriis. Verum quia presens donatio, summam exedit quingentorum aureorum; idcirco presentem donationem volumus dividi per tot donationes et summas, quousque quelibet donatio dictam summam quingentorum aureorum in aliquo non excedat. Et super his omnibus et singulis certiorati diligenter et instructi semel et pluries et consulti de jure nostro renunciamus specialiter et expresse legi dicenti donationem ex causa ingratitudinis seu penitentie posse revocari et alteri dicenti donationem excedentem summam quingentorum aureorum absque insinuatione judicis non valere quatenus est in excessu et etiam omnibus aliis juribus et legibus et terie ac curie, consuetudinibus et etiam remediis et auxiliis ex quibus vel pro quibus adversus predicta vel aliquod premissorum venire possemus aut nos tueri ullo modo quibus juribus, legibus, remediis et auxiliis non uti adversus predicta, aliquo casu in judicio vel extra promittimus et quod omnia predicta universa et singula in hoc presenti instrumento contenta et expressa firma et illibata habeamus et teneamus irrevocabiliter et observemus et nunquam contra veniamus vel veniri faciamus, clam vel palam, occulte vel manifeste per nos vel aliam personam interpositam aut subrogatam et nunquam fecimus nec faciemus aliquid quominus predicta vobis valeant seu minus valere possint ullo modo in nostra plivimus bona fide et super Sancta Dei Evangelia a nobis corporaliter tacta sponte juramus sub ypotheca et obligatione omnium bonorum nostrorum et sub omni renunciatione et cautela. Rursus nos, Comes predictus, promittimus et ex pacto tenemur et teneri volumus vobis dicto domino Bernardo de Sono et vestris quod si predicta villa, castrum, seu locus de Milglos, cum ejusdem valle, non sufficerent ad valorem centum librarum turonensium annui redditus certi et directi, quod nos dabimus et assignabimus vobis in locis propinquis et vicinis illud quod deficiet usque ad quantitatem valoris centum librarum annui redditus certi et directi ad cognitionem virorum proborum per nos et vos electorum obligatione et juramento predictis repetitis.

Et ibidem, nos Joanna de Atrabato uxor dicti domini Comitis Fuxi, certiorata et instructa de jure nostro per notarium infrascriptum, gratis et ex certa scientia, omnia predicta et singula, laudamus, ratificamus et approbamus et recognoscimus de nostra voluntate et assensu facta fore, et si predicta per dictum virum nostrum donata vobis dicto domino Bernardo de Sono nobis ratione dotis vel donationis propter nuptias sunt obligata seu alio quoquo modo vobis et vestris donamus, cedimus, desamparamus et quittamus renunciantes super his juri ypothece et obligationi bonorum predictorum et omni alii juri per quod contra predicta venire possemus in aliquo seu nos tueri. Et promittimus bona fide nos contra predicta ullo tempore non venture volumus etiam et concedimus nos Comes et Comitissa predicti, et licentiam et potestatem plenarie scienter et consulte, donamus tibi notario infrascripto hoc presens instrumentum donationis dictandi, ordinandi, corrigendi et emendandi et in eo addendi et minuendi et ipsum refficiendi semel, secundo et pluries et ostenso in judicio vel non ad notitiam et dictamen quorumlibet sapientum quos dictus dominus Bernardus de Sono vel heredes sui duxerunt eligendos pro omni securitate et utilitate ejusdem et heredum et successorum suorum et nostri nostrorumque spoliatione sustantia tamen observata et non mutata.

Acta sunt hec, apud Fanum Jovem, diocesis Tolosane, anno et die quibus supra, in presentia et testimonio nobilis viri domini Petri Arnaldi de Castro verduno militis, domini Bernardi de Atsato militis, Guillelmi Arnaldi de Castro verduno domicelli, condomini de Castro verduno, et magistri Bernardi Trevas, publici notarii de Carcassona domini regis Francie, qui requisitus, hanc cartam recepit, vice cujus et mandato. — Ego Petrus Bonassie notarius Carcassonensis ejusdem domini regis, eandem scripsi; — ego idem Bernardus Trevas, notarius publicus antedictus.....

(Arch. de l'Ariège. B. 143. — Arch. du Parlement de Toulouse. Maîtrise de Pamiers. G. 12).

XVIII

1312. — *Sentence du comte de Foix, pris comme arbitre dans le différend entre le seigneur de Miglos et les habitants de la vallée, au sujet de la quête volontaire, des pâturages, de la coupe des bois, etc...*

Anno Christi incarnationis M°CCC°XII°. Universis ad quos presens instrumentum pervenerit, patefiat quod orta materia questionis litis et contrastus inter nobilem et potentem virum dominum Bernardum de Sono, dominum de Milglosio tam pro se quam ejus consortem ex parte una, et homines suos dicte vallis ex altera, super modo petitionis et indictionis servitutis, queste seu ademprivi factarum... pignorata existant per procuratorem ipsius militis ad curiam Carcassone dicatur appellasse seu fuisse tandem tractantibus amicis utriusque partis videlicet dictus dominus de Sono pro se suisque successoribus et Ramundo de Pujolio pro se et procuratorio nomine ceterorum hominum predictorum a quibus omnia et singula supra et infrascripta promisit ratifficare seu emologare facere tam pro se quam aliorum nomine scilicet Raymundus Jolem, Guilhelmus Arnaldi de Negurs, Petrus de Namiglosio, Bernardus Depguilhem, Bernardus et Guilhelmus Arnaldi, Bernardus Descalera et Arnaldus Fontana et Arnaldus Gozini dicte vallis pro se, ex altera, gratis et consulte se compromiserunt in magnificum et potentem dominum dominum Gastonem Comitem Fuxi ibidem presentem tanquam in arbitrum arbitratorem seu amicabilem compositorem super questione et contrastu predictis, promittentes dicte partes pro se et quibus supra et sub pena quinquaginta librarum dicto domino Comiti applicanda quantum ad medietatem et quantum ad aliam medietatem a parte inobediente, parti obedienti et dictum et pronunciationem dicti domini Comitis arbitri arbitratoris seu amicabilis compositoris super predictis questione, lite et contrastu per eundem dominum Comitem promulgandum servare nolenti, ymo potius contradicenti et solvenda... et levanda quod quidquid dictus dominus arbiter arbitrator seu amicabilis compositor dixerit super questione ac contrastu premissis pronuntiaverit ac arbitratus fuerit semel vel pluries, conjunctim vel divisim omni loco die feriato vel non feriato, in scriptis vel sine scriptis juris ordine servato vel non servato et in parte servato et partim non servato, partibus presentibus vel absentibus, vel altera presente et altera in contrarium absente, sedendo, stando et aliter prout eidem domino arbitro arbitratori seu amicabili compositori visum fuerit expedire, tenere, servare et complere et cum effectu dictum et pronuntiationem dicti domini arbitri arbitratoris seu amicabilis compositoris super predictis pro se suisque in futurum et in nullo contra facere vel venire in solidum vel in parte adversus premissa vel aliquo de eisdem voluerunt tenere, omnes dicte partes vel quibus supra nominibus quod dictum ac pronuntiatio dicti domini arbitri seu amicabilis compositoris dicta pena soluta vel non soluta, exacta vel non exacta suum perfectum robur obtineat in futurum et nichilominus quod sententia dicti domini Comitis tanquam proxime clara, liquida et manifesta et in judicio coram ipso domino Comite ut coram domino, confessata possit et valeat ad alterius partis instantiam et simplicem requisitionem facere executionem ad tenendum et servandum ac complendum pro se suisque successoribus dictum seu pronuntiationem predictam dicti domini arbitri arbitratoris seu amicabilis compositoris altera parte non citata nec vocata et in aliquo super hiis monita super quibus omnibus et singulis superius expressatis, ipse partes pro se et quibus supra nominibus voluntatem et ordinationem, ac dictum dicti domini arbitri arbitratoris seu amicabilis compositoris, gratis et ex certa scientia se submiserunt, renuntiantes super hiis expresse et per pactum arbitrio boni viri et omni proclamationi et omnibus juribus quibus contra premissa vel aliquo premissorum venire posset seu propter ea que enervari possent quoquo modo vel infringi, promittentes etiam dicte partes et ad Sancta quatuor Dei Evangelia eorum manibus tacta sponte jurantes, predicta omnia et singula tenere et servare pro se suisque successoribus in perpetuum et non contra facere in judicio vel extra, in solidum vel in parte, in judicio vel extra judicium, per se seu aliquam aliam interpositam seu subrogatam personam super omnibus et singulis attendendis et complendis et inviolabiliter observandis ipse partes bona sua omnia... et etiam una pars alteri et eorum jure condemnari predictus de Pujolio procurator specialiter et expresse obligaverunt et obligata esse voluerunt; voluerunt etiam dicte partes pro se et quibus supra nominibus, quod dictum compromissum et potestas ab ipsis partibus dicto domino arbitro arbitratori seu amicabili compositori superius concessa et attributa duret et durare habeat per totum diem presentem.

Actum est hoc apud Vicum Dessos, die veneris post festum beati Jacobi apostoli, domino Karolo Francie et Navarre rege regnante. Horum omnium sunt testes; dominus Sicardus de Lordato miles, Petrus Scalera de Anhauso, Arnaldus Mourelli de Tarascone et magister Raymundus de Aornaco notarius Dessos.

Et subsequenter eadem die dominus Gasto Comes Fuxi, arbiter et arbitrator seu amicabilis compositor juxta potestatem eidem per dictas partes super premissis superius attributam, volens easdem partes ad pacem et concordiam perpetuas reducere et ne jura easdem partes occasione questionis ac contrastus et... dictum suum dixit et protulit et voluntatem suam auditis perceptis et diligenter intellectis dictis partibus et eorum rationibus quidquid dicere proponere et allegare voluerunt coram dicto domino arbitro arbitratore seu amicabili compositore in modum qui sequitur; videlicet, quod una pars alteri remittat gratis bona voluntate et bono animo et idem Raymundus de Pujolio a dictis hominibus de Milglosio quorum est procurator et alii homines supra nominati remitti faciat et suis successoribus omnem rancorem ac malam voluntatem si quem seu quam conceperat quoquo modo contra alteram partium ratione questionis, litis et contrastus predictorum vel aliter quoquo modo.

Item voluit, pronuntiavit et arbitratus fuit quod predicti homines de Milglosio dicti militis solvant et solvere teneantur dicto militi aut cui ipse jusserit seu voluerit hinc ad instans festum S^{ti} Michaelis mensis septembris, quinquaginta quinque libras parvorum ratione sumptuum et expensarum factarum per ipsum militem in ducenda et prosequenda causa litis controversie ac contrastus premissorum et aliter pro damnis per ipsum militem passis super predictis.

Item voluit et pronuntiavit dictus dominus arbiter arbitrator seu amicabilis compositor quod dicti homines recognoscant se esse et esse debere et suorum successorum, homines questabiles ad voluntatem dicti domini Bernardi de Sono et successorum suorum sub eadem servitute, statu et conditione quibus homines de Saurato et de Marenchis questantur et ademprantur, questabunt et ademprabunt et questari consueverunt, et sunt et erunt astricti per dictum dominum arbitrum arbitratorem seu amicabilem compositorem ut Comitem Fuxi et ejus predecessores Fuxi comites, temporibus retroactis et etiam futuris, hec acto et in pactum deducto inter dictas partes quod si pignora capta et pignorata a quibusdam dedictis hominibus per Guillelmum Pellipari procuratorem dicti domini Bernardi ratione queste quam idem procurator petebat dictis hominibus hoc anno pro dicto domino Bernardo et que pignora vendita esse dicuntur per ipsum procuratorem valerent extimatione inde facienda ultra viginti libras turonenses quod dictus dominus Bernardus teneatur supplementum reddere hominibus predictis viginti libris turonensis, et de eisdem quinquaginta quinque libris turonensis voluit deduci quidquid dicta animalia plus reperirentur valere legitime ultra dictas viginti libras turonenses, quibus ita peractis dicte partes pro se et nominibus quibus supra intellectis et diligenter auditis supra per dictum dominum arbitrum arbitratorem seu amicabilem compositorem et certiorati de contentis in eis et omnia et singula ut superius sunt pronuntiata et declarata per dictum dominum arbitrum arbitratorem seu amicabilem compositorem, gratis et ex certa scientia ratifficarunt, emologarunt et emologari et confirmari facient ab hominibus supradictis et contra ea non venient nec venire facient sub obligatione bonorum suorum.

Actum est hoc, apud Vicum Dessos, die quo supra. Horum omnium sunt testes, dominus Sicardus de Lordato miles, magister Guillermus Bernardi de Luzenaco juris peritus, Brunus de Miglosio, Bernardus de Biarino domicellus ac ospes, magister Raymundus de Sancto Michaele juris peritus de Sancto Michaele de Lanesio et ego Guillelmus de Podio, notarius publicus Comitatus Fuxi, qui predicta omnia stipulatus fuit et hanc cartam requisitus recepi, et in meo protocollo notavi, et in formam publicam redegi, scripsi et meum signum consuetum quo utor apposui.

(Arch. de l'Ariège. B. 1. Cartulaire de Miglos.)

XIX

1312. — *Bernard de Son, seigneur de Miglos, exempte les habitants de la seigneurie du droit de leude ou péage, qu'ils payaient pour les bestiaux et le bois vendu dans les limites de la vallée.*

Anno dominice Incarnationis M°CCC°XII°, secundo Idus mensis septembris, serenissimo domino nostro Philippo rege Francorum regnante. Omnibus universis et singulis, tam presentibus quam futuris, manifestio existat quod, cum fragilis et labilis sit hominum memoria rerum turbam non sufficeret retinere, prout statutum est a sapientibus viris ut retro acta et decisa negotia literarum scriptura vel memoria peremnisentur ne forte processu temporis propter oblivionem vel malitiam excogitatam hominum in recidive contentionis relabantur et recidant..... Idcirco nos Bernardus de Sono miles, dominus de Milglosio, volentes quod ista scriptura et per nos agenda rata perpetuo maneat atque firma, et volumus quod per te notarium subscriptum cum hoc presenti publico instrumento fideliter percipiantur, et quia grata submissorum obsequia, grata debent merita reportare ut qui fideles seu fideliores existant et ceteri ad devotionem et servitia fortius attendantur; ideoque nos Bernardus de Sono miles, dominus de Milglosio predictus attendentes quod, quedam leuda seu pedagium que ab antiquo, homines nostri de Milglosio et alii inhabitantes dicte vallis et ville ejusdem, nobis et successoribus nostris dare et prestare consueverunt, videlicet de bestiariis, fustis et aliis que infra dictam vallem vendebantur dictis nostris gentibus et aliis infra dictam vallem et habitantibus, erant valde damnosa et gravabant ipsas gentes ad eorum indemnitatem et libertatem sollicite vigilantes et dictas gentes in hac parte prosequi volentes, gratia et favore et ne occasione dictas oppressiones seu gravamina ad aliud dominium occasione recipiant, transferendi gratis et non circumventi in aliquo seu ab aliquo, vel decepti aut dolo, fraude aut alicujus machinatione ad hoc ducti, sed motu proprio et spontanea voluntate, cum hoc publico instrumento firmo perenniter valituro, per nos et omnes nostros heredes et successores presentes atque futuros, dictam leudam seu pedagium et quidquid juris seu actionis habemus vel habere debemus, jure vel consuetudine, vel aliter ullo modo in levando seu habendo dictum pedagium seu leudam a dictis gentibus dicte vallis, ipsisque gentibus habitantibus infra dictam vallem omnibus et singulis et singulis omnibus prout meliori modo et gratis ampliori et jure quo possumus, gratis damus, relinquimus penitus et quittamus tibi subscripto notario, pro dictis gentibus petenti, et solempniter recipienti, sine fraude volentes et concedentes ex certa scientia et expresse quod, dictas omnes nostras gentes et singule alie habitantes infra dictam vallem, que nunc sunt vel pro tempore fuerint, a contributione seu prestatione dicte leude seu pedagii a rebus venalibus de quibus leudam et pedagium dare et contribuere nobis seu nostris successoribus usi erant, sint a modo et in perpetuum pretextu presentis donationis, quitationis et demissionis, immunes et penitus liberati et ad ipsum pedagium sive leudam prestandam nobis seu nostris successoribus a modo nullatenus teneantur, promittentes tibi subscripto notario petenti, stipulanti et recipienti pro dictis gentibus et eorum singulis quorum interest vel interesse poterit in futurum, nostra bona fide predictas nostras gentes et alias dicte nostre vallis in dicta libertate et immunitate et de non contribuendo seu prestando dictum pedagium sive leudam et de non levando seu aliquo modo exigendo, per nos seu nostros successores, in antea et perpetuo tenebimus et servabimus amotis exinde inquietatione qualibet sive turba, dicentes nichilominus et asserentes quod non fecimus nec diximus seu dicemus seu faciemus per nos vel aliam interpositam aut subrogatam personam, clam vel palam jure facto vel aliter quominus presens donatio, remissio, quitatio et immunitas valeant seu aliquis de superius aliis vel pro qua infringi, irritari vel retractari possent; ymo sit ut premissum est tenere, servare perpetuo nec contra facere vel venire bona fide et stipulatione premissa hic et singulis actibus necessariis repetita et super premissis omnibus et singulis renuntiamus ex certa scientia omni exceptioni, doli, fraudis..., de quibus quidem rebus prenominatis et per nos dictum Bernardum de Sono, seu leuda et pedagio dictis nostris gentibus et aliis infra vallem predictam de Milglosio habitantibus seu larem faventibus in plenam juris et facti possessionem civilem et corporalem easdem inde mittimus et inducimus, de eisdem nos et nostros penitus exuentes et denudantes et eosdem de eisdem investientes presenti publico instrumento nunc et in perpetuum firmiter valituro dantes et concedentes eisdem gentibus predictis et in ipsos et suos plenius transferimus omnia jura, voces, actiones.....

Actum fuit hoc apud Milglosium, in presentia et testimonio nobilium Guillelmi de Argulho et Guillelmi Arnaldi de Castroverduno domicelli et magistri Arnaldi Sicredi notarii Tarasconis et Bernardi Traverserii Tarasconis et Petri de Milglosio domicelli et plurium aliorum ad hoc specialiter vocatorum et rogatorum et mei Stephani de Calderiis de Ruppe, publici notarii totius Comitatus et alterius terre domini Comitis Fuxi, qui in predictis interfui et requisitus pro dictis partibus cum stipulatione interposita predicta recepi, scripsi et meo signo consueto signavi.

(Archives de l'Ariège. B. 1. Cartulaire de Miglos).

XX

1320. — *Différend entre le seigneur de Miglos et les hommes de la vallée, au sujet du droit de déshérence.*

Anno Christi incarnationis M°CCC°XX°, rege Philippo regnante. Noverint universi presentes pariter et futuri, quod cum controversia seu questionum materia orta fuisset inter nobilem virum dominum Bernardum de Sono militem, dominum vallis et districtus de Milglosio ex parte una; et homines suos questabiles dicti vallis, videlicet Bernardum de Pujol, Johannem Denguilhem, Petrum de Namelgloza, Ramundum Gavarra, Petrum de Campo, Guillelmum Descalera, Petrum Dupont, Bernardum Auriolli, Vitalem Dominici, Melglosium Gozini, Serninum Gozini, Ramundum de Namoreto, Ramundum Perati, Melglos de Maljoas. Ramundum Arnaldi de Negurs, Ramundum Baschonis, Ramundum Minhoti, Ramundum Vesconis, Petrum Demolis, Arnaldum Aurioli, Johannem Vaschonis, Ramundum Jolem, Guillelmum Bernardi, Bernardum Denguilhem, Guillelmum Arnaldi, Petrum Amelii, omnes dicte vallis de Milglosio, ex altera : proponitur ex parte dicti domini Bernardi ipsum habere jus succedendi in bonis hominum suorum dicte vallis decedentium sine prole legitima, licet dicti decedentes habeant fratrem seu fratres cum quibus bona sua possideant simul pro indiviso. Item poneretur ex parte dicti domini Bernardi, predictos homines incidisse in penas pecunarias pro eo quod, ex parte domini Bernardi fuisset dictis hominibus et mandatum sub certis penis, quod singuli eorum operentur manobre seu operibus castri de Milglosio, quas operas, dicti homines facere, ut asseritur, recusarunt.

Ex parte vero hominum predictorum proponeretur, ipsos et eorum predecessores habere et habere debere jus succedendi in bonis fratrum suorum decedentium sine prole, tam ex testamento quam ab intestato, dum tamen predicti fratres bona sua communia et indivisa habeant propter mortem suam.

Tandem, cum aliquandiu inter predictas partes altercatum fuisset, tam super predictis quam super aliis quibuscumque petitionibus, penarum exactionibus, demandis, quibusdam amicis utriusque intervenientibus, fuit per dictas partes unanimiter compromissum in discretos viros, dominum Guillelmum Arnaldum de Castro verduno, domicellum, magistrum Guillelmum Thron et magistrum Guillelmum Galterii jurisperitos de Tarascone, prout in quodam, publico instrumento dicti compromissi latius continetur, quibus peractis supernominati arbitri arbitratores seu amicabiles compositores, habita super hiis deliberatione, solemni super jure utriusque partis investigataque et cognita voluntate, jureque utriusque partis discusso, vocatis coram se partibus supradictis, presentibus domino predicto Bernardo pro parte sua; et Ramundo de Pujol, Joanni Denguilhem et Ramundo Babini pro se et aliis supranominatis ex altera; pro bono pacis et concordie et ex potestate, eisdem arbitris in dicto compromisso contenta, dicti amicabiles compositores dixerunt, arbitrati fuerunt et pronuntiaverunt in hunc modum, videlicet quod quandocumque et quotiescumque contigerit in futurum aliquem habitatorem dicti vallis de Milglosio decedere ab hoc seculo sine prole legitima ex legitimo matrimonio, decedente superstite fratre, avunculo, vel nepote ejusdem, cum quibus bona sua habeat indivisa, quod possit in fine suo, de dictis bonis indivisis, facere testamentum, et si ab intestato contigerit ipsum mori, quod dicta bona sua ad fratrem aut fratres, avunculos vel nepotes ab intestato transmittat. Ita quod predictus dominus Bernardus statim remittat, cedat et penitus derelinquat predictis hominibus et eorum famillie, omnes et singulas penas tam pecunarias quam corporales, et quascumque actiones penales, officium judicium seu accusationem in quibus, dicti homines seu aliqui eorumdem eidem domino Bernardo teneri dicuntur ex aliquibus commissis seu delictis ab ipsis hominibus omnibus vel singulis, vel ab altero eorumdem hactenus commissis in valle vel alibi de Milglosio, usque ad hanc presentem diem faciendo eisdem hominibus de non petendo in perpetuum, firmum pactum et eosdem homines et eorum familliam a predictis penis, tam civilibus quam criminalibus, pecuniariis et corporalibus, in quibus aperire possit, ipsos vel alterum eorum incidisse usque ad hanc presentem diem penitus remittendo. Item dixerunt et pronuntiaverunt quod predicti homines, tam predicto affranquimento dictarum fratiscarum decedentium sine prole, quam pro remissione et absolutione dictarum penarum, dent et solvant eidem domino Bernardo de Sono, ducentas quinquaginta libras turonenses parvorum, in quibus eidem domino Bernardo infra mensem solvendas, supernominati arbitri predictos homines similiter condemnarunt, supra dicta vero omnia et singula dixerunt et pronuntiaverunt supranominati arbitri arbitratores seu amicabiles compositores de potestate eisdem per dictas partes attributa, et semper tenere et servare a dictis partibus mandaverunt et in nullo contravenire, in solidum vel in parte, sub pena quingentarum librarum turonensium, in dicto compromisso contenta, et ab eisdem perceperunt inviolabiliter observari. Quam pronuntiationem seu arbitrium, predicte partes comparentes ibidem approbaverunt, emologaverunt et ratifficaverunt, et tenere et observare, stipulatione solemni perpetuo, promiserunt, volentes et concedentes, quod presens instrumentum possit dictari et ordinari de consilio sapientis, semel, bis, tres et pluries in judicio producto, vel non producto, donec ad predicta, omnem roboris firmitatem obtineant.

Actum est hoc Tarascone, quarto idus novembris. Hujus rei sunt testes : dominus Ramundus de Cellis miles, dominus Bernardus de Arsato miles, Petrus de Milglosio domicellus, Bernardus Mercerii de Tarascone et magister Guillelmus Bernardus de Luzenaco jurium peritus ; et ego Petrus Larguerii, notarius publicus Comitatus Fuxi, qui hanc cartam scripsi et signum meum apposui.

(Arch. de l'Ariège, B. 1. Cartulaire de Miglos.)

XXI

1323. — *Vidimus d'Aymeri Anglès, juge ordinaire du comté de Foix, et copie d'une décision rendue par le comte de Foix en faveur des habitants de Miglos.*

Pateat universis tam presentibus quam futuris quod nos Aymericus Anglesii, judex ordinarius Comitatus Fuxi, sub anno Domini M°CCC°XX°III°, die lune in crastinum b. Martini hyemalis, vidimus, tenuimus et perlegimus in publico quasdam patentes litteras nobilis et potentis viri domini Gastonis, Dei gratia Comitis Fuxi, vice comitis Bearni et Castriboni, domini Montis Catani et Castri veteris, ejusque sigillo sigillatas, ut prima facie apparebat, cujus littere tenor talis est.

Nos Gasto, Dei gratia Comes Fuxi, vicecomes Bearni et Castriboni, dominusque Montiscatani et Castri veteris, scientes et reminiscientes nos dedisse vobis nobili domino Bernardo de Sono dilecto militi nostro presenti et vestris omnibus in perpetuum cum bono publico instrumento ex causa in ipso contenta, castrum, villam et vallem de Miglos, sitas in Comitatu nostro predicto cum omni jure nobis quoquo modo pertinenti et pertinere debenti et spectanti, cum omnibus juribus, deveriis et pertinentiis et aliis que ibi habebamus et habere poteramus et debebamus, salvo tantum homagio et fidelitate nobis retentis; et nunc inter vos, dictum nobilem dominum Bernardum de Sono et Joannem Cicredi et Guillelmum Curteta procuratores nostros veteretur indubium super fogagio quod... nobis livatur in nostro Comitatu si nos habemus et habere debemus fogagium in hominibus et feminis castri et vallis predicti de Miglos, et nos certi... de premissis viso instrumento dicte donationis et... consilio et tractatu cum nostris sapientibus cum... sit certum omnia qua ibi habebamus et habere debebamus vobis et vestris dedisse mera et pura nostra liberalitate, excepto homagio et fidelitate predictis. Idcirco recognoscimus vobis dicto nobili domino Bernardo de Sono et vestris, cum hac presenti nostra littera in perpetuum valitura quod nos seu nostri successores nullum habemus seu habere debemus fogagium in hominibus et feminis presentibus et futuris castri et vallis de Miglos et eorum terminis et pertinentiis, nec in ipsa donatione ipsum fogagium retinuimus, imo fuit et est nostre intentionis fogagium et omnia alia sicut nobis pertinebant et spectabant vobis dedisse excepto tamen homagio et fidelitate predictis et ad majorem firmitatem habendam vobis et vestris cum hac presenti littera gratis et ex certa scientia confirmamus et ratificamus; in cujus rei testimonium presenti littere sigillum nostrum apponi fecimus impendenti.

Datum Varillis, die Jovis post festum omnium Sanctorum, anno Domini M°CCC°XX°III°.

Acta et scripta fuerunt hec per Guillelmum Athonis de Canali, notarium publicum Comitatus Fuxi, anno et die predictis; et dictus notarius fecit presenti scripture hoc signum ; in cujus rei testimonium, dictus dominus judex sigillum suum presentibus appendi fecit sive poni et authoritatem judicialem interposuit et certum quod jussit apponi et scribi per me notarium antedictum.

(Arch. de l'Ariège, B. 143.)

XXII

1328. — *Inventaire des meubles du prieuré de Miglos.*

In nomine Domini, amen. Pateat universis quod anno Nativitatis ejusdem M°CCC°XX°VIII° indictione undecima, die decima octava mensis junii, pontificatus sanctissimi... et domini nostri domini Johannis, divina providentia, Pape XXII, anno duodecimo infrascripta monasterii S^{ti} Saturnini Tholose constitutus et personaliter existens in presencia mei notarii infrascripti et testium subscriptorum discretus vir dominus Bertrandus Martini capellanus seu vicarius perpetuus ecclesie beati Ylarii prioratus de Milglosio diocesis Appamiarum, gratis et ex certa scientia recognovit et confessus fuit se invenisse in hospicio prioratus de Milglosio dicte diocesis Appamiarum et tunc etiam in presenti habere et tenere de bonis venerabilis et religiosi viri domini Petri de Mascrato canonici dicti monasterii S^{ti} Saturnini Tholose et prioris prioratus de Milglosio predicti et dicti prioratus pro ipso domino Petro priore prefato et ut procurator ipsius et nomine procuratorio ejusdem, omnia et singula scripta et contenta in quadam papiri cedula scripta, que quidem papiri cedula sint mihi notario infrascripto tradita ibidem ut inde, conficerem publicum instrumentum. Cujus quidem cedule tenor dinoscitur esse talis.

Inventarium de superlectilibus hospicii prioratus de Milglosio ; et est ibi quedam bona culcitra barrata cum suo pulvinari, et una lodice barrata cum duobus linceaminibus; item ab alia parte quedam alia culcitra alba non multum bona cum suo pulvinari et una lodice et duobus linceaminibus;

Item III mape et unum manutergium ;

Item quedam maxeria arca nova pro blado tenendo cum tribus mediis;
Item quedam alia arca;
Item alia parva arca;
Item duo naucus de noguerio cum copertoriis;
Item alter naucus parvus;
Item duo pipoti pro vino tenendo;
Item una mensa longua sine pedibus;
Item alia brevis cum pedibus;
Item sunt ibi tria scanna;
Item una bipennis;
Item unum cacabum vel payrola parva;
Item unus tripos;
Item una cassola ferrea;
Item... ledra;
Item unum sedas;
Item una mag per prestir;
Item... una escona;
Item una cobertoira de fer;
Item una suelha per portar aigua;
Item VI escutesse et sex catini et sex sissori... fusti;
Item due cancte pro aqua tenenda et vino ad...
Item III saqui pro blado portando.

Quequidem omnia et singula idem dominus Bertrandus promisit servare et custodire in eodem... in quo tunc erant et reddere sine aliqua contradictione... domino priori vel ejus procuratori seu mandato ad voluntatem et requisitionem ejusdem domini prioris vel ejus procuratoris... infrascriptis dictus dominus prior et dominus Bertrandus vicarius prefatus requisiverunt nec notarium infrascriptum ut inde conficerem eis et cuilibet eorum si requireret publicum instrumentum.

Actum fuit, anno, indictione, mense prout et loco quibus supra, presentibus discretis viris dominis Johanne Textoris, canonico S^{ti} Saturnini Tholose, Geraldo Guisborti presbitero et Aymerico Boriacti clerico... testibus ad premissa vocatis et rogatis.

Et ego Bernardus de Villanova, clericus Lascurrensis diocesis, publicus auctoritate apostolica notarius, omnibus et singulis una cum prenominatis testibus presens interfui et pro parte dicti domini prioris hoc presens instrumentum in hanc publicam formam redegi, signumque meum quo utor apposui in fidem et testimonium omnium premissorum vocatus, rogatus et requisitus.

(Arch. de la Haute-Garonne. Fonds de Saint-Sernin. N° IV. Liasse XIII, titre 7.)

XXIII

1331. — *Donation de la seigneurie de Miglos, par Bernard de Son, à Jean de Son, son fils; et hommage des habitants de Miglos à Jean de Son.*

Anno Christi incarnationis M°CCC°XXX°I° ; rege Philippo regnante. Noverint universi presentes pariter et futuri quod nos Guillelmus Traycentii, Ramundus Calvelli, Bartholomeus de Athone, Ramundus de Scalera, Ramundus Daujola, Arnaldus Auriolli, Joannes Gabarra, Arnaldus Corbati, Ramundus Dempont, Sicardus Auriolli de Arquisato, Ramundus Gozini... non vi, metu, dolo, fraude, suasione, seu circumventione alicujus ad hoc ducti, gratis autem et ex certa scientia et de jure nostro conditione et statu plene memores et certifficati, perlectis nobis quibusdam literis lingua romana domini Bernardi de Sono militis, ejus sigillo cereo impendenti ut prima facie videbatur sigillatis per te notarium infrascriptum.

Noverint universi, quod nos Bernardus de Sono miles fatemur et in veritate recognoscimus vobis Amelio Ramundi Arnaldi, Bernardo Guillelmi, Bernardi, Arnaldo Vasconis et Ramundo Gozini de valle Milglosii in Savartesio, qui requisitus, una cum alio populo dicte vallis per Joannem de Sono, filium nostrum, cui dedimus terram cum omnibus juribus, bonis et homagiis ibi pertinentibus, quod feceritis sibi vigore ipsius donationis homagia prout hactenus homines nobis fecerunt, venistis personaliter distinati per proceres et homines dicte vallis ad nos sciendum nobiscum si perseverabimus in ipsa donatione et si volebamus sibi prestari homagia supradicta et quod super hiis interrogati respondimus vobis quod sit sub forma tamen contenta in instrumento ipsius donationis confecto manu Petri Calveti notarii publici Corsani, quibus homagiis eidem filio nostro prestitis absolvimus vos et quitamus vos et omnes alios dicte vallis, presentes et futuros ab omni fidelitate homagii et juramenti per vos et eos nobis predictorum pro corporibus et cazalagiis et aliis quibuscumque rebus.

Datum apud Evoli, die mercurii, in octaviis beate Marie, mensis Martii, anno Domini M°CCC°XXX°II°.

In quorum testimonium, sigillum nostrum impendenti duximus apponendum fatemur et in veritate recognoscimus vobis domino Joanni de Sono domicello, filio dicte domini Bernardi, intellecto etiam instrumento dicte donationis de quo in literis predictis fit mentio et vulgariter nobis lecto per dictum notarium, quod sumus et esse debemus vigore dicte donationis, homines perpetuo vestri questabiles ad voluntatem, pro cazalitiis nostris, scitis infra dictam vallem et ejus territorium seu juridictionem, et pro terris et pertinentiis eorumdem nisi publica scriptura probari possit ipsum predictum rusticum vel urbanum, nos vel alterum nostri habere ad certum censum canonem vel obliam et etiam pro personis nostris, si aliter nos vel predecessores nostri recognovimus publica scriptura inveniatur dicto domino patri vestro quam etiam pro personis nostris vel suis essemus questabiles sui, quare promittimus vobis nostra bona fide et ad sancta quatuor Dei Evangelia sponte juramus quod erimus vobis et successoribus vestris, boni et fideles, in et pro cazalitiis predictis et eorum terris et pertinentiis et in et pro personis nostris si apparuerit, ut dictum est, nos esse vel esse debere questabiles vestri pro personis et quod non erimus in consilio nec facto quod personam vel terram admittatis nec membrum persone vel terre nec capiamur mala captione injusta manifeste et in signum predictorum, flexis genibus ad terram et nostris manibus junctis in medio vestrum positis capitibus et collis nostris sub facia vestra inferius inclinatis, osculo conveniente, homagium vobis facimus personale.

Vice versa, ego dictus Joannes de Sono domicellus, dominus dicte vallis, non vi, metu, dolo, fraude, suasione, seu circumventione alicujus ad hoc ductus, gratis autem et ex certa scientia et de jure nostro et valore rei plene memor et certifficatus recipiens recognitionem, juramentum fidelitatis et homagium supradictum a vobis supra nominatis, promitto vobis mea bona fide et ad sancta quatuor Dei Evangelia corporaliter sponte, juro per me et omnes successores meos presentes et futuros, quod tenebo vos et successores vestros presentes et futuros, in illis usibus, consuetudinibus, libertatibus et statu et conditione quibus, dominus Rogerius Bernardi, bone memorie quondam Comes Fuxi, tenebat vos vel predecessores vestros, et tenuit tempore vite sue et homines suos questabiles ville de Saurato et Merens, et quibus Comes Fuxi qui nunc est et qui in futurum erit, tenebit dictos homines de Saurato et Merenchis, et quod ero vobis bonus dominus et fidelis, servans vobis et vestris presentibus et futuris, consuetudines, libertates, statum et conditiones vestras bene et fideliter absque fraude, non petendo vobis nec vestris presentibus vel futuris, per me nec alios vel meos vel alios nomine mei fieri aliquam indebitam novitatem.

Actum fuit hoc in dicta valle, in ecclesia parrochiali, die dominica post octavas Annunciationis beate Marie Virginis, in presentia et testimonio domini Bernardi Martini rectoris ecclesie predicte, domini Ramundi Pontii presbiteri, Petri et Arnaldi de Miglosio, domicellorum, Petri de Romengora et Francisci de Uxio domicelli de Mazeriis versus Perpignanum, et Guillelmi Tron, notarii publici Comitatus Fuxi, qui hanc cartam recepit, vice cujus et mandato. — Ego Petrus Tron, notarius de Tarascone ejus juratus notarius substitutus et publicus notarius Comitatus predicti, hanc cartam scripsi.

Tenor vero instrumenti donationis facte per dictum dominum Bernardum de Sono militem dicto domino Joanni filio suo domicello, sequitur sub hiis verbis.

Noverint universi quod nos Bernardus de Sono, dominus de Corsanno, gratis et ex certa scientia suis meritis exigentibus, damus Johanni de Sono filio nostro licet absenti et tibi notario publico ejus nomine stipulanti et recipienti, donatione pura que dicitur inter vivos et propter magna et gratuita servitia que dictus Johannes nobis fecit et adhuc facere non cessat, castrum nostrum de Miglos et vallem de Miglos et cum omnibus juribus et pertinentiis suis et cum questis et cazalagiis et fogagio et justitiis civilibus et criminalibus et juridictionibus, mansatis, manssis, bordis, servitutibus, dominiis, dominationibus, feudis militum et aliarum personarum et homagiis eorum et cum omnibus aliis et singulis nobis pertinentibus et pertinere debentibus quocumque modo prout in instrumento donationis nobis facte per altissimum dominum Gastonem quondam Comitem Fuxi plenius continetur, totum integraliter ac generaliter sicut melius ac plenius continetur ac dici potest ac intelligi ad bonum intellectum et sanum dicti absentis, cedendo etiam inde dicto absenti et tibi jamdicto notario nomine quo supra stipulanti et recipienti ratione hujus donationis, omnes actiones et jura que et quas habemus et habere possumus in predictis que sibi damus aliquo modo causa vel ratione seu juris; constituendo inde dictum absentum ut in rem propriam suam dominum et procuratorem contra omnes personas promittentes, dicto Johanni filio nostro licet absenti et tibi dicto notario nomine quo supra stipulanti et recipienti quod nihil fecimus nec de cetero faciemus quominus presens donatio valeat vel infringi possit aut etiam revocari; ymo super hac donatione scienter et expresse renuntiamus illi legi dicenti donationem ob causam ingratitudinis posse revocari et illi legi dicenti donationem excedentem quingentorum aureorum vel solidorum absque insinuatione judicis vel..... non valere et vigore hujus donationis volumus et mandamus omnibus militibus ac feudatariis aliis et hominibus universis ut, predicto Johanni prestent homagium et fidelitatem et ipsum recognoscant ut dominum, prout homines fideles facere debent et sicut nobis vigore dicte donationis nobis facte per dictum dominum Comitem prestiterunt; retinemus etiam per dictam donationem quod si dictus Johannes decederet quandocumque sine liberis legitimis, volumus quod predicta eidem a nobis data, deveniant et remittantur nobis vel heredi seu heredibus nostris, vel cui vel quibus nos premandamus verbo vel scripto.

Actum est hoc VII° idus octobris, anno Domini M°CCC°XXX°I°.

Signum nobilis Bernardi de Sono, domini de Corsanno predicti, qui omnia supradicta laudat et confirmat; signum Guilhelmi domini militis et Ramundi de Arnicon domicelli et Bernardi de Castelleto, bajuli de Bastida, testium. — Ego Petrus Calvi scriptor publicus honore de Corzannio auctoritate domini Bernardi de Sono domini de Corzannio hanc cartam scripsi et hoc signum feci.

Tenor vero sue potestatis predicti Guillelmi Tron habendi sub se juratum notarium contenta in quodam instrumento publico, concesso per dominum Petrum Arnaldi de Castroverduno militem, gerentem vices egregii et potentis viri domini Gastonis, Dei gratia, Comitis Fuxi, non viciato cancellato nec in aliqua sui parte abolito de verbo ad verbum, talis est.

Anno Christi incarnationis M°CCC°XX°IV°, rege Karolo regnante. Noverint universi, quod nos Petrus Arnaldi de Castroverduno miles, gerens vices egregii et potentis viri domini Gastonis Comitis Fuxi, vicecomitis Bearni et Marsani, attendentes affectionem quam gentes terre Savartesii habent in te Guilhelmo Tron de Tarascone notario et jurisperito in scripturis recipiendis et conficiendis, propter dictam fidelitatem et scientiam tuam et quod occupatus tuis advocationibus judicaturis et assessoriis non sufficet ad dicta instrumenta recipienda seu conficienda pro utilitate communi seu publica, licentiam tibi prebemus atque damus confidentes de diligentia et correctione tua que possit habere et tenere unum vel plures substitutos juratos notarios ad recipiendum et conficiendum instrumenta licet sint per te recepta et stipulata quibus ita receptis et confectis et per te subscriptis et tuo signo solito signatis, volumus quod fides adhibeatur in judicio vel extra.

Actum est hoc apud Aston, in Savartesio, nonas martii. Hujus rei sunt testes, Bernardus Augerii de Tarascone, magister Ramundus Largerii notarius de Pinu, Adzemarius de Monte Alcone massonerius, Arnaldus Pererii de Castroverduno, et ego Petrus Largerii, notarius publicus Comitatus, qui hanc cartam scripsi et signum meum apposui et ego Guillelmus Tron notarius publicus predictus, subscripsi et meum signum apposui.

(Arch. de l'Ariège, B. 1. Cartulaire de Miglos.)

XXIV

1336. — *Bail à fief d'une terre à Miglos par Pierre de Miglos, damoiseau, à Pierre Vascon.*

Anno Xρisti incarnationis, M°CCC°XXX°VI° rege Philippo regnante. Noverint universi quod ego Petrus de Melglosio domicellus, filius Jordani de Melglosio condam, non vi, metu, dolo, fraude, suasione seu circumventione alicuius ad hoc ductus, non deceptus ab aliquo... omni jure meo et rei valoris plene memor et certificatus ; dono ad acapitum in omni tempore et in presenti trado tibi Petro Vasconi... de Melglosio et tuis, duas terras meas sitas in terminis de Melglosio, quarum una est loco vocato al col del Castel inter tenentiam Petri de Prato et tenenciam Bernardi Garras de Melglosio et viam publicam, et alia est inter dictas tenencias cum introitibus et exitibus suis et omnibus juribus et pertinentiis suis et cum omni augmento, amelioramento quod ibi est vel esse poterit ullo modo inducens te cum hoc publico instrumento tibi et tuis perpetuo valituro incorporalem earum possessionem sicut et juris ad habendum, tenendum et possidendum ad omnes tuas et tuorum voluntates inde... forma infrascripta perpetuo faciendas predictum vero acapitum tibi facio tali pacto et conditione quod tu et tui post te teneamini mihi et meis dare et solvere anno quolibet perpetuo in festo omnium Sanctorum, unam carteriam avene ad mensuram Taraschonis. . . . . [formules].

Actum est hoc Taraschone IX kal. madii. Hujus rei sunt testes, Petrus de na Milglosa de Ugenaco, Ramundus de Glat de Ugenac et ego Guilhelmus de Podio, notarius publicus Comitatus Fuxi qui hanc cartam scripsi et signum meum apposui.

(Arch. de la Haute-Garonne, Fonds de Malte, Gabre et Capoulet, liasse 8.)

XXV

1343. — *Lettre du sénéchal de Foix enjoignant au baile de la vallée de Miglos de restituer sur-le-champ, aux habitants de la seigneurie, les biens saisis indûment par ordre du seigneur de Rabat.*

Raymundus Saqueti, condominus Calvi montis et Castri verduni, senescallus Comitatus Fuxi, dilecto suo bajulo de Miglosio, vel ejus locum tenenti, salutem. Cum ad instantiam hominum vallis de Miglosio asserentium se fuisse gravatos per gentes domini Jordani de Ravato militis, pro questa voluntaria et aliis, que dictus miles et ejus gentes ab eis petere nituntur; per nos de ordinatione consilii domini nostri Fuxi comitis ordinatum extitisset, quod pignora a dictis hominibus capta, occasione premissa, dictis hominibus restituerentur, retento aliquo modico pignore, salvo jure dicto domino Jordano et rerum predictarum in possessione et aliter, cui prejudiciari non intendebamus propter hujusmodi nostram ordinationem et prout per querelam dictorum hominum percepimus dicta pignora, dictis hominibus, minime fuisse restituta; et quod pejus est, ipsi homines post dictam nostram ordinationem, eadem occasione, de novo fuerunt pignorati ad instantiam dictorum hominum, vobis mandamus quathenus dicta pignora, casu primo quam ultimo, a dictis hominibus capta, eisdem hominibus restituatis, retento a quolibet ipsorum viro modico pignore juxta nostram ordinationem predictam, taliter ne super hiis nobis querela de cetero referatur in deffectum vero vestri damus potestatem et mandatum castellano de Querio, vel ejus locumtenenti ut predicta vestris expensis libere excequatur predictum coram discreto viro judice ordinario dicti Comitatus vel ejus locumtenente ad certum diem adjornetis quod fuerit rationis.

Datum Appamiis, die septima junii, anno Domini M°CCC° quadragesimo tertio.

RAYMUNDUS.

(Arch. de l'Ariège. B. 1. Cartulaire de Miglos).

XXVI

1343. — *Confirmation de la lettre du sénéchal au baile de Miglos, par le juge mage et d'appeaux du comté.*

Jacobus de Sancta Camela, judex major et appellationum Comitatus Fuxi, dilecto nostro bajulo de Miglosio, nec non omnibus et singulis aliis officialibus et justiciariis ejusdem loci de Miglosio, juridictionem seu exercitium juridictionis ibidem exercentibus vel eorum locumtenenti, salutem et dilectionem. Ex parte hominum de Miglosio cognitum conquerendo nobis extitit informatum quod licet per nobilem virum dominum Raymundum Saqueti militem, condominum Calvi montis et Castri verduni, senescallum Comitatus Fuxi et per magistrum

Bartholomeum de Fita baccalaureum in legibus, tenentem locum discreti viri judicis ordinarii Comitatus antedicti, cum eorum patentibus literis his nostris presentibus annexis vobis preceptum mandatum ac injunctum fuisset ut contenta in eisdem litteris teneretis et observaretis et contra ea aliquid non attemptaretis nec faceretis vos nihilominus in vituperium ac contemptum domini senescalli et judicis et ejus locum tenentis et curia domini nostri Comitis Fuxi et clausorum contentorum in literis antedictis in maximum prejudicium et damnum dictorum hominum de Milglosio et mandata in predictis literis contenta, comprobare et tenere et complere, et teneri facere... quare vobis et cuilibet vestrum districte percipiendo mandamus quathenus incontinenti visis presentibus in et sub pena centum marcharum argenti domino nostro Fuxi comiti applicanda et per ejus thesaurarium a vobis et de bonis vestris levanda et exigenda et utilitatibus dicti domini comitis convertenda omnia et singula in predictis vobis precepta et mandata plene ac integre cum effectu in omnibus et per omnia de puncto ad punctum prout in eisdem literis mandantur et precipiuntur compleatis, teneatis et observetis et in aliquo non contradicatis vel faciatis et omnia et singula plene et integre cum effectu incontinenti, visis presentibus feceritis tenore presentium committimus ac mandamus nobili castellano de Querio vel ejus locumtenenti ut incontinenti, visis presentibus, ad instantiam et requisitionem predictorum hominum de Miglosio, vestris propriis sumptibus et expensis omnia et singula in hujusmodi et aliis literis predictis eisdem annexis, precepta et mandata viriliter et debite per captionem et arrestationem et detentionem bonorum et appositionem garnisione servientis in bonis vestris et alia que mandaverit apponenda in omnibus et per omnia de puncto ad punctum prout in eisdem literis continetur compleat ac exequatur et teneri et observari faciat vosque ad solvendum pecuniam antedictam compellat super quibus omnibus et singulis predictis castellano et ejus locumtenenti ac omnibus et singulis subditis domini nostri Fuxi Comitis parere volumus et mandamus.

Datum Appamiis, die in crastinum Sanctorum Apostolorum Petri et Pauli, anno Domini M°CCC° quadragesimo tertio.

(Arch. de l'Ariège. B. 1. Cartulaire de Miglos).

XXVII

1346. — *Différend entre les habitants de Miglos et ceux de Junac, au sujet du droit de dépaissance que ces derniers prétendaient avoir dans le territoire de Miglos.*

Noverint universi, quandam causam per modum arbitragii agitatam fuisse coram discreto viro domino Ramundo Helie Baccalaureo in legibus, de Fuxo, judice ordinario de Miglosio pro nobili et potenti viro domino Jordano de Ravato milite, domino dicti loci arbitro arbitratore seu amicabili compositore communiter electo per universitatem hominum ac singularium loci seu ville de Ugenaco et nobilem Ramundum de Vonco domicellum, dominum dicti loci seu eorum procuratores vel scindicos deffendentes, agentes ex parte una, et universitatem hominum ac singularium vallis de Miglosio seu eorum procuratores vel scindicos deffendentes, ex altera parte. — In qua quidem causa, dicta pars agens, suos tradidit in hunc modum articulos contra ipsam partem ream, et pars contra, lite igitur in dicta causa per ipsam partem ream legitime contestata vel aliter processo in eadem prout in processu dicte cause habito coram dicto arbitratore latius continetur dieque presenti videlicet die veneris post festum beati Valentini sub anno Domini M°CCC° quadragesimo sexto, a preside assignata presentibus et comparentibus coram dicto domino arbitro arbitratore seu amicabili compositore apud Tarasconem antedictum operatorium dicti magistri Guillelmi de Podio notarii dicti loci predictis magistro Petro de Ugenaco procuratore dicti nobilis ac Bernardo Madii procuratore seu scindico universitatis et hominum ac singularium loci de Ugenaco agentibus ex parte una et nobili Arnaldo de Miglosio domicello procuratore seu scindico universitatis et hominum ac singularium dicte vallis de Miglosio deffendente ex parte altera, et sententiam, cognitionem, pronuntiationem ac declarationem ferri postulantibus ad quam ferendam idem dominus arbiter arbitrator seu amicabilis compositor ut sequitur processit.

Et nos, Raymundus Helie, arbiter arbitrator seu amicabilis compositor predictus, visis et diligenter inspectis totius presentis cause notitiis, cunctaque nobis cum consilio peritorum, sacrosanctis quatuor Dei Evangeliis positis coram nobis, ut nostrum de vultu Dei prodeat judicium et oculi nostri in hiis et aliis semper videant equitatem, sedentes et existentes ante dictum operatorium dicti magistri Guillelmi de Podio notarii. In nomine patris et filii et spiritus sancti, amen. — Ad prolationem dicte sententie cognitionis, pronuntiationis seu declarationis procedimus in hunc modum. — Et nos, Raymundus Helie, arbiter arbitrator seu amicabilis compositor, communiter datus et electus ad hec per utramque partium predictarum, attendentes partem ipsorum hominum de Ugenaco in dictis suis articulis proposuisse jus habere depascendi cum ejus animalibus, de die ac de nocte, ac jus habere recipiendi ligna, fustes et alia necessaria in nemore seu montanea predicta, de quo sit mentio in ipsis articulis, libere absque prestatione forestagii seu cujuscumque alterius prestationis et de predictis esse et fuisse in possessione pasturagii vel quasi, scientibus, videntibus se scire potentibus hominibus vallis de Miglosio et de Arsiaco contrarium dicentibus vel asserentibus contrariam possessionem proponentibus in quibusdam articulis coram nobis traditis, attendentesque ex probatis coram nobis per partem dictorum hominum de Ugenaco eorum intentionem super eorum possessione vel quasi per causam allegata, et maxime attentis, probatis per partem dictorum hominum de Miglosio et de Arsiaco etiam coram nobis super eorum possessione vel quasi per partem predictam allegatis, fundatam nunc fore ex parte dictorum hominum vallis de Miglosio et de Arsiaco, de jure suo super contentis in dictis articulis suis, plene ac sufficienter de eorum jure docuisse. Idcirco, ex hiis et aliis que nos movent et movere possunt ac debent, pronuntiamus, decernimus et declaramus dictos homines de Ugenaco, nullum jus possidendi habere nec depascendi cum eorum animalibus, nec ligna seu fustas ac alia eis necessaria in nemore ac montanea predictis accipiendi, ex probatis per eos coram nobis, nisi volentibus et patientibus dictis hominibus dicte vallis de Miglosio et de Arsiaco et ne in cetero in premissis et circa premissa impediant seu perturbent dicti homines de Ugenaco dictos homines dicte vallis de Miglosio et de Arsiaco in eorum jure possessionis predicte per eos allegate quantum possumus et debemus ex potestate per dictas partes, super hiis nobis attributa, tenore presentium, inhibemus ipsis hominibus de Ugenaco de cetero depascant nec depascere habeant, nec ligna seu fustes recipiant a montanea seu nemore de quo hic agitur, occasione seu causa possessionis per eos allegata super premissis, nisi latius, plenius ac sufficientius de eorum jure super eis possent monstrare coram judice competenti, qui monstraverit coram nobis ad que monstranda, docenda et ostendenda, si de cetero ostendere ac monstrare voluerint, dictis hominibus de Ugenaco, ea eis salva volumus et retinemus ac nostra ordinatione seu declaratione quam super predictis fecimus, et in hiis scriptis a qua quidem sentencia, cognitione, pronuntiatione ac declaratione illico ipsa lata, prefati magister Petrus de Ugenaco et Bernardi Munerii nomine ac vice seu scindicatus quibus superius ad ipsum dominum arbitrum arbitratorem seu amicabilem compositorem, seu ad illum seu illos ad quem seu ad quos de jure vel consuetudine seu provocandum tanquam ad arbitrum boni viri provocaverunt et appellaverunt acta et apostolos cum ea instantia que potuerunt scire et sepius postulando, quarum dictus dominus arbiter arbitrator seu amicabilis compositor admisit, si et in quantum de jure fuerit ad mutenda et in quantum potuit et debuit... casum in quo de jure admittendo fuerint ad eandem appellationem prosequendam ipsis appellantibus id dierum terminum seu spatium prefixit presentem remissionem, ejusdem pro actis et apostolis concedendo, lata fuit hec declaratio sententie pronuntiatio ac cognitio per ipsum dominum arbitrum arbitratorem seu amicabilem compositorem, et dicta appellatio facta anno et die et regnante quibus supra, in presentia et testimonio domini Guillelmi Arnaldi de Castroverduno militis, magistri Raymundi Caza notarii Tarasconis, pluriumque aliorum, meique Guillelmi de Asnava, notarii publici Tarasconis et totius Comitatus Fuxi, qui requisitus per dictas partes et mandatus per dictum dominum arbitrum arbitratorem, de premissis omnibus hanc cartam per alphabetum divisam recepi, scripsi et signo meo consueto signavi.   (Arch. de l'Ariège. B. 1. Cartulaire de Miglos.)

XXVIII

1385. — *Différend entre le seigneur de Miglos et les habitants de la vallée, et sauvegarde du comte de Foix en faveur de ces derniers.*

Noverint universi presentes pariter et futuri quod, Bertrandus de Natone, Guillelmus de Vila et Germanus de Pujolio, scindici vallis et universitatis de Milglosio, ut asseruerunt, constituti in loco de Milglosio, in mei notarii infrascripti et testium subscriptorum presentia; presentarunt et exhibuerunt Petro de Cadarceto locumtenenti ut dixit castellani Querii, quasdam patentes et apertas literas in pargameno scriptas, a nobili et potenti viro domino Corbeyrando de Fuxo milite, domino de Ravato, senescalloque Comitatus Fuxi et a venerabilibus et circumspectis viris dominis Arnaldo de Samortenno, Joanne de Vico et Paulo Bajuli licentiatis in legibus, consiliariisque domini nostri Fuxi comitis in dicto suo comitatu Fuxi, emanatas et sigillo authentico curie majoris dicti comitatus impendenti, cum cera rubea, ut prima facie apparebat, sigillatas, castellanisque de Tarascone, de Querio et de Vico Dessos et eorum cuilibet, vel eorum locatenentibus, directas, ut in eisdem legebatur, quarum tenor est :

Corbeyrandus de Fuxo miles, dominus de Ravato, senescallus comitatus Fuxi, Arnaldus de Samortenno judex major et ordinarius dicti comitatus, Joannes de Vico, prepositus civitatis Appamiarum et Paulus Bajuli in legibus licentiatus, consiliarii domini nostri Fuxi Comitis et in suo comitatu presidentes, castellanis de Tarascone, de Querio et de Vico Dessos, ceterisque justitiariis in dicto comitatu constitutis, ad quos presentes littere pervenerint vel eorum locatenentibus et eorum cuilibet in solidum salutem; litteras clausas domini nostri Fuxi Comitis nobis directas et pro parte hominum infrascriptorum vallis de Milglosio presentatas nos cum reverentia recepisse noveritis que sunt tales :

« A nostres ben aymats, mossen Corbeyrand senescal del
» Comtat de Foix, mossur Arnaud de Samortenh, mossur Johan
» de Vic, mossur Paul Bailhe, lo Comte de Foix; com los ho-
» mes de la val de Miglos nous ayen feyt querelle que mossur
» Guilhem Bernard Darnave senher de Miglos lor fa los greives
» que vos trametten scriuts en un cartel volen et vos mandan
» queus saubets et emparets en lors libertats et que nou leysets
» fer tort. Diu sia am vos autres. — Dades a Pau lo sixièsme
» jorn de septembre; et lor fassats donar sauvegarde; dadas
» com dessus. »

Quarum igitur litterarum autoritate ad instantiam et humilem supplicationem omnium et singulorum infrascriptorum habitatorum vallis de Miglosio, asserentium se verisimili a dicto domino Guilhermo Bernardi de Asnava milite domino dicte vallis et nonnullis aliis sibi emulis tueri, vobis et vestrum cuilibet in solidum mandamus quathenus dictos supplicantes infrascriptos, una cum eorum uxoribus, familiis, bonis et rebus suis universis, in et sub protectione, tuitione et salvagardia dicti domini nostri Fuxi Comitis atque nostra suscepimus speciali ad personarum suarum et bonorum suorum tuitionem et conservationem jurium eorumdem duntaxat et bonorum suorum justis possessionibus, usibus, juribus, libertatibus, franquesiis et saisinis in quibus ipsos eorum predecessores fuisse ab antiquo pacifice, inveneritis, teneatis, conservetis, protegatis et etiam deffendatis debite a vi armorum et potencia laicorum, et quorumcumque aliorum, et ab injuriis, violentiis, damnis, oppressionibus et novitatibus indebitis quibuscumque, non permittentes eisdem seu eorum alteri in personis, familiis, bonis et rebus eorum a quoque aliquas fieri vel inferri injurias, novitates aut indebitas oppressiones, quas si factas esse vel fuisse in ipsorum et presentis tuitionis et salvegardie inveneritis in prejudicium, ad statum pristinum et debitum reducatis reducique, et ipsis assecuramentum (tam) a personis a quibus se prethendunt timere, prestare legitimum et nobis juxta patrie legitimam consuetudinem condignam, emendam faciatis et né quis premissorum ignorantie causam prethendere possit, signa comitalia seu penuncellos signo dicti domini nostri Fuxi Comitis signatos in hospitiis et aliis bonis dictorum supplicantium de quibus vos requisierint apponatis in loco patenti seu apponi faciatis in signum hujusmodi salvegardie presentis salvegardie et tuitionis quam (in) voce preconia et publice per loca de Milglosio, de Tarascone et de Vico Dessos et alia necessaria et opportuna, ut moris est, publicare et preconisare et a personis a quibus de quibus eritis requisiti intimari faciatis eisdemque intimetis et mandetis ex parte nostra, ne in dictos supplicantes eorumve personas, familias et bona aliquod fore faciant seu fieri a quoque presumant vel attemptent et pro premissis diligentius excequendis unum vel pluries de servientibus nostris in gardiatores et deffensores hujus presentis tuitionis et salvegardie dictis supplicantibus eorum sumptibus si recurrant deputetis et concedetis eisdem qui tamen servientes vel vos de hiis que cause important vel exigunt cognitionem nullatenus intromittatis, nec se intromittant sed partes nobis renunciatis et renunciant remittatis et remittant pro eorum deveriis justitiam recipientes in quorum omnium fidem et testimonium premissorum presentes litteras dictis supplicantibus concessas fieri fecimus sub sigillo curie majoris dicti comitatus impendenti sigillatas ; nomina hominum vallis de Milglosio in salvagardia existentium sunt hec : Bernardus Columerius, Ramundus Milheti, Bernardus Amorti, Joannes Basconis senior, Joannes Vasconis minor de Baychon, Joannes Benetti, Petrus Carolli, Petrus de Natone, Serninus Salamonis, Ramundus..., Petrus Andorrani, Ramundus Auger, Vitalis et Ramundus Scalera..., etc.

Datum Appamiis, die decima octava mensis septembris, anno Domini M°CCC° octuagesimo quinto.

Petro de Cadarceto, locumtenenti dicti castellani Querii, per dictos scindicos universitatis vallis de Milglosio presentatis et per me notarium infrascriptum de verbo ad verbum in layca lingua perlectis et explicatis, ibidem dominus Vitalis Bruneti presbiter et habitator castri de Milglosio, procuratorque, ut dixit et nomine procuratorio nobilis et potentis viri domini Guilhelmi Bernardi de Asnava militis, domini castri et vallis de Milglosio presentavit dicto Petro de Cadarceto locumtenenti predicto dicti castellani Querii, quandam papiri cedulam scriptam dicendo et petendo prout in eadem continetur, cujus tenor talis est pars domini Guilhelmi Bernardi de Asnava militis, domini de Milglosio opponendo se salvegardie per homines de Milglosio impetrate et obtempte per scindicos et habitatores seu consorte, indebite et injuste salva gratia et honore concedentis et ipsis non vocatis, citatis, concessis vel commissis, dicit quod de jure talis salvagardie... non debet sine causa cognitione quare petit copiam dicte salvegardie sibi concedi et diem ad opponendum dicendum et allegandum causas justas ac rationabiles sibi concedi et apponi non debet, quas penata est ostendere et docere coram judice competenti sibi congruam assignari seu se presentem salvamgardiam... nostro Fuxi comiti ipsam concedenti ad certam diem et competentem remitti, quod dicit fieri debere de jure requirens vos notarium infrascriptum ut de predictis sibi retineatis et conficiatis instrumentum qua cedula tradita per dictum procuratorem dicti domini de Milglosio, superius inserta, ibidem idem procurator petiit sibi et nomine procuratorio quo supra, diem congruam et sufficientem remitti quod dicit fieri debere, de jure requirens vos notarium infrascriptum ut de predictis sibi retineatis et conficiatis instrumentum concedi et assignari ad proponendum, dicendum et allegandum causas rationabiles diem concedi et apponi non debet copiamque dicte salvegardie sibi dari et concedi, vel in formam publicam sibi tradi, quod dixit fieri debere quibus... locumtenens dicti castellani Querii exequendo formam literarum predictarum dicte salvegardie superius insertarum ad instantiam et requisitionem dictorum scindicorum universitatis vallis predicte de Milglosio, homines et singulares dicte vallis nominatos et expressatos dictis literis dicte salvegardie, una cum eorum liberis, familiis et bonis universis posuit in dicta salvagardia dicti nostri Fuxi Comitis et penuncellos signo domini nostri Fuxi comitis signatos in signum dicte salvegardie, et appositos in quadam pertita fixa et apposita in carreria publica et in loco patenti ville de Milglosio apposuit, more solito et nihilominus prefatus locumtenens et castellani dictam salvam gardiam ibidem in dicto loco de Milglosio per Johannem Floraudi preconem publicum de Tarascone, cum tuba et voce preconia preconisari, ut moris est, publicari et notifficari fecit, et facta dicta publicatione dicte salvegardie, dictus locumtenens dicti castellani assignavit diem dicto domino Vitali Bruneti presbitero procuratoreque dicti domini de Milglosio, ad audiendum assignationem diei, de et super contentis in dicta cedula superius per ipsum cause presenti tradita per ipsum locumtenentem sibi faciendam si de jure teneatur videlicet diem martis proximum sequentem infra tertiam et in loco de Tarascone requirentes me notarium infrascriptum tam dicti scindici quam dictus dominus Vitalis, nomine procuratorio quo supra ut de premissis omnibus et singulis sibi et cuilibet ipsorum reciperem et conficerem publicum instrumentum quod et feci.

Actum fuit hoc in loco de Milglosio, die vigesima tertia septembris, domino Carolo rege Francie regnante, anno Domini M°CCC° octuagesimo quinto. — Hujus rei sunt testes, Ramundus Maurini de Milglosio, Ramundus Maysella de Andorra,

Francius Daffis de Surmaca, Bernardus Agendi de Fuxo, et ego Guillelmus de Abbate, notarius Tarasconis et totius comitatus Fuxi publicus, qui requisitus hanc cartam recepi, scripsi et signo meo consueto signavi.

(Arch. de l'Ariège, B. 1. Cartulaire de Miglos.)

XXIX

1385. — *Publication, par le héraut Jean Floraud, de la sauvegarde du comte de Foix en faveur des habitants de Miglos.*

Noverint universi presentes pariter et futuri, quod Joannes Floraudi, preco publicus ville et universitatis Tarasconis et Petrus de Cadarceto dicti loci de Tarascone locumtenens ut dixit, castellanus Castri Querii, constitutus in loco predicto de Tarascone, in mei notarii publici et testium subscriptorum presentia, palam et publice, cum tuba et voce preconie preconisavit, sic dicendo omnibus et singulis scire facimus quod homines et habitatores vallis de Milglosio, cum eorum uxoribus, familiis et bonis universis, sunt in protectione et salvagarda speciali domini nostri Fuxi Comitis, et mandamus quibuscumque personis ne aliquas violentias seu damna in eorum personis faciant nec in eorum bonis et antiquis possessionibus, usibus et libertatibus in quibus dicti homines sunt eorumque predecessores fuerunt minime impediant nec perturbent aliquo modo indebito et hoc, in et sub pena qua erga nostrum Fuxi comitem de jure poterit incurrere, de quibus Germanus de Pujolio scindicus de Milglosio requisivit sibi fieri publicum instrumentum per me notarium infrascriptum, quod et feci.

Actum fuit hoc in urbe Tarascone, die penultima mensis septembris, domino Karolo, Dei gratia, rege Francie regnante, anno Domini M°CCC° octuagesimo quinto. Hujus rei sunt testes, Ramundus de Astonovo, Joannes Gilaberti junior Tarasconis et totius Comitatus Fuxi publicus, qui requisitus, hanc cartam scripsi et signo meo consueto signavi.

(Arch. de l'Ariège. B. 1. Cartulaire de Miglos).

XXX

1390. — *Dénombrement des feux du comté de Foix par ordre de Gaston Phœbus.*

MIGLOS.

Lo Castet.
R. Calbel.
B. Arnaud.
Joh. de Casaliera.
P. Tressentz.
Joh. Tressentz.
Bertran Denator.
lo Perorat.
na Ribas.
Blanca de Molheras.
P. Andorra.
A. den Sarras.
R. Andorra.
III molis de G. Ysarn.

} de gentil.

Joh. Auriol.
G. Malifart.
Guilhelma de Calbel.
Joh. Vidal.
B. Lausa.
Joh. Gabarra.
Joh. Maliffart.
Joh. Astruga.
Germa Monier.
Jordi de Milglos.
G. Ysarn.
. . . . (Noms effacés.)
XXVIII focx que balen XIIII, baixa 1 foc $^1/_2$ per la rebista; aixi demoran XII focz $^1/_2$.

NORAT.

R. Vidal.
Joh. Amiel.
Amiel Gnosi.
Miquel Alias.
Joh. de Malpas.
(Noms effacés.)
B. Manores.
P. Jole.
G. Babi.
G. Fonta.
R. Escalier.
Joh. de la Serra.
P. Nato.
en Salamo.

} de gentil.

A. del Potz.
A. Salamo.
P. Adonat.
Nadaut, laus la meictat de las terras se laboren per los sius, condat per mieg foc.
Joh. Bonet.
P. Cayrol.
A. Jole.
G. Jole.
G. de la Font.
XXXIX $^1/_2$ que balen XIX, III quartz.

UGENAC (1).

R. de Ugenac.	lostal del sartre, tet cubert, las terras se laboran, condat per foc.
le moli de Mossen Mondoya.	
R. Scudier.	lostal de Mossen Mondoya.
aute deldit R.	P. dena Anglesa.
le molinier.	P. Malifart.
R. Monier.	R. Claustra.
R. Narossa.	lo rector de Ugenac de Mossenher.
A. Scot.	I. de Mossenher, XV de gentil que balen VII, baixa II focxs et aixi demoren VI focx.

(Arch. des Basses-Pyrénées, E. 414.)

XXXI

1394. — *Différend entre le seigneur de Miglos et les habitants de la vallée, au sujet du droit de fouage.*

In Dei nomine, amen. Noverint universi et singuli, tam presentes quam futuri, quod anno et die infrascriptis, in mei notarii et testium subscriptorum presentia, quod Joannes Trescentii scindicus universitatis et omnium habitatorum vallis de Miglosio pro se et tota universitate singulorum et habitantium in ea provocaverat et appellaverat, et acta et apostolos petierat et aliter dixerat et egerat, modo et forma contentis et expressatis in quadam papiri et appellationum cedula scripta quam ibidem mihi notario infrascripto tradidit et communicavit, cujus tenor talis est : Appellationum usus tam frequens quodque necessarius existat, nemo est qui nesciat. Idcirco, ego Joannes Trescentii, scindicus universitatis et omnium habitatorum vallis de Miglosio, nomine proprio et scindicatorio, me universitatem, homines habitatores universos et singulos vallis ejusdem, sentientes gravari in juribus meis et suis, diminui multipliciter atque ledi a vobis viro nobili ac potenti domino Guillelmo Bernardi de Arnava milite, domino vallis de Miglosio, a vobis

(1) Ugenac est Junac.

discretis viris Petro Aurioli et Joanne Amelii bajulis vallis ejusdem pro domino memorato et vestrorum quolibet ac vestris audientiis et ipsarum qualibet ex eo videlicet et pro eo quod licet rationabiliter ex utroque jure introductum esse dicatur, ne alienum debitum quamvis exsolvere compellatur et aliud pro altero nullatenus vexetur noviterque fogagium michi, universitati, habitatoribus universis et singulis vallis ejusdem quatuor terminis vobis exsolvendum primo termino jam preterito, et reliquis tribus in antea facturis judicium extiterit et pro contribuendo eidem fogagio pro terminis quatuor predictis, Guillelmus Athonis Babini facta extimatione facultatum suarum legali triginta octo francorum auri exsolvere teneatur, quorum quidem triginta octo francorum auri exsolutione per dictum Guillelmum Athonis Babini facienda in extimatione totalis summe fogagii et nostri extimatione debeat evenire per eosdem triginta octo francos predictos Guillelmus Athonis Babini ex contractu debito vel quasi, ego pro me et quo supra nomine universitas, habitatores universi ac singuli vobis pro predictis, cessamus et cessavimus esse et fuisse ad solvendum... licetque dictus Guillelmus Athonis Babini revera fuisset quitatus et liberatus a contributione dicti fogagii et aliorum in antea indicendorum et a solutione triginta octo franchis auri predictorum per vos dominum memoratum seu antecessores vestros et eosdem triginta octo franchos auri exsolvere non teneamur; ymo pro solutis eosdem reputare et de totali summa fogagii modo defalcare deberetis, secundum juris formam, his vero non obstantibus me, universitate, habitatoribus universis et singulis vallis predicte non citatis, non vocatis, non convictis, non presentibus non contumaciter absentibus, in juribus meis inauditis, sed totaliter neglectis et minime consideratis erga solutionem fiendam fogagii ejusdem et pro quatuor terminis superius expressatis me, ut privatum et qui supra nomine, habitatores universos et singulos vallis predicte compellendos fore integraliter totum fogagium predictum terminis pro expressis, nulla facta deductione dictorum triginta octo franchos auri partem dicti Guillelmi Athonis Babini ut pro tali usu tangentium pignoris captione et detentione et aliter rigorose et ad solvendum eosdem triginta octo franchos auri nos compulsendos esse et dictum Guillelmum Athonis Babini ad non solvendum triginta octo franchos auri predictos ordinastis, disposuistis, decrevistis et mandastis vigore premissorum, et juxta tenorem et vigorem ordinationum et mandatorum predictorum nonnulla pignora diversa et quam plurima in prosequtione, appellatione presentis, si fuerit necesse specificare, per servientes et exequtores etiam si fuerit necesse, in ipsa prosequtione nominandos, capta et venalia exposita inciviliter extiterunt male perperam et inique seu etiam nulliter ordinando, decernendo, precipiendo, mandando, et triginta octo franchos auri indebite a nobis exigendo, et exequtiones injuriosas pro eisdem fieri jubendo et faciendo ad solvendum alienum debitum nos inciviliter compellendo et compelli faciendo, aliterque in premissis et circa premissa procedendo, a quibus quidem ordinationibus preceptis, mandatis, jussionibus indebitis, exactionibus injuriosis, excequtionibus et aliis gravaminibus superius expressis, et que potuit ex premissis colligi jam illatis et in futurum verisimili inferendis, ut ab iniquis et in instrumento seu etiam ipso jure nullis a vobisque domino memorato et bajulis prefatis et eorum quolibet vestrisque audientiis et qualibet ipsarum ad dominum judicem appellationum Comitatus Fuxi ejusque curiam, viva voce et in aliis scriptis, pro me ipso et quo supra nomine, provoco et appello acta et apostolos semel, secundo et tertio cum debita reverentia et multiplicata instantia quibus decet et convenit postulando ibidem aut appellationem per modum expressatam vobis absentibus facio, cum presentiam habere nequeam de presenti protestes tamen quod quam citius potero presentem appellationem vobis seu vestrorum majori parte intimare seu faciam intimari, requirens vos magistrum Arnaldum del' Abatuto notarium ut de predictis omnibus et singulis suprascriptis michi quo supra nomine publicum recipiatis instrumentum qua quidem papiri et appellationis cedula scripta per me notarium infrascriptum recepta illico prenominatus Joannes Trescentii scindicus et scindicatorio nomine hominum et universitatis prefatorum appellans requisivit per me notarium supra et infra scriptum retineri et fieri publicum instrumentum, quod et feci. Acta fuerunt hec, in civitate Appamiarum, die vigesimo nono mensis junii; anno Domini M°CCC° nonagesimo quarto, serenissimo principe domino Karolo, Dei gratia, Francorum rege regnante, et domino Bertrando, miseratione divina Appamiarum episcopo presidente. In presentia et testimonio magistrorum Guillelmi de Omnibus bonis et Jacobi de Lascossa notariorum habitatorum Appamiarum et magistri Arnaldi de Labatuto, notarii Appamiarum et totius Comitatus Fuxi qui requisitus, cartam istam retinuit et in suo protocollo notavit manu propria vice cujus et mandato.

Ego Guillelmus Calveti clericus substitutus et juratus dicti notarii, abstraxi fideliter et in ipsa veritatis substantia in aliquo non mutata, et Ego idem de Labatuto notarius predictus facta prius collatione cum originali una cum substituto meo hic me subscripsi et signo meo consueto signavi.

(Arch. de l'Ariège. B. 1. Cartulaire de Miglos.)

XXXII

1401. — *Hommage de Guilhem d'Arnave et de Brunicen de Rabat au comte de Foix, pour le château et les dépendances de Miglos.*

In nomine Domini, amen. Conegude cause sie a totz qui las presentz beiran ne audiran que constituit personaument, lo noble mossen Guilhem Bernat Darnave cavaler, marit et procurador de la nobla madona Brunicen de Rabat de la quoa procuracion aqui medix fe prompte fe per instrument public lo quoas exibi en bona forma feit et retengut et tornat en forma publiqz per la maa de maeste Johan Fairo, notari public de Tarascon et en tot lo comtat de Foix, jus la date acciou ... in castro de Milglossio die XVIII mensis januarii, anno Domini M°CCCC° primo, en presenti de mi notari et deus testimonis dejus scritz, estan per davant los trops poixantz egregis et poderoos senhor et dona mossen Archambaud et madona Ysabel per la gracie de Diu Comte et Comtessa de Foix, et cum a marit et procurador de la dicte madona Brunicen, requeri los medix mossen Archambaud et madona Ysabel Comte et Comtessa dessus nomatz ab instancie et reverenci degude que lo medix mossen Guilhem Bernat cum a marit et procurador soberdit, bolossen et los plagos receber al homenadge et segrament de fideutat per luy en nom que dessus alor fasedor et prestador per lo castet et bal de Milglos ab lors dretz et apertienses per la part que la dicte madona Brunicen ha a Rabat, a Gorbit, a Bedalac, a Banac dessus, a Florac per lostau et autres causes que ha a Tarascon ab lors apertientes et per totes et sengles autres causes que ha en lo comtat de Foix, per los quoas castet, bal, partz, hostau et autres causes dessus copressades, la dicte madona Brunicen et sous predecessors aven acostumat et eren thiencutz de far a lors pre decessors Comtes et Comtessas de Foix deus quoaus ere et los sons ac thienen et apresent thien en fiu honorat deus ditz senhor et dona Comte et Comtessa, laquoa requeste aixi fette per lodit mossen Guilhem Bernat los medix mossen lo Comte et Madona la Comtessa en continent a la supplicacion et requeste deu medix mossen Guilhem Bernat procurador susdit, se offerin aqui medix estre apparelhatz receber lodit homenadge et segrament de fideutat deu dit mossen Guilhem Bernat per nom que dessus et far las autres causes que senhor et dona devin far a lor bassal en lo cas present et semblant.

Daqui medix lodit mossen Guilhem Bernat estan agenolhs davant los ditz mossen lo Comte et madona la Comtessa et thien sas maas junctes enter las lors et admetut au dit homenadge per lor, so es per los ditz senhor et dona aixi cum dict es, prometo et en lo libe missau sober lo Te igitur la sancte crotz dessus pausade, en nom et cum a procurador que dessus jura aus ditz senhor et dona Comte et Comtessa que dassi avant en tot temps, sera bon et fideu a lor et alors infantz successors aixi cum bassal deu estre a son senhor et dona. Et que los ditz mossen lo Comte et madona la Comtessa et los lors en quant que poyra et sabera jus lo nom de fidelitat exaussara et nustemps lors bites et membres et honors que an de sa boluntat, cosselh o monestation no perderan et que tot damnadge et detriment a lor et aus lors que ed sabos evitara et en totes causes sera avidant a lor a son poder et saber. Et que no sera en dampnatge de lor justicie et autres causes que alor honestat aperthien posquen. Aixi medix que no sera en dampnatge deus ditz senhor et dona Comte et Comtessa de lors possessions et autres causes a lor apertiens et degudes en aqueste partide. Item que prestara aus ditz senhor et dona comte et comtessa et aus lors en totes et sengles aquestes causes sobredictes, cosselh, favor et avide a tot son poder et forsse.

Et semblamentz los medix mossen lo Comte et madona la Comtessa bayssan audit mossen Guilhem Bernat per nom que dessus en saboque prometon et juran en lavant dit segrament que edz seran bons senhor et dona et fideus en totes aquestes causes sobredictes aluy aixi cum senhor et dona devin esser a lor bassal en las quoaus ed per nom que dessus a prometut a lor esser bon et fideu. Et lo recebon lo dit homenadge sauban lor dret et de partide en totes causes de las quoaus causes soberdictes tant los ditz senhor et dona quant lodit mossen Guilhem Bernat a cadaun de lor an requerit et feit so en la capere de labadie de Foix, lo darre jorn deu mees de fevrer lan M.CCCC. I.

Testes son dasso, los nobles mossen Ramon Roger bescomte de Coserans, mossen Guiraud senhor de Mauleon cavaliers, Oliver Darnhac donzel, lo savi et discret mossen Arnaud de Gratalop licencier en decretz et trops dautres.

(Arch. des Bass.-Pyrén. E. 422. Registre, p. 53).

XXXIII

Dans les rôles des revenus du Comte Jean de Foix au pays de Foix, au commencement du quinzième siècle (1413-1436), nous relevons pour Milglos : (Arch. Bas.-Pyr., E. 473)

Seigneurie de Quié. — Le noble Guilhem Arnaud del Leo (1) senhor de Milglos, te la boria de Florac am totas sas pertenensas en fieu noble del Comte de Foix.

La baronia de Milglos, laqual se confronta am Seguier, Castel berdu, Anhaus, Capolet, es del noble Guilhem Arnaud del Leo senhor de Milglos am totas sas pertenensas et juridictio hauta et bassa, mei et mixst imperi, en la qual baronia, mossenhor lo Comte no pren ni sos predecessors no han acostumatz de pendre deugus dreytz ni fogatges ni donatios sino lo homenatge.

Arabaus es del senhor de Milglos et de Peyrat de Lorda, am la juridiction miyana entro LX sols on mondit senhor lo Comte de Foix no pren sino certa alberga et certz bladatges annualment et la maytat dels fogatges et donatios alors temps. Et quant à la hauta senhoria es de la juridiction de Foix.

Montlaur es del senhor de Milglos et del senhor de Leon on han juridiction miyana entro à LX sols, et la subirana juridic-

(1) Pour del Beo.

tion, de Foix, empero al present es derelicte et inhabitable on mondit senhor lo Comte solia pendre certz bladatges et alberga et la maytat dels fogatges et de las donatiós al loc et temps quant ni ha.

Pradieras es del senhor de Milglos et de la juridictio de Foix per entier segon se ditz on mossenhor de Foix pren certz bladatges et alberga.

XXXIV

1454. — *Acte d'hommage des habitants de Miglos au seigneur Manaud de Louvie, comme mari de dame Catherine de Beon, héritière de toute la seigneurie, en vertu du testament de Guillem Arnaud de Beon, son père et seigneur de Miglos.*

A la suite de l'acte de procuration donnée par Catherine de Beon à son mari, se trouve l'hommage des habitants de Miglos à Manaud de Louvie.

... Atque ante sui presentiam in eodem loco et platea predictis venire fecit incolas et habitatores infrascriptos ejusdem vallis et baronie antedicte quos nominatim unum post alium per me notarium infrascriptum describi fecit prout seriatim sequitur. Primo, Guillermus Trestentii, Germanus de Puyolio, Ramundus Audoandi, scindici vallis predicte, Arnaldus Bayxon, loci de Bayxon, Bertrandus Trestentii, Berduc de Corty, Johannes Andorrani, Johannes Trestentii alias Coudoy, loci de Arquisato, Bernardus Baccalar, Germanus de Prato, Petrus Gavarra, Jacobus Descala, Brunetus den Faure, Johannes Gasc, alias Braire, Ramundus den Vaquier, loci de Noigato, Michael Beneti, Ramundus de Puteo, Petrus Escalerie, Guillermus Salamonis, loci de Assiato, Petrus de la Serra, Petrus Babini, Guillermus den Baby, Aymericus Daura, Aliotus Jole, Johannes Gozini, Guillermus de Villa, Vitalis Gosini, loci de Vorrato, incole et habitatores ejusdem vallis ac baronie antedicte, quosquidem incolas et habitatores idem nobilis Manaldus de Lupperio tam pro se quam nomine quo supra, perlegi et nominari unum post alium fecit, per me notarium infrascriptum, et ipsis omnibus supradictis personaliter existentibus et constitutis ante ipsius nobilis

Manaldi presentiam in loco et platea predictis, ipse in quam nobilis tam nomine proprio quam etiam nomine et vice prefate nobilis domine Catherine de Beone ejus uxoris organo venerabilis et circumspecti viri domini Ramundi Johannis in legibus licentiati civitatis Appamiarum prefatos incolas et habitatores ejusdem vallis requisivit singulariter et divisim quathinus eidem nobili Manaldo de Lupperio ut domino ejusdem vallis et baronie antedicte et etiam quo supra nomine ac vice ejusdem nobilis domine Catherine ejus uxoris ac domine dicte vallis, darent, preberent et tribuerent sive facerent homagium ac fidelitatis juramentum tanquam eorum dominis propriis. Quaquidem requisitione facta per prelibatum dominum de Milglosio pro se et quo supra nomine, organo prefati domini Ramundi Johannis, prenominati incole et habitatores ante dicte vallis de Milglosio omnes insimul ad invicem et unanimiter concordantes habito que inter ipsos maturo consilio super hujusmodi homagii et fidelitatis juramenti prestatione, non vi, metu, dolo, fraude, suasione seu circumventione alicujus modi persone ad hec ducti, non decepti ab aliquo aliquibusve; sed gratis autem et ex eorum certis scientiis et de omni eorum jure plenarie ut dixerunt certifficati pariter et instructi recognoverunt et in veritate fuerunt confessi; preffato nobili Manaldo de Lupperio domino vallis, baronie ac juridictionis antedicte de Milglosio tanquam domino proprio et ut procuratori sepedicte nobilis domine Catherine de Beone ejus uxoris, ibidem presenti pro se ipso et preffata domina nobili Catherina et suis stipulanti solemniter et recipienti eorum bona fide et super sancta quatuor Dei Evangelia, cum eorum manibus dextris et sinistris et cujuslibet ipsorum corporaliter sponte tacta unus post alium jurantes per ordinem et prout seriatim describuntur bonis et rebus que et quas habebat et habere debent, tenent et possident in preffata valle, baronia et juridictione ejusdem, promitentes prenominati incole et habitatores prelibato nobili nomine quo supra eorum bona fide et sub virtute juramenti per ipsos et ipsorum quemlibet, et etiam ex pacto et conventione validis et expressis convenerunt quod erunt boni et fideles erga prefatum dominum de Milglosio et dictam dominam nobilem Catherinam de Beone ejus uxorem et dominam ejusdem vallis ac baronie predicte de Milglosio, sicut boni et fideles talis status et conditionis suo bono domino sunt et esse debent atque tenentur utilia que sua ipsius domini et ejus uxoris procurare eorum posse et inutilia parte evitare, quem promiserunt prefati incole et habitatores predicte vallis firmo et solempni pacto perpetuo valituro, quod non erunt in consilio seu tractatu verbo vel facto quod ipse nobilis dominus de Milglosio aut prefata nobilis domina uxor sua admitat aliquod membrum suum, neque terram, nec capiatur mala captione, nec etiam quod ipse idem nobilis dominus aut sui patiantur aliquod dampnum seu malum, ymo si forte scirent per aliquem seu aliquos aliquod dampnum seu dampna contra ipsum dominum nobilem vel suos tractare, incontinenti ut ... poterunt, eidem notifficabunt ac revelabunt et denunciabunt seu etiam denuntiare promiserunt. Demumque promiserunt sepenominati habitatores et ex pacto valido convenerunt jamdicto domino nobili nomine quo supra, dare ac solvere anno quolibet in festo omnium Sanctorum et aliis terminis consuetis, pro casalibus et bonis predictis, servitium annuale debitum, solitum et consuetum, et alia deveria debita et solvere solita et consueta ac etiam homagium personale facere in mutatione domini. Et in signum omnium et singulorum premissorum existentes insuper coram eodem nobili Manaldo de Lupperio dominoque antedicto de Milglosio tam pro se quam nomine quo supra, modo et forma predictis, genibus flexis capitibusque suis discopertis virtute juramenti superius pro ipsos et ipsorum quemlibet corporaliter prestiti homagium personale de premissis fecerunt, et gratis ac sponte fidelitatis juramentum prestiterunt atque fecerunt renuntiantes supra hiis prelibati incole et habitatores omnibus et quibuscumque juribus canonicis et civilibus cum quibus contra premissa vel premissorum aliqua facere vel venire possent aut se jurari deffendere vel tueri ullis temporibus in futurum per quodquidem homagium et juramentum fidelitatis superius prefatos incolas et habitatores vallis jamdicte prestitum sepenominatus nobilis Manaldus de Lupperio dominus de Milglosio tam pro se quam etiam nomine ac vice prelibate domine nobilis Catherine de Beone ejus uxoris dominoque prefate vallis... actus seu adeptus fuit omnimodum corporalem ac realem vallis jamdicte possessionem et dominationis que... et aliarum rerum connexarum emergentium et dependentium ex eadem.

Et vice versa, prenominatus nobilis Manaldus de Lupperio dominus antedictus vallis et baronie predicte de Milglos ionomine quo supra non coactus nec deceptus nec ab aliquo circumventus sed sua bona ac spontanea voluntate, recipiens a supra nominatis incolis et habitatoribus predicte vallis homagium predictum per ipsos et ipsorum quemlibet singulariter et divisim sibi eidem nobili domino superius factum et prestitum sub pactis, formis, conditionibus et retentionibus supradictis, et in hoc presenti publico instrumento expressatis, promisit et convenit sua bona fide et supra sancta quatuor Dei Evangelia cum sua manu dextra corporaliter sponte jurans tenere et servare ipsos incolas et habitatores et quemlibet ipsorum in suis usibus, privilegiis et libertatibus ac consuetudinibus seu franchesiis debitis et consuetis, in quibus predecessores sui ipsos tenuerant pacifice et quiete, ac etiam ipsi incoli et habitatores et eorum predecessores existerunt, insuper promisit idem nobilis dominus de Milglosio, sua bona fide et sub virtute juramenti per ipsum superius presliti, quod non faciet nec a quocumque facere ex sui parte permitet aliquas injurias, oppressiones nec indebitas novitates contra seriem et tenorem hujus presentis publici instrumenti, nec formam antiquam et consuetam de quibusdem omnibus universis et singulis supradictis ad invicem promissis tenendis, complendis et cum effectu inviolabiliter de puncto ad punctum observandis, preffatus nobilis Manaldus de Lupperio dominus antedictus de Milglosio tam pro se quam etiam nomine ac vice preffate nobilis domine Catherine de Beone ejus uxoris ex una; et prenominati incole et habitatores ex altera partibus, obligarunt et ypothecarunt alter alteri omnia et singula eorum bona mobilia et immobilia presentia et futura. Bonam que et firmam guirentiam et legitimam juris evictionem, preffatus nobilis dominus de Milglosio eisdem habitatoribus et suis ex parte domini facere et portare promisit sub consimili ypotheca et obligatione omnium bonorum suorum predictorum et sub omni juris et facti renuntiatione ad hoc necessaria qualibet pariter et cauthela requirendo me notarium publicum infrascriptum predicte partes ut de premissis eisdem conficerem et retinerem publicum instrumentum per alphabetum quod et feci. Acta fuerunt hec et publice recitata in predicta valle de Milglosio die tercia mensis octobris, anno Domini M°CCCC°L°IV°, regnante domino Carolo Dei gratia Francorum rege; presentibus in premissis domino Bernardo de Mesplerio presbitero commorante cum preceptore de Capoleto, domino Bernardo de Podio, presbitero comorante in vicariatu de Milglosio, et Arnaldo Guillermo de Sancta Vite servitore ejusdem domini de Milglosio, testibus ad premissa vocatis. Et me Petro Comteti notario loci Tarasconis ac totius Fuxi comitatus auctoritate comitali publico qui de premissis requisitus per ambas partes, cartam istam per alphabetum divisam recepi, scripsi, notari grossari et signo meo solito quo communiter utor in fidem et testimonium premissorum quod est tale signavi.

(Arch. de l'Ariège, B. 1. — Cartulaire de Miglos.)

XXXV

1462. — *Accord entre le seigneur de Miglos et les habitants, au sujet du droit de quête volontaire, et concession de privilèges faite par le seigneur à ses vassaux.*

In nomine Domini, amen. Noverint universi et singuli, presentes pariter et futuri, quod cum prout ibidem fuit, per partes infrascriptas dictum, questionis materia orta fuisset et amplius oriri sperabatur inter nobiles Manaldum de Lupperio et Catharinam de Beone conjuges, filiam et heredem universalem nobilis Guillelmi Arnaldi de Beone quondam, domini de Miglosio, dominos de Miglosio, ex parte una; et Vitalem Trescentii, Bernardum Crescentii scindicos, Guillelmum Crescentii, Petrum Gabarra, Anthonium Gasc, Joannem Gosini, Brunetum Fabri, Aliotum Gozini, Germanum de Prato, Petrum de Serra et Aliotum Jolem, singulares habitatores loci de Milglosio et alios homines suos loci de Milglosio predicti, ex parte altera; super eo quod dicti conjuges domini de Milglosio dicebant et asserebant homines eorum proprios dicti loci de Milglosio habitatores, esse et antiquitus fuisse homines questabiles ad voluntatem ipsorum dominorum et predecessorum suorum, sicuti alii homines questabiles ad voluntatem patrie Savartesii erant et esse consueverant et ita et tales esse recognoverunt, cum instrumento seu instrumentis, per quemlibet ipsorum seu majorem eorum partem, concessis et receptis per magistrum Sancium Marre, notarium de Tarascone, ut reformatorem dicte baronie de Milglosio, ut latius in libro terrerio per ipsum facto et instrumentis recognitionum per ipsum retentis, apparebat; quare dicebant, quod ipsi domini poterant et erat eis fas et licitum, anno quolibet, certam ad eorum voluntatem imponere questam, sicuti dominus abbas monasterii Fuxi faciebat hominibus suis de Savinhano, et aliis in ipsos questare et questam imponere, ad eorum libitum et voluntatem. — Prenominati autem homines de Milglosio, ipsorum dominorum, dicebant et asserebant nullo tempore, ipsi neque eorum predecessores esse neque fuisse homines questabiles ad voluntatem neque unquam questati fuisse ; ymo super premissis, eorum predecessores habuerant plura litigia, debata, questiones cum dictis (dominis) de Milglosio qui tunc erant, et in pluribus curiis, causa, super premissis, fuit placitata; et ultimo, super dicto debato, fuit firmatum, compromissum, inter magnificum principem dominum Gastonem tunc Fuxi comitem qui sententiam protulit, hujus sententie quod ipsi homines essent questabiles, sicuti ipse Comes tenebat, in futurum teneret homines de Saurato et de Merenchis, ut latius in instrumento sententie canetur, et cum ipse dominus Comes teneret et teneat de presenti, homines dictorum locorum de Saurato et de Merenchis, ad certam questam non mutabilem ; ymo, sicut homines certi servitii, ita erant ipsi homines de Milglosio ejusdem conditionis, et domini de Milglosio predicti teneant ipsos et tenere consueverunt ad certum censum annuum et certam obliam, temporibus retroactis, et quilibet homo dictorum dominorum habeat quotam per se divisam, et ita tenere consueverant, et non alius, quare dicebant non esse neque fuisse homines questabiles ad voluntatem, ymo, homines certi servitii sunt alii homines francales et certi servitii terre Savartesii erant et esse consueverant super quibus, partes predicte formidantes amplius inter ipsas, lis et dissensio atque litigium oriri, cupientes, ut dixerunt, litibus, questionibus et litigiis antedictis et aliis quod in futurum ex eisdem evenire possent, et viam litigii totaliter relinquere laboribusque et expensis ac amfractibus judiciariis qui subsequi possent, si ulterius dicta litigia ducerentur, parcere et evitare, cupientes dicti domini, subditos habere locupletes, tractantibus quibusdam amicis federatis partium antedictarum, super premissis debatis, questionibus et aliis que ex eisdem subsequi possent, gratis et eorum certis scientiis, non coacti, nec vi, metu, dolo aut fraude circumventi, sed eorum mera voluntate per se et eorum successores, presentes atque futuros, dicta nobilis Catharina, de licentia dicti ejus viri, et dicti homines et alios absentes, per quos, omnia hic agenda promiserunt facere, habere rata, super dictis debatis convenerunt, concordarunt, pactizarunt et transigerunt in modum et formam contentis in quadam papiri cedula per me notarium infrascriptum, de consensu et voluntate dictarum partium scripta, et per ipsos dominos ad humilem dictorum hominum supplicationem concessa, quam et contenta in eadem hic inferi voluerunt, hujus tenoris qui sequitur.

Sieguen se las causas qué los homés dé Miglos demandan à Mossur et à Madona dé Miglos sus lo accord entré lor feyt sus lo débat dé la questa voluntar.

Premiérement qué losdits homés et pages propres deudit senhor et dona, et tots los bés adquisits et aquisidors en laditta val et lors causas qué tenen et teneran dassi en avant sian dé cert servici franqual et qué cascun sia tengut pagar cascun an, lo servici qué am accoustumat ayci qué an récognegut de novel et no plus.

— Resposta losdits mossur et madona de Miglos sont contents.

Item qué cascun d'els, puscan vendre a qui só voleran, fora personas del dreyt prohibidas, et aixi ben, comprrar dedins ladita val dé Miglos, pagan los foriscapis ausdits senhors, so es dé douze sols, un sol, comme es accoustumat per lo pays, et lo senhor sia tengut lauzar lasdites vendas et crompas, pagan losdits foriscapis.

— Resposta losdits mossur et madona sont contents.

Item, en otra, qué cascun desdits habitans, sen pusca anar quand li playra am sos bes et causas, leysan lo cazal franq et quiti daqui al jorn qué sen ira, et destarg dé tot arreratgé, ab tant qué leyssé fiuatier responsablé al senhor dé son flu, et qué, en asso, si anar sen vol, lodit senhor no li fassa negun empachement.

— Resposta losdits mossur et madona sont contents.

Item qué losdits habitans, cascun qué tenga pastor, pusca

donar tenguda entra sayxanta caps de bestiar lanat. et dets caps de bestiar boy, sens né pagar al senhor negun forastagé.

— Resposta losdits mossur et madona sont contents sans autre frau.

Item losdits habitans, otre so dessus, sian tenguts dé contribuir et pagar segon la facultat dé lors bes, en quatré cayes en dreyt contenguts, quand sé endévendran.

— Resposta losdits mossur et madona sont contents.

Item qué losdits habitans puscan mettré carbonés en lo bosc qué es dedins los laboradius, on an accoustumat ab qué lo forestatgé venga al profieyt dé la Gleyzé et la treyta sia del senhor com an accoustumat.

— Resposta losdits mossur et madona sont contens, mesqué los laboradius sé trémenen et qué losdits habitans ayan lodit forestatgé sens prejudici deusdits mossur et madona et dé lors successors.

Item qué losdits pages puscan vendre lors blats, sivadas, polhailla la on lor playra, ab qué una bégada la ayan presentada audit senhor et dona si lan besonh, et qué au cas qué els no a ayan besonh, qué d'aquera hora en avant, no lor puscan mettré penas dé las vendré on lor playra.

— Resposta mossur et madona sont contens, ab tant qué prenguan sal et autres mercadarias si elz né an al pretz qui ac trobaran per vila.

Item qué losdits habitans no sian compellits fer las manobras, sinon al temps qué la recogneyssensa dits, et qué preguan ausdits mossur et madona qué si lor es plasent lor fluen lasditas manobras a douize dines per journal losquals els séran contents pagar, et au cas qué no los vulhan fluar, al mens no los compelliscan dé fer aquelas, sinon al temps qué dits la recogneyssensa.

— Resposta losdits mossur et madona sont contens à scieze dines per journal losquals paguen cascun an à St-Miquel dé mai, et si aysi non ac volen, fassan com an accoustumat.

Item den otra, demandan qué tot autré usaitgé et coustuma demoré en sa efficacia et valor.

Que omnia et universa et singula superius in preinserta papiri cedula contenta, promiserunt et convenerunt, una pars alteri et vice versa, tenere, servare et de puncto ad punctum observare et complere, prout in eadem continetur. Prefati vero nobiles conjuges domini de Milglosio ad causam hujusmodi transactionis, promiserunt et convenerunt, tenore presentis publici instrumenti, prenominatos eorum homines et eorum successores nec non et omnia eorum bona mobilia et immobilia, a prefata questa voluntaria et jugo ejusdem, casu quo per antea ad eandem tenere ut sive essent alioquin obligati, absolverunt penitus et perpetue relaxarunt, reducentes ipsos et eorum bona ac eorum successores, ad certam obliam et *canonem* sive annuale servitium modo et forma contentis et specificatis in dicta cedula, ita et taliter quod a cetero ipsi et eorum successores de bonis suis adquisitis et adquirendis possint et valeant testari, mercari, negotiari, et omnes actus legitimos et alios quoscumque exercere in judicio et extra, et quod a cetero sint franqui, liberi et ingenui a dicta questa voluntaria; constituentes eos et eorum successores ad ea tempora quibus omnes homines liberi nascebantur cives romani, quod si predicti homines seu eorum progenies descederent absque testamento seu alia ordinatione, bona eorum applicentur propinquioribus, juxta juris communis formam et dispositionem; concedentes, dicti nobiles conjuges, hominibus predictis et eorum successoribus presentibus et futuris, tenore presentis instrumenti, libertatem et francalitatem dicte queste voluntarie, nec non et alias libertates, usus et consuetudines, superius in preinserta papiri cedula declaratis et specificatis, sic et taliter quod, deinceps dicti homines et eorum successores, de eisdem omnibus et singulis uti et gaudere valeant et possint, prout et quemadmodum in eadem cedula continetur; inducentes, prenominati nobiles conjuges, eosdem homines ut supra, presentes et stipulantes et eorum successores, in bonam, plenam et corporalem dictarum libertatum, franqueriarum, usuum et consuetudinum possessionem facti et juris, ad utendum et gaudendum a modo pacifice et quiete, de immunitate, affranquimento, libertate, usibus et consuetudinibus predictis. Hanc autem dicte queste voluntarie relaxationem, transactionem et dationem et sive usuum et consuetudinum, fecerunt dicti nobiles conjuges in remunerationem et recompensationem plurimorum servitiorum per ipsos homines eisdem factorum et impensorum, et pro quinquaginta quinque scutis, que ab eisdem hominibus, causis premissis habuisse et recepisse realiter in pecunia numerata confessi fuerunt, de quibus ab ipsis se habuerunt pro bene paccatis............ [formules].....

Acta et publice recitata fuerunt hec in loco de Tarascone et ante domum habitationis dictorum nobilium conjugum, die septima mensis februarii ; anno Domini M°CCCC° sexagesimo secundo, regnante domino Ludovico, Dei gratia, Francorum rege ; in presentia et testimonio discretorum virorum magistrorum Petri Comteti de Tarascone, Sancii de Clarenchis de Vicodessos, Joannis d'Orlhaco de Tarascone et Jacobi Brusterii Fabri de Vicodessos habitatorum, testium ad premissa vocatorum, et mei Bernardi de Caza-Majori, publici totius Comitatus Fuxi notarii, loci de Tarascone habitatoris, qui de premissis requisitus, cartam istam recepi et per alium mihi fidelem scribi et grossari feci et facta collatione, hic me subscripsi et signum meum apposui. — B. C.

(Arch. de l'Ariège, B. 1. — Cartulaire de Miglos.)

XXXVI

1524. — *Hommage de Raymond de Miglos, seigneur de Luzenac et coseigneur de Château-Verdun, au roi de Navarre, pour ses possessions à Luzenac et à Château-Verdun.*

A vous, Monsieur Monseigneur Paul de Béarn, evesque de Lescar, abbé de Bolbone, premier aumonier de très haut, très excellent et très puissant prince Henry, Roi de Navarre, comte de Foix...

Je, Raimond de Miglos, seigneur du lieu de Luzenac baille mon dénombrement en la forme que sensuit.

Et premiérement, ay doublie au lieu et juridiction de Luzenac, septze escutz petits et demy ou environ.

Item, ay de revencu en ladite juridiction tant de un molin que de mes terres, soixante cestiers de bled ou environ, mais diceuls faut desduire le salaire et despance du molinier, la despance du bestail qui labourent lesdites terres, lantretenemant de la paichière.

Item, ay de reveneu de ma moline de Luzenac dix huit quintals de fer, mais coulte beaucoup dantretenir ladite moline, car sy par advanture et deffortune le mail se romp ou le ferier devient malade ou autrement, ny a rien.

Item, ay annuellement de ma montagne de Luzenac, quatorze escutz petits ou environ, sil ny a bruit de guerre, morine de bestial ou autre inconveniant, mais de cella faut rabatre la despance et diettes dun majoural qui va quérir le bestial par le pays pour le mener à la montagnie.

Item, puis avoir en reveneu annuellement de mes predz six ou sept charettes de foing, mais de cella faut distraire le accoutrement du foing et la despance de le faucher et acoutrer.

Item, ay doublie annuellement au lieu de Unac, trois escutz petits.

Item, ay au lieu de Bestiac deux escutz petits et quinze sols tournois.

Item, ay au lieu de Caussou, trois escutz petits et un sol et un cestier de bled doublie.

Item, ay au lieu de Prades trois escutz petits et environ une chargie davoine et un cestier de bled ou environ dagrie.

Item, ay au lieu d'Aigniac quatorze gros.

Item, plus ay au lieu de Sourjeat, neuf escutz petits.

Item, plus ay au lieu d'Ascou, neuf sous tournois.

Item, plus ay au lieu d'Ourgeis, dix et huit sols tournois et trois poulles.

Item, plus ay au lieu de Vaichis, trois francs d'or.

Item, plus ay au lieu de Savignia, cinq sols tournois.

Item, plus ay au lieu de Vernaux, trois escutz petits et trois sols tournois.

Item, plus ay es lieux de Lourdat et Axiat, trois gros en argent et deux poulles.

Item, plus ay à Urs et Bèbre, six escutz petits, neuf sols tournois et six mesures de bled.

Item, plus ay et lèbe de la baronnie de Château-Verdun, vingt et cinq escutz petits, mais diceuls faut payer le salaire et despans du procureur tant en oublie leude montagnie que de ma cotte part de un molin quest en ladite baronnie, que aussi pour ma cotte des compositions dudit lieu.

Item, plus tient en ma seigneurie de Luzenac un molin ressec quand il besognie me baut sept ou huit chargies de postam.

Item, aussi ay à Château-Verdun un autre molin de ressec qui me baut presque autant.

Plus ay en ladite baronnie la Comme de Signiac qui me peut valloir de proffit deux escutz petits.

Item, ay à Château-Verdun, juridiction haute, moyenne et basse pour ma cotte part et portion du sang.

Item, plus ay de la vallée de Vicdessos, trois escutz petits.

Item, de Foix, Vernejoul et Labarre, trois escutz petits ou environ.

Item, plus lèbe de sept en sept ans pour les fouages en la baronnie de Château-Verdun, de chacun, onze gros, trois deniers de forte monnoye.

Item, tous les autres fouages sont à partir entre le Comte de Foix et moy que ni à vingt et trois et demy à payer au tamps que dessus, sauf et réservé le droit de plus ou de moings en tout ce dessus, et pour ce qu'est ainsin, le susdit de Miglos, ai fait escrire dautruy main mon présent denombremant et fait signer par le notaire soubsigné — le 24° aoust 1524.

Raimond de Miglos.

A la requizition dudit de Miglos, seigneur de Luzenac. — Acgerii, not.

(Arch. du Parlement de Toulouse. Maîtrise de Pamiers. E. 1.)

XXXVII

1535. — *Supplique de Jean de Béon au Roy de Navarre, pour obtenir la confirmation de l'exemption du fouage et autres droits.*

Au Roy. — Supplie humblement Jean de Béon, père et administrateur et légitime de Sébastian de Béon son fils, baron de Miglos, que comme par ses prédécesseurs Comte de Foix le seigneur et baron de Miglos aye ladite baronie en liberté et que ses subjects en aulcune manière ne soint contribuables pour tailhes, fougages ne   lesdits subjets de ladite baronie en aulcune contribution hores que audit seigneur et baron de Miglos lequel est respondant et homage à V. R. M. des fiefs qu'il tient de vous et de tous prosfits, rante et esmolumant provenant de ladite baronie avec ses appartenances et dèppendances les biens nobles de Masières qu'il a tousjours jouy en quelque qualité que ce soit, et ce nonobstant vos officiers en ladite Compté de Foix ou bien de requestes official de Pamiers et Vidau Dupuy vostre chancellier et autres en ladite Comté ses disant commissaires par vous dépputés, voulant priver ledit suppliant en ses tailhes, fougages et autres droicts à luy appartenant, en adjugeant la moittié de tailhes, de fougages estre appartenant à V. R. M. sans avoir appelé ledit suppliant contrevenant aux dons, privilièges et concessions octroyées. Vous plaise interdire à vos officiers et commissaires de ne troubler ny admolester ledit suppliant en ses droicts et actions de la baronie de Miglos et biens de Masières desquels faict aparoir par vrays documens et déclaroir estre mal procédé par lesdits commissaires, et fairés bien.

(Arch. de l'Ariège, B. 143.)

XXXVIII

1535. — *Décision du roi de Navarre, en réponse à la supplique à lui adressée par Jean de Béon.*

Veu la presant requeste, les privilièges à icelle atachés octroyés par Gaston Comte de Foix..... dominice incarnationis XXX°IX° H. marcii; Et après avoir faict... lesdits priviliéges par nostre advocat général de la Comté de Foix, et ouy son dire; Le Roy de Navarre, Comte de Foix a ordonné, veust et entend que ledit de Miglos jouysse et uze des exemptions de nous payer tailhes ni autres cottisations et de la liberté que à luy et aux habitans dudit lieu de Miglos est donné suivant le contenu esdits priviliéges et ainsi que en ont jouy, uzé et acoustumé par ci devant l'ordonnance et procédure au contraire par les commissaires nommés en ladite requeste nonobstant ausquels et tous autres... justiciers, officiers et subjects; mande ledit seigneur ainsi le permettre sans aulcun trouble et empeschement luy estre faict.

Donné à Mazières, le XXIme jour de May, mil cinq cens trente cinq. HENRY.

(Arch. de l'Ariège. B. 143.)

XXXIX

1579. — *Hommage des habitants de Miglos au nouveau seigneur
Bernard de Goth.*

L'an mil cinq cens septante neuf et le troisiesme jour de juin, régnant Henri par la grâce de Dieu, roy de France et de Poloignhe, et autre Henri, par mesme grâce, roy de Navarre, Comte de Foix; dans la place publique de la baronie et juridiction de Miglos, diocèze de Pamiers, par devant moi notaire comtal de la Comté de Foix, présans les tesmoings bas nommés, a esté présant en sa personne, noble Bernard du Gond (de Goth), seigneur de la Motte, Bardignes, du Montet, Salignac et autres lieux, comme mari de noble Marguerite de Béon, dame de Miglos, Florac, Lescure et autres lieux, lequel parlant aux scindicts et habitans de la baronnie, terre et juridiction dudit Miglos, ci après nommés, leur a remonstré qu'il s'estoit acheminé sur la dite baronie pour la conservation des droits seigneuriaux qui appartienent à lui et à ladite de Béon, sa femme, comme seuls seigneurs justiciers hauts, moyens et bas d'icelle baronie, terre et juridiction de Miglos, tout ainsi que en jouissoient les devanciers et predecesseurs de la dite dame; ou icelle de Béon a accoustume de mettre et installer toute condition d'office, comme juge, lieutenant, greffier, procureur juridictionnel, bailhe, lieutenant, garde de prisons et sergent a dit et aussi les destituer s'il est besoing et en y remettre d'autres pour equitablement exercer, rendre la justice auxdits habitans et autres ayant afaire audit Miglos; lui appartenant aussi les tailhes et impositions ordinaires, comme aussi le bois y estant, oblies, rentes et ventes, la forge ferrière ou moulin ferral, les eaux pour la comodité d'icelle, deux molins de farine et un de scier ou resseq et autrement touts droits seigneuriaux, et la sovereneté au Roy, esquels droits il attend lui et ladite de Béon estre continués et recogneus desdits scindicts habitans, à la charge de les tenir, garder et conserver en leurs privileges, libertés et coustumes, comme il offre faire en cela, comme bon seigneur doibt faire envers ses subjects, employer et exposer tous ses moyens à la présance de Péramond Gouzi, Arnauton Escalière, Jean Escalière dit la Chose, scindicts de ladite baronie, Blaise Argellier, Anthoine Augie dit Gabarre, Guilhem Babi, Guillaumes Babi, Gaspard Gouzi, Raymond Bonet, Bernard Jollé, Jean Jollé, Bernard Escalière dit de Thoniac, Andrieu Faure, Bernard Faure, Arnaud Prades, Antoine Babi, fils de Bertrand, Arnaud et Anthoine Sabatié, Arnaud Faure, François Faure, Manaud Besset, François Gouzi, Jean Larrazet, Bernard Campaigne, Anthoine Gimbert, Arnauton Tressers, Berdolet Faure, Berdolet Darraux, Jean Faure, Guillaumes Pugh, François Prat, Rogier Pujol, Mathieu Segui, Jean Faure, Monet Faure, Jean Camardat et son frère Picholle, Antoine Gardes, Verduc Escalière, Jean Delescalle et Jean St Paul dit Jean Bon, habitans de ladite baronie de Miglos, comme représentans la plus grande, saine partie d'icelle baronie, terre et juridiction de Miglos, lesquels ayant entendu la remonstration dudit seigneur de la Motte, l'ont recogneu, advoué et déclaré pour leur vray seigneur naturel, haut justicier, moyen et bas, et à ladite de Béon, sa femme, pour leur dame; ausquels, comme tels appartient et aussi l'accordent les droits seigneuriaux dessus allégués, lui promettant iceux garder et conserver de tout leur pouvoir et les payer ausdits seigneurs au temps accoustumé, lui promettant aussi toute fidélité, comme bons vassals et subjects doibvent à l'endroit de leur seigneur haut justicier, directe et foncier et mesmes de lui payer le droit de taille ordinaire, le suppliant les tenir, continuer et conserver en leurs privilèges, franchises et libertés accoustumés et les maintenir comme de droict seigneur est tenu envers ses subjects, mesmes de pouvoir honnestement prendre du bois dudit seigneur estant en ladite baronie, pour leur chaufage et de leurs familhes pour aussi bastir dans icelle baronie, maisons, habitations, parcts et cabanes, comme aussi en pouvoir vendre chascun habitant, chascune sepmaine deux charges de saumier, pour survenir à leur entretenement et avec les autres articles accordes avec les predecesseurs desdits seigneurs, ce que ledit seigneur de la Motte, baron de Miglos accepte et accorde ausdits habitans leur donation, remonstration, sans aucunement soy departir ne desroger a ses authorités et droitz que lui appartienent a cause de ladite baronie et seigneurie de Miglos, comme seul seigneur haut justicier, directe et foncier, moyen et bas, comme dit est, et leur a permis ledit seigneur, soubs ladite reservation de eslire huict ou douze pour l'observation de la police de ladite baronie de Miglos, limiter les fins et limites d'icelle et ce que en despend sans contrévenir aux ordonnances du Roy ni arrests des cours soy premier, et sans prejudice de ses droicts et d'autrui, de quoy lesdits habitans ont remercie ledit seigneur; et de ce, tant ledit seigneur que eux, requis acte pour leur servir en forme de droict que leur a este concede en presances de nobles François de Miglos, seigneur de Junac, Charles de Miglos, son frère, François Prévost cappitaine de Montgailhard, Arnaud Perbost et Giraud Pelicier de Tarascon, habitans, et se sont lesdits seigneurs de La Motte et Junac et Perbost signes au pied de la cedde du present acte, et non point aucun desdits habitans de ladite baronie de Miglos, pour ce que ont dit ne scavoir, et de moi Guillaume Rolland notaire comtal, l'un du nombre des réduicts audit Comté de Foix, en la ville de Tarascon habitant, qui requis des choses susdites, ay retenu ce présant acte en la présante forme.

ROLLAND, not.

(Arch. de l'Ariège. B. 1. Cartulaire de Miglos.)

XL

1653. — *Lettres-patentes de Louis XIV, confirmant, à la requête des habitants de Miglos, les privilèges dont ils jouissaient.*

Louis, par la grâce de Dieu Roy de France et de Navarre, à tous présants et advenir salut.

Nos chers et bien amés les habitans de la baronie de Miglos en nostre Comté de Foix, Nous ont fait dire et remonstrer que les comtes de Foix ont accordé aux habitans de ladite baronie, pour les grandes considérations y contenues, plusieurs priviliéges, exceptions et concessions qui ont esté confirmées successivement par lesdits comtes et encore par Henry d'Albret, lors Roy de Navarre et desquels en conséquence des vérifications et enrégistremens d'iceulx qui en ont esté faits ou besoing a esté, les exposants ont plainement et paisiblement jouy et uzé jusques à présant qu'ils craignent d'y estre troublés à nostre advenemant à la Couronne, si par nous ne leur est sur ce prononcé de nos lettres, lesquelles ils Nous ont très-humblement fait supplier leur accorder. A ces causes, désirant favorablement traicter lesdits exposants pour les mesmes considérations qui ont meu Noz prédécesseurs à leur accorder et octroyer lesdits privilièges et concessions, Nous avons iceulx continués et confirmés de notre grâce spéciale, plaine puissance et authorité royale, continuons et confirmons par ces présantes signées de nostre main, tous et chascuns lesdits privilièges, franchises, libertés et exceptions pour en jouir et uzer par lesdits exposants et leurs successeurs plainement et paisiblement tout ainsi et en la mesme forme et manière qu'ils en ont bien et duemant joui et uzé, jouissent et uzent encore de présant. Si donnons en mandemant à Nos amés et féaux les gens tenant Nostre Chambre des Comptes de Navarre séant à Pau, seneschal de Foix ou son lieutenant, à tous Nos autres officiers qu'il appartiendra que ces présentes ils ayent et enrégistrent et du contenu en icelles faire jouir et uzer lesdits exposans plainement et paisiblement, cessant et faisant cesser tous troubles et empeschemens au contraire, pourveu que lesdits privilièges et concessions n'ayent esté révoqués. Car tel est Nostre plaisir. Et affin que ce soit chose ferme et stable à tousjours, Nous avons fait mettre nostre scel ausdites présentes saufs en autre choze Nostre droict et l'autruy en toutes.

Donné à Châlons, au mois de novembre, l'an de grâce Mil six cens cinquante trois, et de Nostre reigne le unziesme.

Louis. Par le Roy,
De Guenegaud.

(Archives de l'Ariège, B. 143. — Arch. du Parlement de Toulouse. Maîtrise de Pamiers, G. 12.

XLI

1678. — *Procès de la communauté de Miglos avec les Etats de la Province, au sujet du don gratuit et du quartier d'hiver.*

L'an mil six cens soixante dix huit, et le vingt troisiesme jour du mois de septembre, apres midi, au lieu de Miglos au Comté de Foix, diocèse de Pamiers ; régnant très chrétien prince Louis par la grâce de Dieu, Roy de France et de Navarre, devant moi notaire et témoins bas nommés, ont été présents en leurs personnes, Jean Gardes, Arnaud Gouzi et Jean Faure scindics dudit lieu de Miglos, assistés de Raymond Pujol, Jean Peyre Teulière, François Serat, Jean Daraux, Jean Faure dit Lemboscat, François Gabarre, Jean François Carbonel, Jean Gouzi Comté, Jean Gouzi Mousquet, Jacmes Gardes, conseillers politiques, lesquels, de leur bon gré, tant à leur nom propre que pour tout l'entier corps des habitants dudit lieu, sans révocation de leurs précédentes procurations, ont de nouveau fait et constitué leurs procureurs spéciaux et généraux, l'une qualité ne dérogeant l'autre, ni au contraire : M° François Saleys prestre et curé dudit Miglos et ledit Arnaud Gouzi, un desdits scindics, pour et au nom des constituans, se porter à la ville de Foix et autres lieux que besoin sera, et la estant, passer et consentir l'acte d'accord et transaction qui a esté accordé par nos Seigneurs des Estats de cette Province, en dernier lieu assemblés en ladite ville de Foix avec messieurs les scindics généraux de ladite Province ou autres députés desdits Estats, pour stipuler ladite transaction et ce pour raison du procès pendant à Paris devant Nos Seigneurs du Conseil, d'entre lesdits scindics généraux dudit Pays, et les habitants et communauté dudit Miglos, pour raison de la contribution au quartier d'hiver et don du Roy, comme etant des choses extraordinaires dans ledit Pays, et en ce faisant, passer ladite transaction conformément à ce qui en fut arrêté entre lesdits Seigneurs des Estats et les députés dudit Miglos et autrement faire, dire et consentir en ce que dessus circonstances et dépendances tout de même que les constituants feraient ou pourraient faire, s'ils y étaient en personne, ores qu'il requiere mandement plus spécial promettant avoir pour agréable, ferme et stable tout ce que, par ledit sieur recteur et Gouzi leurs procureurs, sera fait et consenti, ne les révoquer ains indempne relever de la charge de cette procuration à l'obligation des biens de leur communauté et les leurs soubmis aux rigueurs de justice de ce Royaume, ainsin l'ont promis et juré, fait et passé dans la maison presbytérale, en présence de M° Jean Dandi, Bortieses, pretre et vicaire dudit Miglos, et Charles Combes habitant dudit lieu soubsignés avec ledit Sʳ curé ; les

PIÈCES JUSTIFICATIVES. 227

autres ont dit ne savoir, et moi Jean Clavel, notaire royal du Carla de Roquefort requis, soussigné :

Saleys, prêtre ; Dandi ; Bortieres ; Combes, Clavel.

L'an mil six cens soixante dix huit, et le premier jour du mois d'octobre, après midi, dans la ville de Foix ; régnant notre très-chrétien prince Louis, quatorziesme de ce nom, par la grâce de Dieu, Roy de France et de Navarre, devant moi notaire royal soussigné et présents les témoins bas ecrits, ont été présents en leurs personnes : Mᵉ François Saleys pretre et curé du lieu de Miglos et Arnaud Gouzi scindic dudit Miglos ; lesquels, en vertu de la procuration par le corps et conseil politique de la communauté et habitants dudit Miglos, signée par Clavel not. en date du vingt troiziesme septembre dernier, devers moi dit notaire remise en original, contenant pouvoir d'accorder et transiger sur l'exécution de l'arrêt du Conseil du onziesme janvier, mil six cens soixante seize, rendu en faveur du présent pays de Foix contre ladite Communauté de Miglos, et en conséquence d'icelui et des délibérations desdits Etats de l'année dernière, mil six cens soixante dix sept, et de la présente, promettent et s'obligent de payer et contribuer à l'avenir à l'acquit et décharge dudit Pays, sur le pied de dix feux fixés, ce qui leur compete ou peut compéter de la contribution des frais de la subsistance et charges de l'Etat, quartier d'hiver, frais des logements des gens guerre et contribution de fourrage et ustensile le cas échéant, sans être tenus à l'avenir aux charges ordinaires dudit Pays qui sont : le don gratuit, appointements de Monseigneur le Gouverneur, les gages des officiers, frais et autres charges ordinaires du Pays ; et moyennant ce, ladite Communauté de Miglos demeurera déchargée des arrérages des impositions dont elle avait été chargée jusqu'au jour présent, ce que Mᵉ Vital Séré et Antoine Dalciat, docteurs et advocats en parlement, scindics généraux du Pays de Foix présents, stipulant en conséquence desdites délibérations, ont accepté, accordé et convenu, suivant le pouvoir à eux donné et en conséquence chacun comme les concerne en la qualité que procèdent, ont obligé les biens dudit Pays de Foix et de ladite Communauté de Miglos, soumis aux rigueurs de justice de ce Royaume, ainsin l'ont promis et juré avec les renonciations nécessaires.

Fait et récité en présence des Sieurs Laurens Caralp et Pierre Coustaud marchand de cette ville, signés à la cedde avec ledit Sr Séré et lesdits Srs Scindics, ledit Gouzi a dit ne savoir, et moi Jean Clavel, not. roy. du Carla de Roquefort, requis soussigne.

CLAVEL.

(Arch. de l'Ariège, B. 1. Cartulaire de Miglos.)

TABLE

DES

NOMS DE PERSONNES ET DE LIEUX

Abatut (M° Arnaud de l'), p. 65.
Ablis (Geoffroi d'), Inquisiteur, p. 116, 119.
Acoquat (de Foix), p. 137, 138.
Acsato (Bertrand de), p. 49.
Adoant (Bernard), p. 23.
Affumats (Les), lieu, p. 120.
Agendi (Bernard), p. 63.
Aissada (Sancho de) abbé de Saint-Sernin, p. 19.
Albiès, p. 3.
Alexandre III, pape, p. 18.
Alion (Guillaume d'), p. 49.
Alion, lieu, p. 95.
Alzona (Roger de), vicaire perpétuel, p. 34.
Amagats (Les), lieu, p. 120.
Amiel (Jean), p. 64.
— (Guilhem), p. 23.
— (Pierre), p. 54.
Amorti (Bernard), p. 63.
Amplaing, localité, p. 1.
Anasthase le Bibliothécaire, p. 40.
Andorran (Raymond-Pierre), p. 63.
Andorre, pays, p. 2, 13, 45, 76.
Anglès (Aymeric), p. 56.
Anselme (Père), p. 60, 68, 69, 77, 78, 79, 81.
Anstuerio (noble Raymond de), p. 23.
Antusan, seigneurie, p. 68.
Arabaux, localité, p. 68.

Arabeire, consul de Château-Verdun, p. 129.
Aragon (roi d'), p. 47, 49, 104.
— (Jeanne d'), p. 68.
Argulho (Guilhem de), p. 52.
Arignac, localité, p. 18, 20, 98.
— (Olivier d'), damoiseau, p. 66.
Armantieu (de Béon d'), p. 69.
Arnaud (Guilhem), p. 20, 54.
— (Bernard), p. 23.
— (Raymond), p. 20.
Arnave, seigneurie, p. 61.
— (Guilhem-Bernard d'), p. 47, 62, 64, 66, 67, 89, 90, 108.
Arnicon (Raymond d'), damoiseau, p. 57.
Arquizat, p. 20, 21, 32, 73, 83, 85, 87, 100, 101, 125, 129.
Artois (Jeanne d'), p. 50.
Artolh, localité (?), p. 91.
Ascou, lieu, p. 47, 98.
Asnava (M° Guillaume de), p. 124.
Aspre (Pic d'), p. 6.
Assalit-Baudouyn, seigneur de Queille, p. 116.
Aston, p. 3, 92, 95.
— (Rivière), p. 6, 43, 118, 120, 121.
Augé (Jean-Paul), curé, p. 34, 87.
Auger (Jean), p. 23.
— (Raymond), p. 63.

230 TABLE DES NOMS DE PERSONNES ET DE LIEUX.

Aulos, p. 3.
Aureville, p. 78.
Auriol (Arnaud), p. 54.
— (Vital), p. 23.
— (Bernard), p. 54.
— (Pierre), p. 64.
Autier (Pierre), d'Ax, p. 116.
Auzat, localité, p. 1, 2, 18.
Auzezo, lieu, p. 120.
Ax, localité, p. 82, 95.
Axiat, hameau, p. 73, 98, 123, 129.
— église, p. 41.
— (moulins d'), p. 67.

Babini (Guilhem-Aton), p. 64, 119.
— (Raymond), p. 21.
— (Arnaud), p. 23, 116.
Bacou, consul, p. 131, 133, 137, 138, 139, 144, 147, 148.
Bailé (Mᵉ Paul), p. 62.
Balgèse (Pic de), p. 4.
Baloudret, lieu, p. 120, 133.
Banat, localité, p. 66.
Barbanson (Jean de), évêque de Pamiers, p. 26.
Baron (Jean, curé d'Ornolac), p. 127.
Barre (La), lieu, p. 98.
Barthe (La), p. 78.
Barthier, chanoine et curé de Miglos, p. 34.
Baschon (Raymond), p. 54, 63.
Bastide-de-Sérou (La), localité, p. 68.
Baudot (H.), p. 10, 11.
Baulou, localité, p. 119.
Bavile (Arnaud), p. 23.
Bayard (Mᵉ Guillaume), p. 114, 122.
Baychon, hameau, p. 32, 73, 101, 102, 106, 129.
Baye (baron J. de), Archéologue, p. 10.
Bayonne, localité, p. 72.
Béarn (Pey de), p. 91.
— (Raymond de), p. 123.
— (vicomté de), p. 65, 66, 67, 125.
Bédeillac, localité, p. 66, 93.
Bédel (Théodore), p. 32.
Bel-Air (Suisse), p. 10.
Bénac (baron de), p. 77.
Bénet (Jean), p. 63.
— (Guillem), p. 97.
Béon, seigneurie de, p. 67, 71, 72.
— (Guillem-Arnaud de), p. 68, 72, 77, 108.

Béon (du Massez), p. 67.
— (Catherine de), p. 68, 69, 70, 73, 77, 108.
— (Jean de), p. 78.
— (Sébastien de), p. 78, 79, 108.
— (Pierre de), p. 77, 78, 108.
— (Marguerite de), p. 78, 79, 81, 108, 109.
Bérenguier, vicaire perpétuel, p. 34.
Bernadac, p. 139.
Bernard (Guilhem), p. 54.
Bernet (Mᵉ Pierre), p. 93.
Bestiac, localité, p. 97.
Bernicola (Bertrand de), p. 91.
Beysé, montagne, p. 5, 137.
Biarino (Bernard de), damoiseau, p. 51.
Bigorre (comté de), p. 68, 77.
Blanc (M.), curé, p. 34.
Bonet (Gaillard den), p. 23.
Bonnac (marquis de), p. 49.
Bonstetten (baron de), Archéologue, p. 10.
Bortièses, vicaire, p. 35.
Bouan, localité, p. 106.
Bouc (pic du), p. 6.
Bouillié, vicaire, p. 30, 35.
Boulbonne, monastère, p. 48.
Boullier (Paul), p. 28.
Bourbon (Henri de), p. 81.
Bourbonne (pic de), p. 6.
Bourg (A. du), Archéologue, p. 46.
Bousquet (de), chanoine, p. 29.
Brugelles (dom), p. 69.
Brunet (Vital), vicaire perpétuel, p. 34, 63.
Brustié-Fabre (Jacques), p. 74.
Bruxio (Guilhem), p. 92.

Cabannes (Les), localité, p. 3.
Cabaret, château, p. 76.
Cabayrou (pic de), p. 6.
Cabibel (Jean), p. 97.
Cadarcet (Pierre de), p. 63.
Cadié (Léon), Archéologue, p. 65, 125.
Calderiis de Ruppe (Etienne de), notaire, p. 52.
Calixte III, pape, p. 70.
Calmont, localité, p. 60.
Calvet (Pierre), habitant d'Ax, p. 20.
— (Jean), habitant d'Ax, p. 20.
— (Guilhem), habitant d'Ax, p. 20.
Calvière, ruisseau, p. 6.

TABLE DES NOMS DE PERSONNES ET DE LIEUX. 231

Camarade, château, p. 67.
Camp ou Campo (Pierre du), p. 23, 54, 144.
Cant (Raymond), p. 119.
Cantou (al), lieu, p. 120.
Capdeville (Raymond), p. 98.
Capoulet, localité, p. 46, 89, 91, 117, 119, 134.
Caralp (Laurens), marchand, p. 129.
Caranda, localité de l'Aisne, p. 9, 10.
Carbonel (Jean-François), p. 128.
Carcassonne, ville, p. 76, 91.
Carla-de-Roquefort, localité, p. 128.
Carol (vallée de), p. 2.
Carol (Pierre), p. 23, 63.
Caslar (Arnaud de), p. 23.
Castelbon (Mathieu de), p. 65, 66, 68, 91.
— (Isabelle de), p. 66.
Castel-Merle, lieu, p. 106.
Castelnau (Germain de), chanoine de Pamiers, p. 23.
Castillon d'Aspet, p. 44, 51, 77, 124.
Castillon de Farfaigne, p. 68.
Catalogne, pays, p. 68.
Catellan (de), président, p. 28.
Caudiès, lieu, p. 120, 133.
Caumont (A. de), Archéologue, p. 37, 40, 102, 104, 105.
Caussou, localité, p. 98.
Caval-Ungla, lieu, p. 120.
Caza (Raymond), notaire, p. 124.
Cazamajor (Bernard de), notaire, p. 74.
Cellery d'Allens (Jean-Charles de), p. 84.
Celles (Raymond de), p. 54, 121.
— (Béringuier de), p. 117.
Cerdagne, pays, p. 49.
Cerdani (Guillaume), p. 118.
Charlemagne, p. 1, 8, 13, 15, 105.
Charles VI, p. 66.
Charles VIII, p. 76.
Charles X, p. 87.
Charnay, localité de la Côte-d'Or, p. 10, 11.
Château-Verdun, localité, p. 3, 60, 61, 66, 94, 95, 98, 130.
— (Guilhem Arnaud de), p. 51, 52, 54, 61, 108, 124.
— (Pierre Arnaud de), p. 49, 118, 122.

Château-Verdun (Raymond Arnaud de), p. 118.
— (Pons Arnaud de), p. 118.
Cicredi (Jean), p. 56.
— (Arnaud), p. 123.
Civezzano, localité du Tyrol, p. 10.
Clarenchis (Sans de), p. 74.
Clément V, pape, p. 79.
Clermont (concile de), p. 16.
— (baron de), p. 78.
Clotas de Bezel, lieu, p. 120.
Cochet (abbé), Archéologue, p. 10, 12.
Col del Castel, lieu dit, p. 59.
Col Taillat, lieu, p. 120, 133.
Columier (Bernard), p. 63.
Combettes-Caumont (de), p. 85, 111.
Comminges (Éléonore de), p. 67.
Comteti (Pierre), p. 73, 74.
Condé (prince de), p. 81.
Confolens, château, p. 76.
Constant (Pierre), marchand, p. 129.
Cornu (Raymond de), p. 93.
Cortal Marti, lieu, p. 120, 133, 137.
Cortal Pujolam, lieu, p. 120.
Cortal Viel, lieu, p. 120.
Corvis (Pierre de), p. 21.
Costa de la Lena, lieu, p. 115.
Costa Rasa, lieu, p. 120.
Costel, lieu, p. 120.
Couillatos (Las), lieu, p. 137.
Courcelles, p. 70, 77.
Coursan (seigneurie de), p. 57.
Courteault (Henri), Archéologue, p. 72.
Couserans, pays, p. 32, 44.
— (vicomte de), p. 92.
Cruzy (Pierre de), p. 81.
— (Marguerite de), p. 81.
Curtete (Guilhem), p. 56.

Daffis (François) de Sumarca, p. 63.
Dalbi (Peret), p. 91.
Dalciat (M⁹ Antoine), p. 129.
Daran (Jacques-Célestin), curé, p. 34.
Darous, p. 139, 147.
David, frère, p. 23.
Déga (M.), curé, p. 34.
Dégeilh (Jean-Baptiste), curé, p. 30, 34.
Delamain (Ph.), Archéologue, p. 9, 10.
Delpy (Jean-Baptiste), curé, p. 34.
Demathieu, p. 139.
Demolis (Pierre), p. 54.

TABLE DES NOMS DE PERSONNES ET DE LIEUX.

Denguilhem (Jean), p. 54.
Descalera (Guilhem), p. 54.
Despeyres (Jean), p. 96.
Despujassa (Jean), p. 26.
Dessen (voir Sem), lieu, p. 46.
Dominici (Vital), p. 54, 119.
Donnezan, pays, p. 49.
Douais (abbé C.), Archéologue, p. 18, 19, 46.
Duclos (abbé H.), Archéologue, p. 70, 105.
Dupont (Pierre), p. 54.
Dupuy (Vidau), chancelier du comté, p. 78.
— (M° Bernard), p. 73, 119.
Duras (Françoise de), p. 84.

Endurban (vallée dite), p. 92.
Enost (église d'), p. 18.
Envermeu, localité de la Seine-Inférieure, p. 12.
Escalières, p. 147, 148.
Escudié (Bernard de l'), p. 92, 93.
Etang blanc (pic de l'), p. 6.
Etaples (traité d'), p. 76.
Etienne III, pape, p. 40.
Evol (vicomté d'), p. 49, 57.
Eychenne, conseiller politique, p. 137, 147.

Fabre (Raymond), notaire, p. 116.
Fadel, conseiller politique, p. 137, 139, 147.
Falgar, lieu, p. 120.
Fanjaux, localité, p. 49.
Faudoas (baron de), p. 78.
Faudry (Jeanne de), p. 28.
Faur de Saubiac (du), p. 84, 111.
Fauré (Raymond), p. 139, 144, 145, 147.
— (Jean), p. 137, 144, 147.
— (François), p. 144.
— (Pierre), p. 137, 147.
Ferdinand le Catholique, p. 76.
Fiac, château, p. 76.
Florac, lieu, p. 66, 68, 82, 84, 91, 94.
Floraud (Jean), héraut de Tarascon, p. 63.
Florentin (château), p. 76.
Foix (comte de), p. 41, 42, 43, 44, 48, 49, 58, 59, 65, 66, 77, 104, 112, 117, 122, 126.
— (ville de), p. 1, 13, 76, 98.

Foix (Esclarmonde de), p. 49.
— (Corbeyrand de), p. 62, 95.
— (Jeanne de), p. 59, 77, 108.
— (Loup de), p. 47, 59.
— (Marguerite de), p. 68, 77, 108.
— (Jean I de), seigneur de Rabat, p. 68.
Fondère, vicaire, p. 35.
Font (pré de la), p. 92.
Font, vicaire, p. 35.
Fontana (Pierre de), p. 23.
Fontanier, vicaire, p. 35.
Fonte (Pierre de), fabricien, p. 20, 115.
— (Raymond de), p. 119.
Fontiaa, château, p. 91.
Fornets (seigneurie de), p. 68.
Fornier-Castelet (de), p. 83, 87.
François Phébus (comte de Foix), p. 73, 96.
Franqueville, p. 2.

Gabarre (Arnaud), p. 21, 137.
Gabre, localité, p. 46.
Galtier (Guilhem), p. 54.
Gaplepa (Arnaud de), p. 119.
Garanou, localité, p. 3.
Gardebosc (de), p. 84.
Gardès (Pierre), syndic, p. 133, 137, 147, 148.
— (Arnaud), p. 137, 139, 144, 147.
— (Félix), p. 139, 144, 147.
— (Jean), p. 147, 148.
Garrabelle (bois dit de la), p. 93.
Garrigou (Adolphe), Archéologue, p. 1, 2, 12, 13, 17, 18, 43, 47, 50, 58, 59, 66, 73, 77, 82, 89, 90, 91.
Gasc (Arnaud), p. 97.
— (Pierre), p. 119.
vicaire, p. 35.
Gasch (Raymond), p. 23.
Gascogne, pays, p. 66.
Gaston-Phébus, p. 61, 62, 65, 67, 91, 124.
Gaston I de Foix, p. 49, 50, 56, 59.
Gaston II de Foix, p. 59.
Gaston IV de Foix, p. 68, 72.
Gavardan, seigneurie, p. 77.
Gavarra (Raymond), p. 23, 54.
Gélase II, pape, p. 18.
Génat, localité, p. 1, 18, 93, 100.
Géomain (Antoine), vicaire perpétuel, p. 26, 34.
Gestiés, localité, p. 48, 93, 114, 115.

TABLE DES NOMS DE PERSONNES ET DE LIEUX.

Gilabert (Pierre), p. 23.
Goth (Bernard de), p. 79, 80, 81, 82, 109, 112.
— (Marguerite de), p. 80, 82, 109, 111.
Gourbit, localité, p. 66.
Gouzi (Sernin), p. 54.
— (Melgios), p. 54, 115.
— (Joseph), p. 139, 144.
— (Guillaume), p. 118.
— (Raymond) ou Gozini, p. 20.
— (Arnaud), p. 23, 128, 139, 147.
Grailly (Archambaud de), p. 66, 68, 91, 95.
— (Jean I. de), p. 95.
Gratalop (M° Arnaud de), p. 66.
Grégoire VII, pape, p. 16.
Gudanes (baron de), p. 99, 122, 131.
Guillaume, chevalier, p. 57.
Guilhem-Bernard de Luzenac, p. 51, 54.
Guilhem (Jean-Pierre), marchand, p. 95.
Guilhem (Ysarn), chevalier, p. 61.

Hélie (Jean), p. 23.
— (Raymond), bachelier ès lois, p. 123.
Henri VII d'Angleterre, p. 76.
Herpes, localité, p. 9, 10.

Icart de Pontaut (Jean-Louis d'), p. 84.
Innocent II, pape, p. 18.
Isalguier (Marie), p. 78, 108.
— (Bertrand), p. 78, 108.
Isarn, évêque de Toulouse, p. 18.
Isaure (Arnaud), p. 119.

Jalbert, conseiller politique, p. 136, 137, 139, 147.
Jarnac, localité, p. 81.
Jolem (Arnaud), p. 23, 54, 118.
Junac, localité, p. 79, 84, 89, 90, 91, 92, 93, 94, 115, 117, 119, 123, 125, 129, 133.
— (Bernard de), p. 121.

Labbé (M° Guillem de), p. 63.
Lacassin, p. 144.
Lacaze, vicaire, p. 30, 35.
Lacoume-Pagès, p. 28.
La Chesnaye-des-Bois, p. 83.
Lafont, notaire, p. 129, 130.
Lafont de Sentenac, p. 70.
Laguaner, lieu, p. 116.

Lahondès (J. de), Archéologue, p. 19, 37, 91, 102.
Lamotte, château, p. 66, 73, 80, 81.
Lamursa (Pierre de), p. 119.
Langlade, hameau, p. 90, 91.
Laprade, p. 139.
Larcat (col de), p. 3, 120.
Larnat (col de), p. 3.
— localité, p. 119.
— (Philippe de), p. 48, 116, 119.
Larnoum, lieu, p. 4, 120, 137.
Laruns, localité, p. 67, 71.
Las (de), p. 84.
La Scala (Arnaud de), p. 23.
Lascarrer, bois de, p. 67.
Lascart (Pierre), p. 119.
Lascossa (Jacques de), notaire, p. 65.
Lausa, lieu, p. 115.
Lavaur (concile de), p. 47, 104.
Lavelanet, localité, p. 20.
Laville, vicaire, p. 35.
Laynitz (Michel), p. 98.
Laysert, lieu, p. 119.
Lercoul, localité, p. 90-91.
Lescazes, p. 126, 127.
Lévis de Léran (Gaston de), p. 91.
Lézat (abbé de), p. 76.
Lherm (baron de), p. 70.
Limanoy, lieu, p. 96.
Lindenschmit (L.), Archéologue, p. 10.
Longuevergne (de), p. 70, 82.
— (Marguerite de), p. 84.
Lordat, château, p. 3.
— localité, p. 98.
— (Peyrat de), p. 68.
— (Sicard de), p. 51.
Loubens, localité, p. 89.
Loubières, localité, p. 69, 70.
Louis XI, p. 76.
Louis XIII, p. 60.
Louis XIV, p. 83, 128.
Louvie-Juzon, seigneurie, p. 71.
Louvie, Louvier, p. 70, 71, 72.
Louvie-Soubiron, seigneurie, p. 71, 72.
Louvière (La), localité, p. 71.
Luncti (J. B. de), p. 91.
Luppé (marquis de), p. 69.
Lupperie (Manaud de), p. 69, 71, 72, 74, 75, 76, 77, 108.
Luzenac (seigneurie de), p. 92, 94, 95, 96, 97, 98.
— (Pons de), p. 95.

234 TABLE DES NOMS DE PERSONNES ET DE LIEUX.

Lybie, pays, p. 7.
Lyon (du), p. 70.

Mâcon, concile, p. 25.
Madeleine de France, p. 76.
Mai (Bernard), p. 123.
Malifart (Jean). p. 23, 116.
Maljoas (Melglos de), p. 54.
Mal Pas (Azémar de), p. 18.
— (Bernard de), p, 18.
— (Pierre de), p. 18.
— (Raymond de), p. 18.
Marca (de), p. 43.
Marcaillou (Alexandre), curé, p. 34.
Marien (capitaine de Hoym de), p. 82.
Marquefave (Guilhem-Arnaud de), p. 46.
Marsan, seigneurie, p. 77.
Marsillac (capitaine de), p. 81.
Martin (Bertrand), vicaire perpétuel, p. 25, 34, 58.
Mas-d'Azil (abbé du), p. 76.
Mascl-Viel (place du, à Tarascon), p. 66, 73, 82.
Mascrato (Pierre de), prieur, p. 26.
Mauléon (Guiraud, seigneur de), p. 66.
Maurin (Raymond), p. 63.
Maury (abbé), curé, p. 34.
— (Sabas), abbé, p. 2, 35.
— (Pierre Maurice), curé, p. 34.
Maximilien, empereur d'Allemagne, p. 76.
Mayselia (Raymond), p. 63.
Mazères, localité, p. 58, 76, 78, 91.
Mercier (Guilhem), p. 21.
— (Bernard), p. 54.
Mercus, église de, p. 18, 20, 37.
Mérens, localité, p. 51, 58, 82.
Méritein (seigneur de), p. 72.
Mesplier (M° Bernard), p. 73.
Miglos (église de), p. 17, 18, 19, 20, 26, 37, 46, 47, 48, 58.
— (vallée de), p. 25, 32, 36, 43, 44, 45, 47, 50, 51, 53, 56, 57, 60, 62, 65, 66, 67, 70, 72, 74, 78, 80, 101, 104, 106, 112, 115, 117, 121, 125, 126, 128, 129, 130.
— (mines de), p. 3.
— (château de), p. 47, 50, 53, 66, 73, 103, 104, 105, 106.
— (village de), p. 2, 134, 137, 138.
— (Antoine de), p. 92, 93.

Miglos (Antoinette de), p. 98, 99.
— (Arnaud de), p. 23, 46, 47, 58, 76, 91, 92, 94, 107, 123.
— (Bertrand de), p. 76.
— (Brunet de), 46, 51, 58, 66, 107, 120.
— (Charles de), p. 79, 81.
— (Esquiu de), p. 66.
— (François de), p. 79, 93.
— (Jean de), p. 95, 98.
— (Jourdain de), p. 59.
— (Jordi de), p. 67.
— (Mérigon de), p. 91, 94.
— (Monii de), p. 67.
— (Pierre de), p. 19, 21, 23, 46, 47, 51, 52, 54, 58, 59, 107, 115, 116, 117, 120.
— (Ramon de), p. 61, 66, 92, 95, 96.
— (B.-Guilhem de), p. 48.
— (Raymond de), p. 46, 94, 95, 96, 97, 98, 107.
— (seigneur de), p. 29, 48, 53, 58, 59, 63, 65, 70, 72, 73, 75, 76, 77, 101, 126, 132, 140.
Milhet (Raymond), p. 63.
Mille Roques (Pic de), p. 5.
Minhoti (Raymond), p. 54.
Molandier, localité, p. 71.
Mondenard (Anne de), p. 81.
Mongascon, capitaine, p. 126.
Monier (Raymond), p. 23.
Monloraner, lieu, p. 120.
Montaillou, localité, p. 49.
Montanier (Pierre), p. 117.
Montaut (Arnaud de), p. 111.
— (Louis-Alexandre Ier de), p. 84, 111.
— (Louis-Alexandre II de), p. 84, 111.
— (Constance de), p. 77.
— (Dominique de), p. 87, 111.
— (François-Jacques de), p. 84.
— (François-Timoléon de), p. 84.
— (François Ier de), p. 82, 83, 109, 111.
— (François II de), p. 83, 111.
— (Jean de), p. 82, 84.
— (Jean II de), p. 77, 111.
— (Jean-Louis de), p. 85, 86, 111.
— (Pierre de), p. 84, 111.
— (Pons de), p. 82, 111.

TABLE DES NOMS DE PERSONNES ET DE LIEUX. 235

Montaut (Raymond de), p. 82.
— (Samson de), p. 82, 83, 111.
— (Sicard Ier de), p. 82.
— (Sicard II de), p. 82.
— (Sicard III de), p. 82.
— (Sicard IV de), p. 82.
Mont Calm, pic, p. 6, 100.
Montégut (baron de), p. 78.
Montesquiou (Joseph-François de), p. 81.
Montgauzi, lieu, p. 13.
Montlaur, localité, p. 68, 70.
Montlezun, p. 69.
Montréal, lieu, p. 105.
Montron d'Escouloubre (Marguerite de), p. 84, 111.
Mont-Vieux (Béringuier de), p. 20.
Moreau (Frédéric), Archéologue, p. 9, 11.
Mottes (Jean), curé, p. 28, 29, 34, 137.
Moulhera Longa, lieu, p. 120.
Mourrié, consul de Château-Verdun, p. 129.
Munié (Bernard), vicaire perpétuel, p. 34.

Na Milglosio ou Na Melgloza (Pierre de), p. 21, 54.
Namoreto (Raymond de), p. 54, 119.
Namur, ville de Belgique, p. 11.
Naples, ville d'Italie, p. 76.
Narbonne (Jean de Foix, vicomte de), p. 76.
Natone (Bertrand de), p. 63, 147.
Navailles (dame de), p. 70.
Nébouzan, seigneurie, p. 77.
Negres, frères, p. 20.
Négurs (Raymond-Arnaud), p. 54.
Neych, pic, p. 6.
Niaux, localité, p. 93, 117, 119, 126, 137.
Nigoul (Adolphe), curé, p. 35.
Noé (Pons de), p. 82.
— (Arnaud-Pons de), p. 82.
— (Bernard Ier de), p. 82.
— (Arnaud-Pons II de), p. 82, 83.
— (Bernard II de), p. 82.
Norgeat, hameau, p. 32, 73, 127, 129.
Nourrat, hameau, p. 73, 119, 125, 129.
Nusse (Marguerite de La), p. 79.

Olabela, lieu, p. 120.
Olbier, localité, p. 105.
Olette, localité, p. 57.
Omnibus bonis (Me Guillem de), p. 65.
Orgeix, localité, p. 98.
Orlhac (Jean d'), p. 74.
— localité, p. 106, 127.
Ornolac (baron d'), p. 62.
Orsato (Bernard de), chevalier, p. 54.
Ossau (vallée d'), p. 67, 71, 72.

Pagés, vicaire, p. 35.
Pamiers, p. 23, 62, 65, 91.
— (évêque de), p. 29.
Paris, p. 76.
Pasquier (F.), Archiviste de l'Ariège, p. 20, 21, 22.
Passes, lieu dit (Les), p. 144.
Pau, localité, p. 62.
Pélat, pic, p. 6.
Pélicier (Géraud), p. 79.
Pérat (Raymond), p. 23, 54.
Perles, localité, p. 66.
— (Guillem de), p. 119, 122.
Peyre (Manaud de), p. 97.
— (Arnaud), p. 96.
Peyrot, pic, p. 6.
Philippe Ier, p. 17.
Pierre, prévôt de Saint-Sernin, p. 18.
Pierre, évêque d'Albano, p. 70.
Pierre, frère du roi d'Aragon, p. 59.
Pilloy (J.), Archéologue, p. 9, 11.
Plagne, gouverneur, p. 126.
Pomiers (Raymond de), p. 117.
Pompiac (seigneur de), p. 78.
Pons (Adémar), p. 17.
— (Raymond), prêtre, p. 58.
Ponte (Me Guilhem Arnaud de), p. 118.
Poy-Sere, lieu, p. 96.
Pradal dels Ordolats, lieu, p. 120.
Prados, localité, p. 49, 95, 98.
Pradières, localité, p. 68.
Prat (comte de), p. 28.
Prat (Raymond de), p. 23.
Pratviel (Jean-Pierre), notaire de Toulouse, p. 28.
Prévost (François), capitaine de Montgaillard, p. 79.
Prouille (abbesse de), p. 84.
Ptolémée, p. 43.
Pujol (Raymond de), p. 21, 51, 115.
— (Bernard de), p. 54.
— (Jean), p. 137, 139, 144, 147.
— (Charles), p. 139, 144.

236   TABLE DES NOMS DE PERSONNES ET DE LIEUX.

Pujol (Joseph), p. 147.
— (Germain de), p. 63, 147.
— (Pierre), p. 137, 147.
Putéo (Arnaud de), p. 118.
Puymaurin (Col de), p. 1.

Quié localité, p. 1, 61, 62, 63, 94, 105.
Quints (forêt de las), p. 60.

Rabastens (Bergue de), p. 68.
Rabat (seigneurie de), p. 59, 66, 95.
— (Jourdain de), p. 60, 61, 108, 123.
— (Marguerite de), p. 91.
— (Brunissen de), p. 61, 66, 108.
Rabonit (Jourdain de), p. 122.
Ramond, le touriste, p. 2.
Rancié (mines de), p. 3.
Raymond (Paul), p. 67, 71.
Raymond-Roger, vicomte de Couserans, p. 66.
Regert (Jean de), p. 26.
Riugraner, lieu, p. 120.
Roc de l'Andourra, p. 76.
Roc de Miglos, p. 3.
Rochechouart de Barbazan (Jacques de), p. 78.
Roger Bernard de Foix, p. 46, 47, 49, 89.
Roger IV de Foix, p. 47.
Rolland (Guillem), notaire, p. 80.
Romengora (Pierre de), p. 58.
Ronc (Guillem de), p. 57, 90.
— (Mondoye de), p. 91.
— (Raymond de), p. 90, 123.
Roquefixade, localité, p. 119.
Roquemaure (Willem Pierre de), p. 18.
Rosbach, lieu, p. 84.
Roschach (E.), Archéologue, p. 83.
Rosset (Pierre), p. 20, 119.
Rougé (Jean-Antoine), curé, p. 34.
Rouillac (seigneur de), p. 79.
Rouzaud (Louis), vicaire, p. 32, 35.

Sabar, localité, p. 1, 13, 77.
Sabatié (François), p. 132, 139.
Sabino, pic de la, p. 6.
Sabran, (comte de), p. 60.
Saint-Baudile de Siguer, p. 19.
Saint-Blaise de Goulier, p. 19.
Sainte-Croix de Sem, p. 19.
Saint-Germain d'Orus, p. 19.
Saint-Hilaire de Poitiers, p. 17, 26.

Saint-Jacques de Saleix, p. 19.
Saint-Janou, habitant de Nourrat, p. 144.
Saint-Lizier (église de), p. 38.
Sainte-Marie-d'Esnac (Arignac), p. 18.
Sainte-Marie de Pierre-Pertuse, p. 20.
Saint-Martial (Pierre de), notaire, p. 23.
Saint-Martin de Grisolles, p. 20.
Saint-Maurice de Suc, p. 19.
Saint-Michel (Raymond de), p. 51.
Saint-Michel de Lanès, localité, p. 51.
Saint-Orent d'Illier, p. 19.
Saint-Paul (seigneur de), p. 72, 76.
Saint-Paul de Jarrat, p. 1, 90.
Saint-Paul (Anthyme), Archéologue, p. 105.
Saint-Pierre de Lézat (abbaye de), p. 28.
Saint-Pierre d'Olbier, p. 19.
Saint-Pierre de Rome, église, p. 40.
Saint-Quirco d'Olmes, p. 20.
Saint-Sernin de Toulouse, p. 17, 19, 22, 24, 25, 26, 27, 29, 39, 46, 47.
Saint-Sernin de Bensa, p. 20.
Saint-Vincent d'Onost, p. 18, 19.
Saint-Volusien de Foix, p. 26, 91.
Salabaut, lieu, p. 120.
Salabur, lieu, p. 120.
Salamon (Arnaud), p. 20.
— (Pierre), p. 23.
— (Sernin), p. 63.
Sales (Hiérosme de), p. 98.
Salesse (Roger de), p. 60.
Saloys (François), vicaire perpétuel, p. 34, 128.
Salven, p. 139.
Samorton (Arnaud de), p. 62.
Sancta Vito (Guillem Arnaud de), p. 73.
— (Dominique de), p. 77.
Saquet (Raymond), p. 60.
Saubinc (abbé de), p. 133.
Saurat, localité, p. 51, 58.
Saverdun, localité, p. 62, 68.
Savigna, localité, p. 98.
Savignac (Arnaud de), p. 21, 48.
Scalera (Raymond), p. 63.
— (Vital), p. 63.
Selzen, localité de l'Allemagne, p. 10.
Sem, localité, p. 46.
Senef, lieu, p. 83.
Senherii (M° Jacques), p. 114.
Senlis (traité de), p. 76.
Séré (famille), p. 69, 70.

TABLE DES NOMS DE PERSONNES ET DE LIEUX. 237

Séré (M° Vital), p. 129.
Sere (vicomte de), p. 77, 79.
Serras (Guillem de), p. 22, 116.
Serrère (pic de), p. 6.
Serres (Guillem), p. 97.
Sers (Anne de), p. 82.
Sicre, vicaire, p. 35.
Signac, vallée, p. 98, 126.
Siguer, localité, p. 1, 2, 5, 6, 13, 43, 92, 117.
Sinsat, localité, p. 3.
Sirbail, lieu, p. 120, 121.
Son, château, dans le Donnezan, p. 49.
— (Bernard I de), p. 49, 103, 105, 107.
— (Bernard II de), p. 49, 50, 51, 52, 53, 54, 56, 58, 60.
— (Jean de), p. 56, 58, 108.
Sorgeat, localité, p. 98.
Sortadel, lieu, p. 95, 96, 99.
Sotiates, peuple, p. 43.
Soulié (M.), curé, p. 34.
Subra-Fabas (dame de), p. 28.

Tarascon, p. 1, 2, 13, 21, 54, 62, 63, 66, 67, 73, 76, 77, 87, 92, 100, 101, 105, 106, 126, 145.
Taus (Raymond), p. 119.
Tavanière, lieu, p. 121.
Terraube (de), chanoine, p. 29.
Toulière, vicaire, p. 35.
— (Jean-Baptiste), p. 131, 144.
— (François), p. 147.
— (Jean), p. 128, 139, 147.
— (Lucien), p. 148.
— (Pierre), consul, p. 137, 147.
Thonnel d'Orgeix (Thérèse de), p. 84, 111.
Thron (M° Guillem), p. 54, 58, 118.
Toulouse (Raymond, comte de), p. 47.
Tour du Loup (La), p. 68.
Trabesier (Pierre-Arnaud), p. 93.
Traversier (Jean), p. 96.
— (Manaud), p. 97.
Trémalié (Pierre), p. 96.
— (Jean), p. 96.
Tressen (Raymond de), p. 21, 23.
Tressents (Vital), p. 74.
— (Bernard), p. 74, 119.

Tristagno, pic, p. 6.
Troyon (F.), Archéologue, p. 10.

Unac (église d'), p. 37, 41.
— localité, p. 66, 95, 97, 99.
Unarde (lieu de la), p. 1, 2, 5, 6, 7, 8, 12, 13, 120, 121, 137.
Urbain II, pape, p. 16, 17.
Urgel (Guillem d'), p. 51.
Urs, localité, p. 98.
Ursins, p. 10.
Ussat, localité, p. 3, 21, 119.
Usson (voyez Son), p. 49, 112.
Uxio (François de), damoiseau, p. 58.

Vachier (Pierre), prêtre, p. 77.
Vaichis, localité, p. 95, 98.
Vals, église, p. 23.
Vaquier (Arnaud), p. 119.
Varilhes (Jacques), p. 92.
— (Antoine), p. 92.
— localité, p. 23, 56, 118.
Vascon (Pierre), p. 23.
Vèbre, localité, p. 3, 67, 98.
Vendômois (Jean-Louis-Hyacinthe, baron de), p. 87, 148.
Verdun, localité, p. 3.
Vergé (Paul), p. 28.
Vergnies, prêtre, p. 29, 30, 34, 137.
Vernajoul, localité, p. 98.
Vernaux, localité, p. 98.
Verniola (Guilhem), p. 92.
Vernissole (seigneur de), p. 96.
Vic (Jean de), p. 62.
Vic-de-Sos, localité, p. 2, 18, 27, 43, 45, 51, 62, 66, 72, 87, 98, 100, 101, 126.
Vila (Guillaume de), p. 63, 147.
Villars (Mengarde de), p. 95.
Ville, vicaire, p. 35.
Villemur de Paillès, p. 84.
Villeneuve-des-Olmes, lieu, p. 46.
Villevieille (dom), p. 70.
Virgile, poète latin, p. 7.

Wieser (Franz von), Archéologue, p. 10.
Willem Aton, p. 18, 46, 107.

Ysarn (Guillem), p. 125.

TABLE GÉNÉRALE DES MATIÈRES

Préface. v
Chapitre Premier. — Les antiquités de la commune de Miglos. — La Unarde. 1
Chapitre II. — La paroisse de Miglos. 15
   Liste des vicaires perpétuels et curés de Miglos. 34
Chapitre III. — L'église de Miglos 36
Chapitre IV. — La seigneurie de Miglos ; les seigneurs barons de Miglos. 43
Chapitre V. — Les seigneurs de Junac, de Château-Verdun et de Luzenac, de la maison de Miglos. 89
Chapitre VI. — Le château de Miglos. 100
   Liste Chronologique des seigneurs de Miglos du douzième au dix-septième siècle. 107
   Généalogie des Montaut, seigneurs de Miglos, des dix-septième et dix-huitième siècles. 110
Chapitre VII — La communauté de Miglos ; organisation municipale. 112
   Liste des consuls et maires de Miglos. 147
Pièces justificatives. 149
Table des noms de personnes et de lieux. 229

TOULOUSE. — IMP. A. CHAUVIN ET FILS, RUE DES SALENQUES, 28.

DU MÊME AUTEUR

Notice historique sur Saint-Quirc (couronné par l'Académie des Sciences, Inscriptions et Belles-Lettres de Toulouse). 1 vol. in-8° raisin. 1886.

L'abbaye de Calers, 1147-1790. Notice et catalogue des archives de l'abbaye. 1 vol. in-8° raisin. 1887.

Cintegabelle au XV° siècle (document inédit). Broch. in-8°. 1888.

Plaque de ceinturon de l'époque mérovingienne (description et planche). Broch. in-8°. 1889.

Dénombrement du comté de Foix sous Louis XIV. Etude sur l'organisation de cette province, suivie du texte du dénombrement. 1 vol. in-8° raisin. 1889.

Un épisode des guerres religieuses du XVI° siècle à Saint-Ybars (Ariège). (Extrait du *Bulletin de la Société ariégeoise des Sciences, Lettres et Arts*.) Broch. in-8° 1890.

Deux lettres de Louis XIII et du maréchal de Thémines (1625-1629). — **Une lettre de Msgr de Berthier, évêque de Rieux**, concernant les nouveaux convertis (1688). (Extrait du *Bulletin de la Société ariégeoise des Sciences, Lettres et Arts*.) Broch. in-8°. 1890.

Histoire de la ville et de la châtellenie de Saverdun, dans l'ancien comté de Foix, avec de nombreuses pièces justificatives et plans, couronné par l'Académie des Sciences, Inscriptions et Belles-Lettres de Toulouse. 1 vol. in-8° raisin. 1890.

L'abbaye de Vajal, dans l'ancien comté de Foix (1125-1195). Broch. in-8°. 1891.

Le Paréage de Pamiers entre le roi Philippe le Bel et l'évêque Bernard Saisset en 1308. Texte inédit, publié pour la première fois. — Broch. in-8°. 1891.

Sépultures mérovingiennes de Venerque (Haute-Garonne). Etude et planche. (Extrait de la *Revue des Pyrénées*.) Broch. in-8° 1891.

Documents inédits sur l'abbaye de Boulbonne, dans l'ancien comté de Foix, avec plan. (Extrait de la *Revue des Pyrénées*.) Broch. in-8°. 1891.

Testament d'Arnuphe de Montesquiou, seigneur du Vernet, 1568. (Extrait de la *Revue de Gascogne*.) Broch. in-8°. 1892.

Le diocèse de Pamiers au XV° siècle, d'après les procès-verbaux de visite de 1551. (Extrait de la *Revue des Pyrénées*.) Broch. in-8°. 1892.

Testament de la vicomtesse de Lautrec, 1343 (Extrait des *Annales du Midi*.) Broch. in-8°. 1892.

La seigneurie de Navès. Etude historique sur une terre noble du pays de Castres, 1244-1750. (Extrait de la *Revue du Tarn*.) Broch. in-8°. 1892.

Étude sur les sépultures barbares du Midi et de l'Ouest de la France. Industrie wisigothique. 1 fort vol. grand in-4°, avec 35 planches, 1 carte et figures dans le texte. 1893.

La baronnie de Calmont en Languedoc. 1 vol. in-8° raisin. 1893.

Les coutumes de Molandier (Aude), 1246. Broch. (Extrait des *Annales du Midi*.) 1893.

Inventaire des effets mobiliers laissés par D^{lle} de Portes, de Castres, 1649. (Extrait de la *Revue du Tarn*). 1893.

Journal du siège du Mas-d'Azil en 1625, écrit par J. de Saint-Blancard, défenseur de la place, contre le maréchal de Thémines. (Extrait du *Bulletin de la Société ariégeoise des Sciences, Lettres et Arts*.) Broch. in-8°. 1894.

Note sur des armes franques trouvées au lieu de la Unarde (2,258 mètres d'altitude) dans les Pyrénées ariégeoises. Broch. in-8°. 1894.

Note sur six stations barbares de l'époque mérovingienne récemment découvertes dans le Sud-Ouest. Broch. in-8°. 1894.

www.ingramcontent.com/pod-product-compliance
Lightning Source LLC
Chambersburg PA
CBHW050343170426
43200CB00009BA/1710